北京市对外交流与外事管理研究基地

Introduction to Foreign Affairs Administration

外事管理知识读本

于鲁明 主 编

王春英 鲍 华 副主编

北京大学出版社
PEKING UNIVERSITY PRESS

图书在版编目(CIP)数据

外事管理知识读本/于鲁明主编. —北京:北京大学出版社,2012.5
ISBN 978-7-301-20470-2

Ⅰ.①外… Ⅱ.①于… Ⅲ.①外事管理—基本知识—中国 Ⅳ.①D821

中国版本图书馆 CIP 数据核字(2012)第 061093 号

书　　　　名:	外事管理知识读本
著作责任者:	于鲁明　主编　王春英　鲍华　副主编
责 任 编 辑:	徐少燕　谢佳丽
标 准 书 号:	ISBN 978-7-301-20470-2/C·0747
出 版 发 行:	北京大学出版社
地　　　　址:	北京市海淀区成府路 205 号　100871
网　　　　址:	http://www.pup.cn　电子邮箱:ss@pup.pku.edu.cn
电　　　　话:	邮购部 62752015　　发行部 62750672
	编辑部 62765016/62753121　出版部 62754962
印　刷　者:	三河市博文印刷厂
经　销　者:	新华书店
	890 毫米×1240 毫米　16 开　13.25 印张　210 千字
	2012 年 5 月第 1 版　2013 年 10 月第 2 次印刷
定　　　　价:	26.00 元

未经许可,不得以任何方式复制或抄袭本书之部分或全部内容。
版权所有,侵权必究
举报电话:010—62752024　电子邮箱 fd@pup.pku.edu.cn

祖国唯一,外交为民
(代序)

有了国家内政,便有了国家外交、外事。有了国家外交、外事,便要有忠于国家又有能力为国谋利的外交官和外事工作者。从理论上讲,到有朝一日国家消亡,外交工作才会随之消失;在今天和可以预见的未来,外交必不可少。外交使命光荣艰巨,外交官和外事工作者务必好好学习,为祖国和全人类的进步提供有效服务。

我们国家坚持走和平发展道路,坚持改革开放。外交的首要任务就是为祖国又好又快发展营造和平的国际环境,为祖国结交能与之平等相待、互利合作的伙伴,同大国搞好关系,同邻国和广大发展中国家和睦相处、团结互助。

在全球政治多极化、经济全球化趋势不断发展的今天,外交内涵越来越丰富,任务越来越繁重,外交官和外事工作者必须干前先学、边干边学、终生学,向书本学、向实际学、向领导学、向群众学、向外国朋友和对手学。

内事与外事不同,但大道理相通。我们在国内坚持实事求是、依法办事、为人民服务。在国际事务中,也要懂得没有调查就没有发言权,要研究国际形势、了解世情民意,要学习和应用公认的国际法准则。首先是《联合国宪章》(1945年10月生效,在草案上签字的中国代表中有中国共产党创始人之一董必武)关于反对侵略战争、和平解决争端、不干涉成员国内政、保障基本人权等规定,以及新中国首任总理兼外长周恩来与邻国领导人共同提出的相互尊重主权和领土完整、互不侵犯、互不干涉内政、平等互利、和平共处等原则。

行之有效、利人利己的外事经验、管理规范、外交礼仪等都要认真学习,付诸实践,并力争与时俱进。

外交、外事人员的政治素质要高,最要紧的是对祖国和人民的忠诚、极强的原则性和组织纪律性,以及不畏艰险、不嫌贫爱富、不卑不亢、不忘老朋友等品格。这些素质的养成还要在复杂的环境中磨练。

外交、外事人员的工作作风要严谨,知识面要比较宽,涉及政法、经济、教科文卫、史地、军事、语言(母语和必要的外语)等。

读读眼前这本内容颇为翔实的书可以为我们掌握对外工作基本功开一个头,并激发我们持续学习和践行外交为民理念的决心和热情。读者对书中的一些观点也许会有不同看法,这是好事——书可能会更受欢迎,理会越辩越明、越实用。

祖国唯一,人民至上,世界精彩。

机遇永远与挑战为伴,知识永远是力量的源泉。让国际秩序变得更民主一些、更合理一些,道路漫长无涯。为了祖国和人类进步事业的美好未来,让我们脚踏实地、志存高远、好好学习、快乐劳动。

2012年4月29日汕头牛田洋至澳门理工大学路上

目 录

第一章 导 论 / 1
    第一节 外事管理概述 / 2
        一、外交、外事概念界说 / 2
        二、外事管理的内涵 / 6
        三、外事管理的指导思想与工作方法 / 7
    第二节 全球化背景下的中国外事工作 / 9
        一、中国外事工作的发展现状 / 9
        二、做好外事工作的立足点 / 12
        三、做好外事工作的途径 / 14
    第三节 北京建设世界城市的战略定位 / 18
        一、城市国际化与世界城市的界定 / 19
        二、北京建设世界城市目标的确立 / 20
        三、北京建设世界城市的可行性 / 22
        四、北京建设世界城市过程中的外事工作 / 25

第二章 外事管理规范 / 31
    第一节 外事管理的法律依据 / 31
        一、外事法律的概念、分类和特点 / 31
        二、中国外事法律法规的沿革 / 33
        三、涉外行政法 / 36
    第二节 外事管理的基本原则 / 40
        一、维护国家主权和利益的原则 / 40

二、对外开放原则 / 41
　　三、内外有别原则 / 41
　　四、谨慎原则 / 42
　　五、授权有限原则 / 42
　　六、国际主义原则 / 43
 第三节　外事管理的行为规范 / 43
　　一、忠于祖国，站稳立场，坚持原则 / 44
　　二、忠于职守，尽职尽责 / 45
　　三、坚决执行党和国家的方针政策，自觉遵守法律法规 / 46
　　四、顾全大局，发扬风格，协调配合，协同对外 / 47
　　五、谦虚谨慎，不卑不亢，讲究文明礼貌，注意服饰仪表 / 47
 第四节　外事纪律 / 48
　　一、外事纪律的概念和特点 / 48
　　二、外事纪律的内容 / 50
　　三、外事纪律的相关规定 / 53
　　四、提高外事纪律的执行力 / 58

第三章　外事机构 / 62

 第一节　外事管理体制 / 62
　　一、外事机构的分类 / 63
　　二、中国外事管理体系的组织原则 / 64
 第二节　中国的外事管理机构及其职能 / 65
　　一、中央层级的外事管理机构及其职能 / 65
　　二、地方层级的外事管理机构及其职能 / 74
 第三节　驻外的外事机构 / 76
　　一、驻外使馆 / 76
　　二、驻外领馆 / 82
 第四节　外国驻华使领馆 / 84
　　一、外国驻华大使馆 / 85
　　二、外国驻华领事馆 / 85

三、外交特权与豁免 / 87

第四章 外事人员 / 94

第一节 外事人员的概念、分类 / 94
一、外交人员 / 95
二、外事管理人员 / 96
三、从事涉外后勤保障工作的外事人员 / 98
四、基于特殊职业身份的外事人员 / 98
五、临时性外事人员 / 98

第二节 外事人员的工作特点 / 99
一、政治性和事务性并重 / 99
二、复杂性和艰巨性并存 / 100
三、技巧性和艺术性共生 / 101

第三节 外事人员的素质要求 / 103
一、政治素质 / 103
二、政策素质 / 104
三、道德素质和人格修养 / 105
四、业务素质 / 107
五、心理素质 / 109

第四节 外事人员的知识和技能结构 / 111
一、外事人员的知识结构 / 111
二、外事人员的技能结构 / 112
三、如何提高外事人员的知识和技能结构 / 124

第五章 外事礼仪 / 126

第一节 外事礼仪概述 / 127
一、礼仪 / 127
二、外事礼仪 / 128
三、外事礼仪的基本原则 / 129

第二节 外事礼仪的基本类型 / 131
一、位次排序的概念及其实践 / 131
二、外事活动中的迎送致意礼仪 / 136

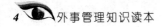

　　三、外事活动中的仪容礼仪 / 144
　　四、外事礼仪中的餐饮礼仪 / 149
第三节　涉外交往的礼仪禁忌 / 160
　　一、礼仪禁忌的普遍原则 / 160
　　二、涉外交往中的宗教禁忌 / 162
　　三、各国礼仪禁忌 / 165

第六章　外事文书 / 169
第一节　外事文书概述 / 169
　　一、外事文书的概念和特点 / 169
　　二、外事文书的分类和使用对象 / 171
　　三、外事文书的作用 / 173
第二节　外事文书的基本要求 / 174
　　一、外事文书的语言 / 174
　　二、外事文书中的首、尾用语 / 175
第三节　几种主要的外事文书 / 178
　　一、政治类 / 178
　　二、经济类 / 184
　　三、司法类 / 188
　　四、科、教、文、卫、体及国际旅行类 / 191
　　五、通用类 / 197
第四节　外事文书的办理 / 201
　　一、处理程序 / 201
　　二、处理要求 / 202
　　三、撰写 / 203
　　四、缮印和用纸 / 204
　　五、传递方式 / 204

后　记 / 205

第一章 导 论

外交"为四国之援,结诸侯之信,重之以婚姻,申之以盟誓,固国之艰急是为"。

——《国语·鲁语上》①

外交是运用智力和机智处理各独立国家的政府间的官方关系,有时也扩大到独立国家与附庸国之间的关系。或者更简单地说,是指以和平手段处理国与国之间的事务。

——〔英〕欧内斯特·萨道义②

外事工作是党和国家的一项重要工作,在促进国家现代化建设,维护国家主权、安全、发展利益方面具有十分重要的作用。

——中央外事工作会议③

从民族国家诞生之日起,外事在政治、经济、军事、文化等各个国际交往领域中,都占有重要地位,并且在人类历史上的各个阶段都产生了一些独特的、带有时代烙印的对外交往方式,这些方式至今都影响着人类社会的方方面面。在世界政治多极化、世界经济一体化趋势加速发展的大背景下,随着中国对外开放步伐的加快,我国各族人民、社会各阶层,包括广大基层公务员在内,都不断有机会参与各种形式的涉外活动,既有可能在国内接待外国客人,也有可能到国外去参观、访问、学

---

① 转引自裴默农:《周恩来外交学》,中共中央党校出版社1997年版,第3页。
② 〔英〕戈尔·布思主编:《萨道义外交实践指南》,上海译文出版社1984年版,第3页。
③ 《中央外事工作会议在京举行 胡锦涛作重要讲话》,中央政府门户网站:http://www.gov.cn/ldhd/2006-08/23/content_368731.htm,访问时间:2011年12月26日。

习、旅游。掌握外事工作的各种技能与管理知识,已经成为每一个相关工作者必备的素质。

第一节　外事管理概述

在一定意义上讲,外事管理的实践已远超过其理论研究。人们在不断丰富外事经验的同时,也日益感到外事理论发展的滞后,常常在具体操作过程中面临知行脱节等方面的掣肘,甚至存在着对一些基本概念的认知混淆。例如在外事实践中,人们经常使用"外交"、"外事"等概念,但对它们的含义及其相互关系却并非十分清楚。什么是外事?它与外交是什么关系?这些都是外事管理者必须清楚的基础问题。

一、外交、外事概念界说

(一)外交的内涵

外交是一个有着严格意义的概念。自有国家始,就有外交。但对外交作出清晰的界定,却是近代以后的事。

外交的英文为"diplomacy",是由拉丁文"diploma"发展而来。而后者的词源来自希腊语,最早指两块折合连接在一起的金属片做的护照和其他通牒①,这些金属的通行证被称为文凭。后来,一些非金属制成的官方文件,特别是那些同外国或外族签订的有关特权或规定协议的文件也被称为"diploma",在中世纪,档案学也将"diploma"作为专业术语。② 直到 18 世纪,"diploma"才作为外交专用词汇被应用在国际关系的处理或调整方面。1796 年,英国人埃德蒙·伯克使用"diplomacy"一词,意指国际交往和谈判的技巧和谈吐。③ 从此,现代意义上的"外交"概念才流行开来。

中国使用"外交"一词的历史比西方要早,只不过外交的原意与现在的外交不同。古语"外交"主要有两种意思:一是指为人臣者私见诸侯。例如《国语·晋语》中讲:"乃厚其外交而勉之,以报其德。"《礼记》

---

① 周启朋:《国外外交学》,中国人民公安大学出版社 1990 年版,第 37 页。
② 〔英〕哈罗德·尼科松:《外交学》,世界知识出版社 1957 年版,第 31—32 页。
③ 张历历:《现代国际关系学》,重庆出版社 1988 年版,第 83 页。

云:"为人臣者,无外交,不敢贰君也。"《史记·邓通传》言:邓通"不好外交。"《谷梁传·隐公元年》:"寰内诸侯,非有天子之命,不得出会诸侯;不正其外交,故弗与朝也。"二是指个人之间的交际往来。例如,东汉经学大师郑玄认为:"私觌是外交也。"《墨子·修身》:"近者不亲,无务求远;亲戚不附,无务外交。"《史记·佞幸列传》:"通亦愿谨,不好外交,虽赐洗沐,不欲出。"明朝刘伯温的《拟连珠》这样写道:"绝外交则可以守淡泊,专内视则可以全淳精。"具体到国际关系领域,古代中国把国与国之间的交往叫做"邦交"、"外事",晚晴时期也曾用"外务"来指代外交,如清末曾设"外务部",即相当于今天的外交部。(现在,日本和韩国仍沿用这一汉语词组来称呼它们的外交部,如日本的外交部叫"外务省",外交部长叫"外务大臣";韩国的外交部叫"外务部",外交部长叫"外务部长官"。)到了民国时期,中国正式采用了西方的外交概念。

综上所述,外交作为国家之间交往的现象古已有之。由于从事外交的人们的时代背景不同、目标不同,对外交的理解也不尽相同。

英国外交官萨道义在《外交实践指南》一书中指出:"外交是运用智力和机智处理各独立国家的政府间的官方关系,有时也扩大到独立国家与附庸国之间的关系;或者更简单地说,是指以和平手段处理国与国之间的事务。"[1]

《牛津英语词典》对外交的定义为:"外交就是用谈判的方式来处理国际关系;是大使和使节用来调整和处理国际关系的方法;是外交官的业务或技术;处理国际交往和谈判的技能或谈吐。"也有学者将外交定义为一个国家在国际关系方面的活动,其目的在于建立能够满足彼此需求的关系。葡萄牙外交家马格尔赫斯在其著作《纯粹意义上的外交》中,提出了纯粹意义上的外交概念应包含四个要素:(1)它是执行外交政策的一种工具;(2)是指不同国家和平交往的设置及其发展;(3)这种交往需通过外交代理人来进行;(4)这些外交代理人应被各方所承认。

我国的《辞源》这样定义外交的概念:"今称国与国之间的交往、交涉为外交。"《辞海》的定义是:"外交是国家为实行其对外政策,由国家元首、政府首脑、外交部、外交代表机关等进行的诸如访问、谈判、交涉、发出外交文件、缔结条约、参加国际会议和国际组织等对外活动。外交

---

[1] 〔英〕戈尔·布思主编:《萨道义外交实践指南》,上海译文出版社1984年版,第3页。

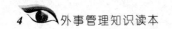

是国家实现其对外政策的重要手段。"①

综合国内外学者对外交的概念及内涵的叙述,我们可以这样定义外交的概念:外交是指一个国家在处理与他国之间的关系、实施本国的对外政策时,维护本国利益,以和平手段对外行使主权的活动。通常包括由国家元首、政府首脑、外交部、外交代表机关等进行的诸如参加国际组织和会议、跟别的国家互派使节、进行谈判、签订条约和协定等。②

(二) 外事的内涵

外事是指中央、地方外事机构和国家的其他社团机构,在国家整体对外政策指导下,处理所有涉外事务的一种政府公共关系活动。外事是相对于内事而言的。外事是内事的延伸,是内事的外部表现。外事是政府公共关系的一部分,归根结底是为内事服务的。

中国使用"外事"这个概念,已经有几千年的历史。虽然到了近代才有真正意义上的外交,但"外事"一词却从一开始就是指国家的对外事务。《左传》中记载中行桓子建议重新起用贸季,因为他善于处理对外事务,"请复贸季,能外事"。《三国演义》中,孙策遗言孙权:"内事不决问张昭,外事不决问周瑜。"内事和外事,一内一外,指的就是内部事务和对外事务。民国时著名记者黄远庸在《库伦独立后之外交》中写道:"库伦独立后,俄国国家及国民种种活动,汇而记之,不仅足以识外事,即将来中俄交涉结果之几微,亦在此矣。"可见,古代中国将与外国、外族有关的事务统称为外事。现在,狭义的外事也通常就指外交事务。如《现代汉语词典》中的解释是:"外事即外交事务,如外事活动、外事机关。"随着中国对外交往的日益密切,人们开始从广义层面来理解外事的内涵。1991 年出版的《对外交流大百科》指出:"狭义的外事主要指外交部门、外交代表机构同外国政府及其机构、国际组织和国际机构所从事的活动。广义的外事则指国家机关与外国政府、国际组织、国际机构、外国企业、团体、外宾、华侨所进行的政治、经济、文化、教育、科技、法律、军事、旅游等一切交涉、会谈和活动。"采用广义的外事概念更能适应日益广泛的外事实践。我们认为:外事即涉外事务,是国家、地方、

---

① 黄金祺:《概说外交》,世界知识出版社 1995 年版,第 8 页。
② 张建国、贾晓航、刘英侠编著:《中国外事管理实务》,知识产权出版社 2005 年版,第 27 页。

部门、团体涉及国外或境外事务的总称。

广义的外事包含外交,如果说外交、外事是一个同心圆,内圈是外交,外圈是外事,外交是最高层次的外事,外事则包括所有的对外交往。外交和外事同属国家的对外交往,基本要求一致,只是规格不同而已。从这个意义上讲,外事和外交还是有严格区别的。外交是国家处理对外关系的最高形式,行为主体包括国家元首、立法机构领导、政府首脑和外交机构,交往对象为各国政府、议会、外交机构和国际组织等,是官方按一定原则、政策、方式、礼遇和程序进行的外事活动。因此,外交工作主要是以国家、中央政府的名义进行的,地方政府要有中央政府授权才能办理外交事务。外事工作则是有别于外交的一般性涉外工作,主要是指国务院有关部门和地方政府所属范围内的对外交往活动。简而言之,代表国家主管外交的职能机构是外交部,代表国家正式办理外交的机构叫做外交机构,如驻外使领馆和驻政府间国际组织的代表团等。其他各种对外机构则统称为外事机构,例如中共中央对外联络部就是党的外事机构,还有地方政府的外事办公室等职能部门。所以,当我们并提外交和外事时,这里的外交一般专指严格意义上的外交或"小外交",即由国家的正式代表所从事的对外活动;这里的"外事"也是狭义的外事,即专门指除中央政府外交部门以外的国家机关、地方政府及国有企事业单位进行的对外交往。

在实际应用中,"外事"一词在不同的国家有着不同的含义。美国的"外事部门"(Foreign Service)一般专指国务院负责派遣驻外使领馆及其他驻外机构工作人员的机构,也负责培训驻外人员。在英国,按照英国外交学者尼科松所著的《外交学》所述,其外事部门包括三大部,即外交部门、领事部门和外交商务(相当于对外贸易)部门。在中国,"外事"一词在实际应用领域则更为广泛。可以说,一切涉外工作和涉外部门都可以泛称为"外事"。中央政府设外交部,县级以上的地方政府可以根据需要设立外事办公室,简称地方外办(建国初期称"外事处");军队、公安和其他政府部门以及规模较大的企事业单位也可设外事局、外事处或外事办公室。包括外交人员在内的所有从事各类外事工作的人员都可以被称为外事人员或者外事队伍。周恩来总理著名的"站稳立场、掌握政策、熟悉业务、严守纪律"十六字守则,就是外事人员在对外交往中应当遵守的纪律,即"外事纪律"。从实践的领域来看,中国外事管理体系存在着"小外交、大外事"的格局,周恩来总理的名言"外交无小事"也常常被称为"外事无小事"。

总之,包括外交在内的外事活动,组成了国家以和平方式实现其对外总政策的整体力量,它们相辅相成,不可分割。这种情形符合我国主体外交的全局规划,满足对外开放的需要,也体现了中国外交特有的人民性和群众性。

二、外事管理的内涵

在了解了外交和外事的含义及其关系以后,我们就可以界定外事管理的概念了。外事管理是指国内组织针对国(境)外组织与个人所进行的各种涉外管理活动。从操作层面上来说,外事管理有狭义和广义之分。狭义的外事管理是指外交事务工作,其工作核心是贯彻执行本国外交政策。广义的外事管理是指一切与外国有关的事务性工作,包括政治、外交、经济贸易、体育卫生、文化科学的交流与合作等。本书使用的是广义的外事管理概念。

总的来说,外事管理是一种宏观层面的行政管理,是包括外交在内的一切涉外行政事务的管辖和处理,业务范围包括国家、地方、个人与国(境)外政府、组织和个人进行跨国(境)交往、交流等事务。外事管理有自己的目标、原则、规范、主体、客体和手段,是外交、外事等一切涉外活动健康发展的保证。

外事管理主体分为两个层面。一是国家管理层面,包括国家政府及各级机关、职能部门代表国家利益所进行的涉外事务管理。如外交部、公安部、商务部、文化部、海关总署、国家质量监督检验检疫总局、国家外汇管理局等部门对相关涉外事务活动所进行的管理。二是单位组织层面,包括各类组织单位对自身涉外事务进行的管理。如外宾来访、单位领导和员工出访的出入境手续办理、接待、翻译、行程安排以及会晤、会议、谈判的举行等事务。

外事管理的客体是指一国的对外交往事务,也存在狭义与广义之分。狭义的外事管理客体通常是指国家间的外交事务、对外联络以及单位组织间的对外交流、交往。广义的外事管理客体则指国家机关、企事业单位、社会团体与外国政府、组织、机构、外国企业、民间团体、外宾、海外华人所进行的跨国交涉、交际、交流活动。因此,外事管理的客体覆盖面很广,从内容上看,包括政治、经济、文化和社会;从层次看,上至国家元首的接待,下到普通外宾的安排,都可囊括在其中。

外事管理工作的内容包括以下几个方面：负责落实国家外交方针政策，制定研究外事管理制度、办法和审批流程，监督检查外事纪律；制定本单位年度出国（境）任务计划，审批外国人来华项目；对动植物、货物、资金的跨境通关事务进行管理；管理跨国驻华企业；国际文化交流、对外宣传、国际赛事、国际会展、国际会议等大型涉外活动的申办、承办等事务的管理；档案、礼宾、谈判、文书、翻译等行政管理内容等。

外事管理不同于涉外企业管理，它是一种宏观层面的行政管理，涉及外交、经济、文化和司法等各个方面，是国家行政管理工作的重要组成部分。外事管理具有服务职能与组织协调职能。前者是指外事管理部门服务于相应各级主管单位及国家整体规划；后者是指涉外事务是一项综合性事务，需要上下协调、内外协调。如协助办理出入境事项，组织安排接待外事活动。外事管理具有涉及面广泛、政策性强、对从业人员素质要求高等特点。

为了适应外事活动大发展的需要，我国各级行政机关纷纷在部门内部建立了涉外事务业务管理机构。如涉外事务办公室、国际合作司、涉外事务处、外事处、国际交流部等，这些机构担负着开展国际交流与合作，实行多层次、多渠道、全方位对外开放的重要职责。

事实上，只要进行对外合作与交流，任何社会组织都存在涉外事务管理问题。政府部门的外事管理属于公共行政管理的一部分，主管机构是外事行政管理部门，外经贸、公安、教育、金融、新闻出版等其他部门也在相关领域行使行政管理权，在具体实践过程中则表现为履行审批或核准涉外手续，加强宏观指导，行使监管等职责。

随着我国国际地位的加强，涉外事务工作将更具专业性和综合性，涉外事务管理将肩负起更为重要的职责。

三、外事管理的指导思想与工作方法

（一）外事管理的指导思想

做好外事管理工作，首先需要明确我国外事工作的指导思想。

根据当前国际形势和我国对外交往的原则、外交路线和各项方针政策，我国外事工作的指导思想可以用三句话来概括，这就是：在维护世界和平与稳定的总目标下，既要讲经济，又要讲政治；既要讲友好，又要讲斗争；既要讲原则，又要讲策略，做到有理有利有节。

这个指导思想来之不易,它是在汲取"文化大革命"时期极"左"外交路线的教训、总结改革开放以来外交实践经验的基础上取得的。实践是检验真理的唯一标准,外事工作者应认真领会、贯彻这个思想。

外事管理是政治性和政策性都很强的工作,又是与经济发展息息相关的工作。人类历史上,政治与经济向来都是密不可分的。国家与国家之间,地区与地区之间,交往密切,相互友好,经济上的交流与合作就会得到发展。外事工作既要讲经济,也要讲政治。目前,经济领域的官方与民间的往来呈现出几何级数的增长,各国都是把经济工作放在外事交流的重要位置上。因此,外事工作应该为经济建设服务,为我国现代化建设服务。当然,如果只讲为经济建设服务而不讲为政治服务,也是错误的,不能为了经济利益而不讲政治立场和原则。外事工作既应为经济服务,又应为政治服务,二者相辅相成,不可分割。无论走向哪一个极端,都是不可取的。

做好外事工作既要讲原则,又要讲策略。要坚持原则立场,主持正义,支持世界各国人民为捍卫民族独立和国家主权而进行的斗争;还要注意维护我国主权和民族尊严。这些原则立场决不能有丝毫的动摇。斗争中要讲究策略,采取灵活措施,在不违反原则的基础上,可以做出一些必要的妥协与让步,做到既坚持原则又灵活变通。

在外事工作中,只要遵照正确的指导思想办事,按照唯物辩证法的"两点论"处理问题,就可以少走弯路。21世纪的外事工作,面临着更为复杂的国际形势,外事工作者要提升思想理论水平,坚持以毛泽东思想、邓小平理论和"三个代表"重要思想为指导,全面贯彻落实科学发展观,高举和平、发展、合作的旗帜,坚持独立自主的和平外交政策,坚定地走和平发展道路,开展全方位外事工作,把握好重要战略机遇期,维护国家主权、安全、发展利益,努力为我国改革开放和社会主义现代化建设营造良好的国际环境和外部条件,为推动建设持久和平、共同发展的和谐世界作出贡献。

(二)外事管理的工作方法

为了做好外事管理工作,外事工作人员应掌握正确的工作方法。

第一,站稳立场,冷静分析。外事工作人员应学习和掌握好中国特色社会主义理论体系以及我国现行外交政策与外事法规等,用理论和政策武装头脑,培养爱国主义情操,注意维护党和国家的核心利益,维护中国人民和世界人民的根本利益。

第二,理论和实际相结合。学习外事管理知识关键在于学以致用。外事管理学是一门应用性比较强的新兴学科,它产生于外事实践,并随着外事实践的发展而发展。当今世界是开放的世界,任何国家要与外国建立政治、经济和文化联系,都需要通过外事管理的实践来加以实现、发展和调整。因此,外事管理工作的目标在于做到活学活用,知行合一。

第三,拓展知识背景,做到触类旁通。外事干部应熟悉涉外企业管理与涉外法律法规等方面的知识,这些都与外事管理的实践活动息息相关。外事管理干部应拓展自己的知识面,增强专业技能,以适应外事管理工作对综合性高素质人才的需求。

总之,在人才强国的执政理念下,从事涉外事务管理岗位的同志,应该在具体实践中将自身培养成合格的、复合型的外事人才,以适应我国外交、外事工作发展的需要,适应扩大对外开放的需要,适应社会主义现代化建设的需要。

第二节　全球化背景下的中国外事工作

外事管理工作对中国的改革开放起着至关重要的作用。可以说外事工作是对外开放的主要承担者,亦是改革开放不断深入发展的重要推动力,更是联系中国与世界的纽带与桥梁。在全球化的大背景下,中国的外事工作担负着让人们清楚认识到全球化进程中的挑战与机遇,尽力减少全球化对国内社会发展负面影响的重任。从国家发展战略的视角来看,做好外事管理工作不仅涉及中国在信息、经济、社会、文化等方面的综合安全,更关系到中华民族的复兴,因此,如何做好新形势下的外事工作,就必须在全球化的新视野中进行思考。

一、中国外事工作的发展现状

随着世界一体化进程的加快,中国与其他国家和地区间的政治、经济、文化、社会等领域的联系不断加深,政府、企事业单位、社会团体间的对外交往、交流、合作以及考察访问等国际交流活动更加频繁,外事工作的重要性不断提高,业务范围和工作难度也在逐步拓宽和增加,随之而来的是外事管理工作的蓬勃兴起。改革开放以来,中国外事工作的特点主要表现为以下几个方面。

第一,外事管理工作质量与水平不断提高,外事工作在党和国家工作全局中的地位越来越重要,在改革开放和社会主义现代化建设中的作用越来越突出。改革开放三十多年来,随着对外交往的不断深化,特别是网络信息技术的进步,中国外事管理工作由原来的临时性、小范围、后台服务性工作,逐渐发展成为现在的设有常设机构、专职人员的专业性工作;工作内容从语言翻译、迎来送往、礼宾服务、调研等局部事项,发展到协助处理、直接参与外事决策与管理的全过程。外事管理者已成为领导决策核心的重要成员。

外事工作是党和国家的一项重要工作,在促进国家现代化建设和维护国家主权、安全、经济利益方面具有十分重要的作用。党的十七大以来,以胡锦涛同志为总书记的党中央,高举和平、发展、合作的旗帜,坚持独立自主的和平外交政策,妥善应对纷繁复杂的国际形势,正确统筹国内国际两个大局,广泛开展友好交往与互利合作,各领域的外事工作蓬勃开展,为维护我国发展的重要战略机遇期,促进改革开放和社会主义现代化建设做出了积极贡献。

第二,外事管理工作服务领域不断拓展。外事工作已拓展为全方位、全过程的管理工作,从后台走到了前台,外事工作的范围也更加宽广,涉及国家间、政府间涉外事务的方方面面,包括:对外经济、贸易等交往事务;国家间的企业购并、合作、合资等事务;对外科技、文化、宣传等交流事务;国际大型活动的承办事务;等等。这就要求外事人员在具备了一定的外语交际能力的条件下,需要掌握涉外事务的办理流程、基本的涉外事务管理知识和相关的法律、法规,懂得公关交际技能与外事礼仪,具有过硬的心理素质,成为领导不可或缺的得力助手和优秀的高层管理者。

此外,各级政府也逐渐健全了外事管理体制。一些省市还成立了外事工作领导小组,加强了对本地区外事工作的领导。各级外事部门调整了职能和工作重点,努力做到外事为地方经济建设服务。一些发达省份的外事部门则明确了外事工作负责人、承办处室与人员,初步形成了区域性外事工作网络。各级政府逐步规范了外事管理,制定了地方外事管理规章,明确了因公出国(境)、护照签证、外国记者管理、涉外饭店审批验收、涉外突发事件处置等多项管理规定,进一步规范了外事管理流程,并开展了形式多样的外事教育培训,以加强外事干部队伍建设。

第三,外事工作增进了国际社会对中国的了解,提升了中国的国际地位和影响力。应该看到,当代中国同世界的关系发生了历史性变化,中国的前途命运同世界紧密联系在一起。党的十七大报告提出:"中国发展离不开世界,世界繁荣稳定也离不开中国。我们将继续开展同各国政党和政治组织的交流合作,加强人大、政协、军队、地方、民间团体对外交往,增进中国人民和各国人民的相互了解和友谊。"①中国作为新兴大国,在全球化过程中发挥着后发优势,主动与周边国家和地区建立良好的联系,促进国民经济的发展。在这方面,外事工作走在了所有工作的前面,通过建立政府间外交、二轨外交和公共外交等方式,建立起全方位的国际交往体系,不仅大量的中国企业与游客走出国门,还吸引了大批的外资与国外友人来到中国,在介绍中国改革开放伟大成就的同时,积极把国外的宝贵经验吸收进来。在全球化的浪潮中,蓬勃发展的外事工作进一步增强了中国与世界的联系。

第四,对外交流形式多样化,对外宣传工作发挥了巨大的作用。如今,外宣工作成为对外开放战略的重要组成部分。全国各级外事单位开展了多层次、多渠道、多形式的对外宣传活动,做到了让中国走向世界、让世界了解中国。中华人民共和国成立以来,外宣工作积累了许多好的做法,如借用国内外媒体资源对外宣传中国改革开放的伟大成就,编印多语种画册作为组团出访、办节办会的外宣资料,中央电视台建立法语、西班牙语、阿拉伯语等频道,各级政府的宣传、信息、媒体等部门创建综合性网站对外宣传中国的风土人情和经济成就,丰富了我国的对外交流形式,促进了公共外交、民间外交的发展。此外,经贸、科技、城建、教育、文化、卫生、体育、文联等部门运用各自的外事资源与优势,进一步丰富了外事工作的内涵。

在外事事业大发展的同时,中国的外事管理工作还存在着一些亟待解决的问题。

第一,外事管理上存在薄弱环节。主要表现为外事管理机构建设无法满足外事工作业务量激增的需要,外事部门的编制、人员、经费短

---

① 《胡锦涛在党的十七大上的报告》,新华网:http://news.xinhuanet.com/news-center/2007-10/24/content_6938568_10.htm,2007年10月24日。

缺,无法适应日益增长的外事工作的需要。教育、卫生、文化、体育等部门对外交往多,但外事机构建设相对滞后。东西部地区的外事管理水平差异明显,发展不平衡。一些地方外事归口管理比较散,难以及时掌握重要的外事情况,上通下达的效率不高。

第二,外事资源分散,部门间对外交往缺乏整合力。外事资源的整合、利用和建设需要积极有效的制度措施,但在操作层面仍缺乏有效的协调机制;外事资源在对外交流和合作中处于从属地位,且常常会出现重复建设、沟通不畅等现象。外事资源优势转化为对外合作优势的效果尚不明显,外事资源的整合还需要加强领导,加强解决问题、跨部门合作的力度。

第三,对外宣传协调机制不健全。外宣是外事管理工作的重要内容,需要与传媒、信息、安全等多家部门进行协调。目前我国外宣协调监管机制尚不完善,这直接影响到完善外宣种类、提高外宣资料质量、加强外宣载体建设、整合外宣资源等问题的有效解决。外事和外宣的结合不够紧密还影响到外事资源的使用效率。

第四,高层次翻译人员短缺。外事管理需要一流的翻译人员。无论是口译还是笔译的外事翻译人员,不仅需要了解中国国情与世情,还要具有一定的专业知识,更要有较高的翻译技能,这些都需要进行长期的培养和积累。目前,一些地方外事部门,外语语种不全和翻译人员满负荷工作问题还没有得到妥善解决,即使面临可以大展宏图的机会,却由于翻译环节不畅而打了折扣。

21世纪前20年,是全党全国各族人民为全面建设小康社会、加快推进社会主义现代化的战略机遇期。为了实现和平发展、建设和谐社会的宏伟目标,需要切实做好国内改革发展稳定的各项工作,需要做好外事方面的各项工作。目前,我国形成了全方位、多层次、宽领域的对外开放格局,在经济、政治、文化、安全等方面同国际社会建立起前所未有的密切联系,我国内政外交的关联性也得到了进一步的增强。加强和改进外事工作,是我国融入国际社会的必然要求,当前国内外形势迫切需要我们进一步提高对外工作的质量和水平,努力开创新世纪新阶段外事工作的新局面。

二、做好外事工作的立足点

在新时期做好外事工作,需要从以下几个方面寻找立足点。

（一）坚持党的领导是做好新形势下外事工作的关键

外事人员要从加强党的执政能力建设和先进性建设的战略高度，着眼于提高在国际形势深刻变化和全方位对外开放的条件下维护国家主权、安全、发展利益的能力，加强和改进各级党组织对外事工作的领导。从事外事管理的人员应把思想认识统一到中央对国际形势的判断上来，统一到中央对外大政方针和战略部署上来，贯彻中央对外工作方针政策，坚持外事工作的正确方向。

（二）加强外事干部队伍建设

外事战线的干部特别是领导干部要发扬我国外事工作的优良传统，苦练内功、善于学习、掌握政策、熟悉业务、团结协作，忠于党、忠于国家、忠于人民、忠于职守。外事主管部门应积极探索新形势下外事干部的成长规律和培养途径，营建有利于优秀人才脱颖而出的氛围，努力打造一支素质过硬的外事干部队伍。建立健全外事工作管理体制机制，充分发挥政府外交的主渠道作用，加强和改进政党、人大、政协、军队、地方、民间团体的对外交往工作，形成做好外事工作的整体合力。

（三）坚持统筹国内国际两个大局

外事工作必须把出发点和着力点放在促进党和国家工作的全局上，放在实现好、维护好、发展好最广大人民的根本利益上。这是做好外事工作的根本目的，也是衡量外事工作成效的重要标准。外事工作必须为国内经济建设服务，在统筹国内国际两个大局中加以推进。外事工作要紧密围绕党和国家的中心任务，把国内发展与对外开放统一起来，更加注重从国际国内形势的相互联系中把握发展方向，更加注重从国际国内条件的相互转化中把握好发展机遇，注重从国际国内资源的优势互补中创造发展条件，注重从国际国内因素的综合作用中掌握发展全局。外事工作与政治、经济、文化相结合，与维护国家主权、安全、发展利益相统一，加强战略谋划和整体运筹，积极争取对外关系的主动权，营造有利于中国发展的工作局面和战略态势。

（四）坚持外事为民的思想

外事工作坚持以人为本，就是要按照外事为民的要求，实践为人民服务的宗旨，维护最广大人民的根本利益，使外事工作成果惠及全体人民。要适应我国企业和人员大量走出国门的新形势，依法维护我国海外机构和人员的安全和合法权益。要依法维护华侨华人及香港特别行政区同胞、澳门特别行政区同胞、台湾同胞的正当权益。要引导广大干部群众正确认识国际形势，平等友好地对待各国人民。要加强外事工作战略研究，不断丰富和发展我国的外交理论和实践，深入研究当前国际形势和国际关系发展的规律和特点，全面加强外事工作科学决策、科学运筹、科学管理的能力。

（五）加强队伍建设，提升业务水平

一是各外事归口部门，应保证重点单位有至少一名公务员在外事活动中能用外语进行直接交流。同时，加强涉外单位一线员工的外语培训，基本实现英语服务无障碍，从而提高我国外事交往的整体水平。二是开展外事业务培训。邀请专家学者对各单位主管外事工作的领导、涉外单位负责人及外事专办员开展以国际形势、外交政策、外事礼仪、外事管理、涉外突发事件应急处理、境外媒体接待等为主题的系列专题讲座，以提高外事管理者的业务能力。三是搭建实践平台。在大型外事活动中，组织外事骨干参与到筹备、组织、接待等各个环节中，让其将所学知识运用与实践相结合，在实践中积累经验，提高外事工作水平。

我国正处于并将长期处于社会主义初级阶段，要把我国建设成为富强、民主、文明、和谐的社会主义现代化国家，还需要进行长期努力。因此，做好外事工作既要有历史的眼光，又要有战略性思维。外事工作必须把出发点和着力点放在服务于党和国家工作的全局上，放在实现好、维护好、发展好最广大人民的根本利益上。外事工作要向更高层次和更深远的方向发展，以谋求更大、更持久的效益。

三、做好外事工作的途径

（一）与时俱进，加强学习

首先，外事干部要增强机遇意识。当前我国政治稳定、经济发展、国际地位不断提高，国内外战略环境处于中华人民共和国成立以来的最佳状态。做好外事工作是新时期、新形势的要求，是总体外交大局的要求，是中央政府和全社会对外事部门的考验。胡锦涛总书记指出：

"维护我国发展的重要战略机遇期，为全面建设小康社会服务，是当前和今后一个时期我国外交工作的根本任务，也是基本目标。"经济全球化给中国带来了前所未有的机遇，有好机遇就能有大发展，关键要抓住机遇、珍惜机遇。只有抓得早、抓得紧、抓得实、用得好，才能抢占先机、赢得优势、扩大成果，实现外事发展目标。

其次，在中央的外交方针指导下，增强战略意识。外事工作要跟上形势的发展，与改革开放的大好形势相适应，要增强战略意识，要用科学发展观的眼光、战略思维的方式去分析、看待问题，把握形势，强化国家利益和国内外两个大局意识。外事工作谋全局、办大事，不仅要体现在对宏观局势的把握上，还包括工作思维、行为趋向和对外事工作的导向上。只有站得高、把握得准，才能看得远、谋得深。对于外事工作人员来说，就是要在主动服从国家总体外交大局的前提下，结合本部门的实际情况，为部门发展和开放提供准确的、有参考价值的意见和建议。

再次，增强创新意识。没有创新就没有发展，就会受限于旧有局面。要有敢想、敢试的气魄，拓宽思路，锐意创新，在实践中不断探索、开拓外事工作的新思路、新办法，逐步形成有特色的外事发展模式。例如，组织外事干部到有关城市学习交流、实地考察，使外事干部接受新思想、新观念、新业务，跳出固有思维方式，形成新的视角，为经济发展作出更大贡献。要以新的公众形象和精神风貌，积极开展工作，提高服务质量，改变官僚形象。同时，要注意讲求实效，不搞形式主义，不图虚名，不哗众取宠。

最后，增强责任意识。作为对外联系的窗口，全国各级外事部门在对外开放的大环境下要始终站在最前沿，这是工作性质所赋予的神圣责任。随着外事工作的外沿不断扩大、工作内容日益丰富，社会各方面对外事部门的要求也越来越高。从某种意义上讲，外事部门的开放意识和开放水平直接关系到整个国家的开放程度和水平。因此，外事工作的特殊性要求外事部门要及时、准确地为领导和社会各界提供有价值的决策参考依据。

（二）拓宽外事管理工作渠道，打造外事管理工作新平台

外事渠道是外事工作的生命线。渠道建设要在拓展深化、巩固整合现有资源的同时，不断拓展新领域。要善于借助中央、国家各涉外部门等多种渠道，发掘海外华侨华人的亲情、乡情等特殊关系；始终保持

对外友好关系的活力,及时梳理每一次接待和出访获取的资料和信息,建立对外交流档案并保持经常沟通联系。把分散的渠道资源整合起来,逐步形成立体、多元、畅通的对外交往网络,使之成为扩大对外交往和国际合作的重要资源。在构建外事资源网络的同时,要注意合理布局,以真诚去赢得友谊,广交新朋友,不忘老朋友,坚持外事工作的长期性、稳定性和连续性。对与我们没有邦交的国家和地区,要以公众外交、经济外交、文化外交的方式来推动官方关系的发展,以经促政,以民促官。

完善各级政府外事管理工作的平台。外事的归口管理,有助于在资源有限的条件下,合理搭配人力、物力和财力,为全社会提供一个对外交往、交流、合作的平台,并提供优质高效的服务。建立政府间高层双边或多边的磋商机制,加强沟通和对话,推动政治、经济、文化、科技等各个领域的全面合作;建立对外交流合作的长效机制。通过政府层面的对外交往工作,研究探讨实质性合作与交流项目,推动项目的具体落实。例如,中国外交部成立了领事保护中心,加强预警宣传、应急处置和统筹协调能力;利用网站和多个媒体渠道及时发布各国的安全状况和相关预警信息;建立境外中国公民和机构安全保护工作联席会议制度;建立完善外交部及驻外使领馆应急机制,制订了应急预案,遇相关事件迅速作出反应等。

采取多种形式建立信息通道和信息提供,构建外事部门特有的信息平台。要注意广泛收集信息,整理资料,有针对性地开展调查研究,提出有建设性的意见和建议;为各部门、各行业及相关企业提供世界各国和地区的基本情况,为企业走出国门提供决策参谋服务;通过信息服务,帮助企业经营者树立全球化的经营意识,以便在国际市场上整合资源、寻找发展空间。利用信息交换,吸引国外的资金与技术,同时引导优势产业积极参与国际竞争。

在对外交往中,打造对外宣传与文化传播的平台。在全球化意识不断增强的时代,国家或地区形象的好坏直接影响到国家和地区改革开放的程度和经济社会发展的速度。外事人员要高度重视对外文化宣传的作用,在继承传统民族文化的同时,树立当代中国的文化大国形象,使之与当代中国发展相称,并引领好舆论导向,提高中国的国际影响和世界认知度。

(三)提高外事服务质量和水平

首先,外事工作主要是服务性工作。宏观层面上是为国家总体外交和地方经济社会发展服务,微观层面则贯穿于外事工作的各个方面。在经济全球化的背景下,外事工作的服务理念要实现"两个转变":一是变被动服务为主动服务。积极主动地开拓外事服务工作的新领域,主动改进和提高服务水平和质量,主动把服务融入各项外事工作之中。二是变事务型服务为政策、信息型服务。外事部门应深入开展调查和分析,找准服务工作的着力点,积极提供政策指导、信息支撑和制定相应的措施办法。

其次,同国际标准接轨,提升外宾接待服务质量。外宾接待是外事部门的重要业务。随着对外交往的扩大和深入,外事部门应当根据形势的发展变化,按照国际惯例和有关部门的要求,探索出符合当前国情世情的规范。优质高效的外宾接待程序,充分体现对外开放的新理念和现代文明的新风范,做到既周到细致又成果卓越,展现外事管理工作的良好风貌。

最后,坚持"以人为本、外事为民"的宗旨。始终牢记为党和国家的外交大局服务、为经济建设和社会发展服务,做到外事为民。认清外事工作面临的新形势,进一步增强外事工作人员的责任感与使命感。充分体现权为民所用、情为民所系、利为民所谋,力争在平凡中做出特色。

(四)加强外事队伍建设,形成行业文化

对外交往是国家实力的较量,也是外事人员能力的较量。要全面提高对外工作的层次和水平关键在人和机制。做好外事工作不仅要有良好的心理素质,还必须要有良好的业务素质和专业技能。建设一支政治觉悟高、业务精的外事队伍是做好外事工作的保障。因此必须从以下几个方面入手。

首先,通过制度和机制的改革,营造良好的人文环境。加强制度、机制建设,全面提高机关整体工作能力。要完善"大外事"管理格局,按照"统一领导、归口管理、分级负责、协调配合"的原则,建立健全外事工作领导和管理体制。要严肃外事纪律,牢固树立"外事无小事"的观念,提高遵守外事纪律的自觉性。要进一步转变政府职能,改进管理方式,推行电子政务,提高行政效率,降低行政成本,形成行为规范、运转协

调、公正透明、廉洁高效的行政管理体制。要提高办事效率,建立便捷高效的工作机制。强化素质提升,营造文明向上的人文环境。

其次,加强学习培训,提高外事干部的综合工作能力。外事工作者要努力学习一切对开展工作有用的知识,要有饱满的创业激情和敬业精神、全球化视野和丰富的现代理念、强烈的荣誉意识和责任意识以及好学上进、勇于创新的进取心。外事工作必须始终强调把外事干部的素质和能力培养放在重要位置来抓,力求在提高能力上下工夫。培养具有国际竞争力、适应时代变化和市场经济需求的人才,努力建设一支政治素质高、业务能力强、组织纪律严、经得起风浪考验的外事干部队伍。

再次,形成强大的团队战斗力。加强凝聚力建设,统一整合力量,提高办事的能力。整合行业渠道资源、人才资源和内部服务资源,形成开放合力,倡导相互协作、团队精神;减少内耗、激活内力,形成聚合效应,树立善于尊重人、理解人、关心人、帮助人的良好风气;巧借外力,弥补不足,关键时刻请上级机关部门给予支持和帮助,或调动地方一切可以利用的力量,集中集体智慧和资源,统一协调办大事。

最后,加强综合调研,提高分析问题、解决问题的能力。外事管理部门应增强机遇意识、战略意识、创新意识、责任意识,建设服务平台,打造优秀的外事队伍,建立学习型机关、调研型部门,提高正确分析和把握大局的能力。加强对国外政治、经济、法律、政策及投资环境的调研,特别是对制约外事工作的关键问题进行深入细致的分析和研究,提升政府的外事管理工作水平,更好地为经济建设和社会发展服务。

经济全球化促进了世界各国的融合,带动了各地资源的优化配置,使经济活动不再限于某个国家或地区内部,而是全球性的活动,这使得中国各级政府的外事管理部门面临着新的挑战。在新的形势下,各级外事部门都在乘风借势、谋划发展、致力探索创新,千帆争进之势喜人。这也对外事工作提出了更高的要求。因此,外事人员必须以扎实肯干、精益求精的工作作风,在全方位、高层次的对外开放中,充分发挥外事工作的先导作用,通过卓有成效的工作,赢得全社会的理解与尊重。

第三节　北京建设世界城市的战略定位

21世纪以来,北京进入了经济社会全面发展的新时期。尽管2009年中国受到了世界经济危机的影响,但我国国民生产总值(GDP)依然保持可观的增长速度。作为首都,北京的经济总量保持了两位数的快速增长,地区人均生产总值也历史性地突破了一万美元。悠久的历史,灿烂的文化,快速的经济增长,稳定的社会环境,处于核心的政治地位等,无一不把北京推向"建设世界城市"的新高度。

鉴于此,中共北京市委第十届七次全会提出了北京建设世界城市的发展目标,此提议得到了社会各界的肯定和认同。那么,什么是世界城市?目前的北京与达到世界城市水准还有多大的差距?面对经济全球化的趋势,北京如何把握后奥运时代的发展机会,提高首都的国际化程度?诸如此类的问题都亟待解决。

北京建设世界城市不仅需要提高自身软硬实力,也离不开其与世界的充分互动与交流。如何创造交流机会,提高交流效率,发挥交流作用,最终让北京为世界所接受,让北京走入世界城市的行列,这便需要外事部门架构起无障碍的交流桥梁,让世界了解北京,并把"爱国、创新、包容、厚德"的北京精神传达给世界。

一、城市国际化与世界城市的界定

城市国际化是指城市主体积极参与国际分工与协作,城市生活日益融入国际经济、国际政治的历史进程。因此,城市国际化是城市外向发展的必然要求。从经济学上讲,当商品、资金、知识、技术、信息、人力、服务等要素的流动超越了国界,当城市对以上要素赋予的具体功能超出本国的范围时,城市也就开始了它的国际化历程。一座城市的国际化,是受到各种各样的历史和现实因素制约的,在条件不具备时提出国际化只是一种不切实际的幻想,但是当条件具备了就应该抓住机遇,趁势而上,推进这一历史进程。

与城市世界化密切相连的另一个重要概念就是世界城市。早在1889年,德国学者哥瑟(Goethe)就曾使用"世界城市"一词来描述当时的罗马和巴黎,以彰显其文化优势。根据经典世界城市理论的相关概念,世界城市就是全球化时代集聚和扩散国际资本的枢纽,并通过复杂的全球城市体系成为整合和控制全球生产和市场的关键力量,世界城市处于全球城市体系的最高层级,是具有全球控制能力的战略性区域,是协调和控制全球经济的枢纽和中心。英国学者彼得·霍尔(Peter Hall)在1966年出版了一本著作——《世界城市》,他详细分析了伦敦、巴黎、纽约、东京、莫斯科、德国的莱茵—鲁尔区、荷兰的兰斯塔德这七个世界城市,认为世界城市应具有七个特征:第一,是主要的政治权力中心;第二,是国家的贸易中心;第三,是主要银行所在地和国家金融中心;第四,是各类专业人才集聚的中心;第五,是信息汇聚和传播中心;第六,是集中了相当比例富裕阶层人口的中心;第七,娱乐业成为重要的产业。由此可见,世界城市是国际城市的高端形态,是在国际政治、经济和文化生活中具有全球影响力和控制力的中心城市。

二、北京建设世界城市目标的确立

北京是中国的国际交往中心,是中国与外部世界联系的重要平台,也是带动京津冀地区城市圈融入世界城市体系的核心城市。20世纪80年代,中共中央书记处曾对北京建设方针提出了四项指示与建议:要把北京建成全中国、全世界社会秩序、社会治安、社会风气和道德风尚最好的城市;要把北京建成全国环境最清洁、最卫生、最优美的第一流城市,也是世界上比较好的城市;要把北京建成全国科学、文化、技术最发达,教育程度最高的第一流城市,并且在世界上也是文化最发达的城市之一;要使北京经济上不断繁荣,人民生活方便、安定,着重发展旅游事业、服务行业、食品工业、高精尖的轻型工业和电子工业,基本不发展重工业。

1980年,北京市委明确了北京的两大功能定位:全国的政治中心,而不一定要成为经济中心;中国对外宣传的窗口,全世界可以通过北京看中国。从此,北京市党政文件中逐渐出现城市性质"三中心"说(全国的政治中心、文化中心和国际交往中心)和城市功能"四个服务"说(为中央和国家机关服务,为国际交往服务,为全国各地建设发展服务,为市民的工作和生活服务)等概念。这奠定了北京的城市性质、城市职能,系统化体现了国民愿望的首都城市形象。

2005年,国务院批准了《北京城市总体规划(2004—2020年)》,规划中明确提出,必须以建设世界城市为努力目标,不断提高北京在世界城市体系中的地位和作用。此后,北京市积极按照规划指标的要求,不断推进首都的各项建设。

2008年北京奥运会是一场史无前例的盛会,奥运会不仅是一场体育盛会,更是一次规模空前的综合性外事活动。奥运会之后,北京市的外事接待服务、应对境外媒体采访、涉外突发事件应急等重要工作都有明显提升。奥运会在推动北京城市建设的同时,也加快了北京国际化进程的步伐。奥运会不仅推动了城市进步，使得城市基础设施建设、自然环境、人文环境等都得到了很大改善，提高了北京的城市品质，也极大提升了北京城市建设的国际化和现代化水平，进一步增强了北京的知名度和美誉度。北京在高度密集的国际赛事和高水平的国际交往中，从整体上学习、适应并开始融入了国际标准、国际惯例、国际准则和国际规范。

奥运会之后，以美国雷曼兄弟公司破产为序幕的金融危机迅速席卷全球，世界经济陷入二战以来最严重的衰退。中国在这场危机中采取了正确的经济政策，不仅保持了经济的持续增长，而且对世界经济复苏作出了贡献。中国的出色表现使其全球影响力凸显，反映在世界的和平、安全、经贸、环境、文化等各个领域。

以成功举办北京奥运会、圆满完成中华人民共和国成立60周年庆祝活动和成功应对国际金融危机为标志，中国的国际影响力日益上升，从而使得作为首都的北京应顺应我国当前国情国力的变化，必须面向世界设计城市的发展。因此，北京市委、市政府在总结过去北京发展经验和借鉴其他国际化大都市发展经验的基础上，对北京的发展定位有了新的思考和判断。2009年底，在北京市委十届七次全会上，北京市委书记刘淇在工作报告中提出，要瞄准建设国际城市的高端形态，从建设世界城市的高度，加快实施人文北京、科技北京、绿色北京的发展战略，以更高标准推动首都经济社会又好又快发展。2010年，中共北京市委十届八次全会提出"加快向中国特色世界城市迈进"的总体要求。2011年，北京市"十二五"规划进一步把加快推进中国特色世界城市建设确定为"十二五"期间的重要任务，分三步实现世界城市的目标。第一步，构建现代国际城市的基本构架；第二步，到2020年全面建成现代化国际城市；第三步，到2050年建成世界城市。至此，在中国综合国力日益增长、国际地位日益提高的历史新时期，北京的发展有了明确清晰的定位和具体的发展目标。

在经济全球化的今天，中国的发展已经与世界各国相互依存，彼此息息相关，中国与世界的交往正呈现出几何级数的增长趋势，开放的中国需要建设一个国际化的首都。世界城市建设目标的提出，是北京市委顺应历史潮流、把握发展机遇、谋求更高发展水平的重大战略抉择，既是北京谋求城市长远发展的主动权和话语权的内在要求，更是中华民族伟大复兴的重要体现和象征。世界城市发展战略开启了北京城市建设的新时期。

三、北京建设世界城市的可行性

近年来,随着北京的快速发展,特别是成功举办奥运会和成功应对金融危机后,北京的国际声望和地位大幅提升,已初步具备了建设世界城市的基础和条件。

（一）具备相应的基础条件

无论从何种角度衡量,纽约、伦敦、东京都是当今无可争辩的世界城市。根据世界城市网络的研究成果：2008年,北京与世界城市网络的连接程度已跃居全球第9位,而在2000年则处于第27位。北京在世界城市网络中已经开始发挥出面向全球的连接作用,逐步成为重要的节点,而且在发展道路的选择上,北京与纽约、伦敦、东京这三大世界城市也有很多相似之处。

第一,产业结构的高级化。表现为制造业在整个产业中的比重在逐步下降,现代服务业则迅速崛起。城市的产业升级势头变得非常旺盛和强劲。北京在20世纪90年代也经历了产业结构的快速转变,实现了产业结构由"二、三、一"向"三、二、一"的转型,即以第三产业为主。2011年,北京市的第三产业的比重占GDP的76.9%,[1]也就是说,有超过3/4的产出是由服务业创造的,已经基本具备世界城市的经济结构特征。

第二,全球金融和服务中心。伦敦通过快速产业升级和结构重组,实现了工业经济向服务经济的转变,从而保持了其作为全球金融中心的地位；纽约作为世界金融、商业、贸易中心的地位也得到加强,并发展成为世界最大的货币金融市场与最大的股票市场、跨国商业银行和金融机构中心；日本也逐步发展了国际导向的跨国经济体系,东京作为这一体系的中心成为控制亚洲经济,进而影响全球经济的重要管理中心。北京作为中国的首都,是中国最大的金融管理中心、资金调控和清算中心。这里汇聚了中国四大金融监管机构、四大国有商业银行总部和多处股份制商业银行总部、四大资产管理公司总部、四大全国性的保险公

---

[1] 《北京：GDP增速垫底 经济转型领先》,石景山信息港：http://www.010sjs.com/news/7.html,访问时间：2011年12月19日。

司总部、中国金融业四大行业协会等。这些都说明北京具有发展国际金融业的优势条件,只是由于种种原因造成国际化程度较低,未来还需努力寻求从国家金融中心向国际金融中心转变的可行道路。

第三,国际交往中心。三大世界城市不仅是全球经济控制中心、信息交换中心,还都拥有连接全球的重要国际空港和港口。而北京没有港口,这也是北京建设世界城市的重要约束条件,当然这个缺陷可以通过京津共同打造世界城市的方式来弥补。国际交流中心的地位也体现在国际交往活动上。比如承办一些大型的国际赛事,举办国际会议,成为重要国际旅游目的地等。

(二) 具有独特的国际身份

建设世界城市,北京拥有得天独厚的条件。北京是中国的首都,其对外交往在国家整体外交中具有重要地位。国家通常赋予北京市特定的功能角色,使北京市在某个领域或某些方面代表国家参与国际互动,以拓展国家的外交渠道、丰富国家的外交活动、充实国家的国际交往内容。在这种情形下,就使北京市具有特定的国际身份,北京市外事管理的身份定位被称为国家授意赋予北京市的国际身份。

北京市进行外事交流的国际身份,大多来源于国家的授意。国家授意北京市建立国际身份,主要通过以下四种方式进行:

第一,国家授权北京市承办各类重大国际活动。重大的国际活动包括大型的国际赛事、国际会议、国际会演等。国家可以授权、支持或认可北京市出面承办这类国际活动,在活动中代表国家担任组织者和东道主,使北京市获得国家代理人的国际角色身份。例如,在国家的授意之下,由北京代表中国与法国巴黎、日本大阪、加拿大多伦多等城市争夺2008年奥运会的申办权。当北京申奥成功后,在举办奥运会的活动中,北京就成了中国的代理人。此外,有些重要的国际活动是由中国政府主办的,中国政府可以直接将承办城市指定为北京。例如,在中国举办的中欧峰会中,中国政府就指定北京为承办城市,使北京市获得了在中欧峰会的举办中代表国家的国际角色身份。

第二,国家引导或认可北京市与国外某个城市建立姊妹城市或友好城市之类的关系。建立使北京市置身其中的特定国际关系结构,从而使北京市具有在该关系结构中的特定角色身份。目前,比较常用的方式是与外国城市建立姊妹城市或友好城市的关系,将地缘或政治上无关的城市配对或结合起来,增加城市之间、民众之间的交流合作,密切双边关系。北京市在国家的授意下,与国外很多城市建立了姊妹城市或友好城市的关系。友城外交的纽带作用得到进一步的强化,友城工作在为招商引资、企业走出去服务方面发挥了实质性作用。北京市高度重视友城之间友好关系的培育,千方百计使友城工作长期延续下去。

第三,国家引导或认可北京市代表国家外出举办国际活动、展示中国特定的国际形象。例如,2010年在比利时布鲁塞尔举行的欧罗巴利亚艺术节迎来了"北京文化周"。"北京文化周"期间举办了一系列丰富多彩的活动,如《中国古代文人展》《魅力北京图片展》以及中国杂技团专场演出、北京现代舞团专场演出和北京电影展等。通过这样的活动,北京市代表中国对外宣传了中华民族的传统文化,提升了中国的文化影响力。

第四,国家引导或认可北京市参加国际经济、文化、体育等方面的合作,拓展国家整体国际交往的空间,提高国际交往的质量。国家通过引导或认可北京市举办各具特色的国际活动,加强与其他国家城市的交流与合作。例如,从2001年开始,北京开始举办一年一度的"北京国际绿色、有机食品展览会",开发和推荐了数量众多的绿色食品与有机食品,加强了北京与国际的交往和联系,促进了北京市低碳经济的发展。

国家通过这四种方式建构了北京市的国际身份,使北京市具备了相应的国际权利与义务。为更好地塑造北京的国际交流身份,多年来,北京市按照中央的对外工作方针开展工作,形成了多领域、多层次、多部门做外事工作的大外事格局。对外交往更加频繁,国际声誉逐年提高,逐步成为中国乃至世界的交往中心。

(三)达到相应的评价等级

全球化与世界城市研究中心将世界城市定义为alpha,并分为四个等级:alpha++,包括伦敦和纽约,是指最大限度整合于世界城市网络的顶级城市;alpha+,是指其他一些高度整合于世界城市网络的世界城市;alpha和alpha- 是指那些将主要经济区域或国家连接到世界城市体系中的世界城市。

2000年,北京还不是世界城市网络研究中所认可的世界城市;2004年北京已经成为alpha-世界城市,即在世界城市行列里处于最低层级;2008年,北京跃居成为alpha+世界城市,仅次于alpha++。

我们如果比较一下北京、上海、香港和台北这四个中国世界城市的候选者,可以发现,尽管在2004年北京、上海与世界城市网络连接的程度与香港还有差距,但已显示出和香港类似的全球性城市属性。这说明北京、上海在全球城市网络中已开始发挥在全球的连接作用,而台北则没有这样的功能。以北京、上海为代表的中国城市在世界城市网络中的地位不断上升,尤其是北京正快速融入世界城市网络,并逐步成为重要节点城市。

四、北京建设世界城市过程中的外事工作

在21世纪的第一个十年里,北京市对外关系迅速发展,交流领域不断拓展,涉外环境持续改善,国际影响日益扩大,外事管理规范有序,干部队伍继续优化。这十年里,北京外事工作遵照中央的统一规划,体现了北京作为政治、文化中心和国际交往中心的城市功能要求;促进了经济结构的调整,推动了科教文卫体等社会事业的发展;积极参与国际合作与竞争的步伐,推进了现代化国际大都市的建设进程。目前全市外事工作呈现出全方位开放、多层次交流、宽领域合作、布局合理、形式多样、蓬勃发展、成效突出的良好局面,这些都促使北京加速向世界城市的目标迈进。

(一)北京市外事工作取得的成绩

在过去的十年,北京市政府紧紧围绕国家和北京市工作大局,配合国家总体外交,着力统筹整合外事资源,不断完善外事工作管理体制,积极推动外事工作战略转型,积极构建多层次、多渠道、全方位的外事工作格局,不断提高城市软实力和国际影响力,为首都经济社会发展和国家总体外交做出了积极的贡献。

第一,发挥首都优势,为国家总体外交提供优质高效的服务。在过去的十年里,北京市外办等涉外单位协助全国人大、全国政协以及外交部、中联部和中央外办等单位接待副总理级以上国宾、党宾团组近千个,特别是圆满完成了时任美国总统克林顿和布什、现任美国总统奥巴马与俄罗斯领导人普京、梅德韦杰夫等国家元首代表团访华的接待工作,提升了北京的国际形象;成功举办了奥运会、建国60周年庆典活动、亚欧峰会等,北京市外办协助中央各部门在京举办中非合作论坛部长级会议、万国邮联大会、国际数学大会等数十个大型国际会议,进一

步增强了北京在国际上的影响力。2011年,全市围绕外事工作中心,服务大局,在搞好"四个服务"、提升首都国际功能和影响、服务国家总体外交、强化服务管理等方面取得了新的进展。同时,在突发事件和重大事件面前,北京市外办按照中央的统一要求和部署,积极开展外交活动,及时妥当处理问题,维护了国家尊严、首都形象和社会稳定。

第二,首都友城工作硕果累累。过去的十年里,加强以友好城市为主要形式的国际城市间交往与合作,是北京市外事工作的重要载体,实现了《北京市外事工作发展规划(2004—2008)》确定的任务和目标,北京在南北美洲、欧洲、非洲和东南亚、中东地区的友好城市得到拓展。这是贯彻地方外事为中央外交全局服务的方针,体现首都外事特色的内在要求,是建设现代化国际城市的重要资源。截至2010年6月,东城、丰台、海淀、通州等六区县已同美、日、韩等国的11个市(区)结为友好区。[①] 到2011年6月,北京市已与全世界46个城市和地区缔结友好关系[②],形成了布局合理、规模适当的网络体系。北京市与友好城市的交流范围已从最初的文化、体育、教育交流扩展到经贸、科技、城管、城建等领域;交流形式已从人员、物品的交往扩展到技术、信息等领域的交流合作;交流内容已涵盖了环境、市政、交通、商业、财政、税务、社会福利等城市建设与管理的各个部门;交流层次也已从市级扩大到几乎所有市属局级单位、区县和民间团体。北京的友城工作不仅在配合国家总体外交方面作出了巨大贡献,而且已经成为北京市对外交往的重要渠道。

第三,成功举办大型多边国际活动,对外交往品质和水平不断提高。北京外事部门为推进世界城市建设做了大量扎实的研究工作,同时积极推进吸引国际组织、世界高端企业落户北京,在加强国际经济合作、友好城市交往、外事管理等方面工作积极主动,成效显著。其中包括北京市外办全力以赴地配合奥申委、奥组委圆满完成了26个国际体育单项组织和国际奥委会评估团的接待工作,积极争取国际组织和友好人士支持我国申奥、组奥工作,圆满完成了第29届奥运会的举办活动。此外,北京市还成功举办了第6届世界大城市首脑会议、第21届

---

① 参见北京市人民政府外事办公室网站:http://www.bjfao.gov.cn/yhjw/yhcs/index.htm,访问时间:2011年11月19日。

② 参见北京市人民政府外事办公室网站:http://www.bjfao.gov.cn/yhjw/yhcs/index.htm,访问时间:2011年11月19日。

世界大学生运动会,在世界产生了积极的影响,提高了北京对外开放的水平和知名度;结合北京优势和特点,举办了"北京国际友好城市音乐会"、"北京高新技术产业国际周"、"北京国际旅游节"、"北京国际公路接力赛"、"外国使节看京城"等规模大、影响广泛的活动,向世界展示了北京各个领域日新月异的变化,提升了北京的国际影响力。

第四,大力优化外事工作环境,扩大了北京的国际影响。北京通过各种活动打造良好的外事工作环境。过去的十年里,北京市外办为实现"新北京、新奥运"的目标,为顺利筹办和成功举办奥运会提供了全方位服务。积极推进北京市民讲外语活动,全面实施《北京市民讲外语活动规划(2003—2008)》,本市能进行无障碍外语交流的人口达到550万,实现了道路交通、旅游景区、博物馆、商业场所、文化设施、地铁公交、医疗卫生、体育场馆、环卫设施等九类重点公共场所双语规范普及化,窗口行业外语服务无障碍化,为成功举办奥运会、残奥会提供了良好的语言环境,市民素质和城市的国际化程度得到提升。此外,友城工作交流以及北京国际化交流服务平台(www.ebeijing.gov.cn)的开通为北京学习其他城市的经验搭建了交流平台,促进了首都外事工作环境的优化。

(二)北京外事工作的掣肘之处

第一,外事工作的统一领导有待加强。北京作为全国的政治中心和国际交往中心,其外事工作的方方面面都备受瞩目。外事工作领导小组统筹管理全市外事工作,因此在机构组成、机制运行、协调合作等方面还需要经过实际操作的不断检验,从而进一步在理论探讨的基础上日臻成熟和完善。

第二,国际交往的领域有待拓展与延伸。北京在对外交往中很好地巩固和发展了已经建立的友好关系,但积极主动地寻求与其他国外城市建立友好关系,尤其是为市内各类企业主动寻找国际合作伙伴、把握域外发展机会仍然是外事工作中的薄弱环节,需要进一步加大调研力度。

第三,各区县外事工作发展不平衡现象比较明显。各区县外事工作的发展不均衡,尤其是在对外交往方面尤为明显,这种现象是由长期以来各种客观条件决定的,不利于北京市总体外事规划的顺利进行。作为全市外事工作的有机组成部分,只有各区县对外交往工作均衡、协调地发展,才会有利于全面提升北京市外事工作水平。

第四,外事资源利用率不高,外事工作整合力亟待加强。作为中国的国际交往中心,北京建设国际化大都市、开展对外交流需要整合全市各方面、各领域、各阶层的资源,需要社会各界的密切配合和支持。虽然北京各涉外单位的外事资源丰富,但总体利用率不高,存在重复建设、人员冗杂、资源共享率低等现象。各单位之间的交流合作不够紧密,并且全市尚未建立起外事工作网络体系。

第五,外事工作对电子政务重视不足。采用现代化技术建设外事服务平台,有利于贯彻实施执政为民、外事为民的理念。施行电子政务也有助于在已有基础上提高外事管理的档次、质量和水平。当前外事发展的趋势要求外事工作通过电子政务等方式,方便快捷地满足市民了解和参与外事工作的需要。

(三)做好外事工作,为北京市建设世界城市服务

今后五年,北京市将以全面建设小康社会为奋斗目标,促进社会主义物质文明、政治文明和精神文明协调发展,正确处理改革、发展、稳定的关系,奠定坚实基础,努力推动北京建设世界城市的进程。

第一,扩大国际交往,提高外事管理水平,加强和完善出入境和涉外管理工作。外事工作的目的是更好地为全市的经济建设和社会发展服务,北京市经济、社会的快速发展客观上也给外事工作在质量和数量上提出了越来越高的要求。在对外交往数量不断增多的同时,应注重提升对外交往的质量。着手构建具有全面性、立体性、多元性特征的对外交往体系,争取每年新结一个友好城市,合理完善友城的区域布局。北京是外国驻华使馆、许多国际组织、跨国公司驻华代表机构的所在地,这些机构覆盖了政治、经济、商贸、法律、教育、科技、文化等众多领域,为北京市拓展对外交流渠道、丰富交流内容提供了纽带和桥梁。充分利用北京作为迅速发展的大国首都和奥运会举办城市等得天独厚的优势,使全市的对外交往形成多领域、各层次、各部门共同参与、互相补充的综合体系。

第二,外事工作要配合外经贸部门,大力协助政府、企业把握和应对中国"走出去"战略带来的机遇和挑战。促进尽快熟悉、掌握国际经贸交往规则,变挑战为机遇,变机遇为优势。全市的外事工作有责任密切配合相关科研机构,为全市各行业应对全球金融危机的冲击、最大限

度地降低风险提供服务。利用外事工作的优势,及时地为各行各业向世贸组织其他成员国或有关国际组织学习经验、借鉴成果提供信息渠道与服务通道;组织开展各种以世贸组织事务、国际贸易法律法规等为内容的国际交流活动,为国内行政、企事业单位尽快成为世贸组织事务的行家里手铺路搭桥。要继续提升对境外媒体的服务管理水平,进一步加强联络和沟通,依法加强境外媒体管理和服务。①

第三,提升北京吸引国际组织、聚集国际活动的能力和水平,加快北京建设国际交往中心的步伐。在北京建设国际化大都市的进程中,既加快与国际接轨,又保持北京特色。北京在建设国际化大都市的过程中,有诸多可利用的优势条件。要积极引进和整合世界高端智力资源,加强人才引进工作,为把北京打造成世界高端人才聚集之都、吸引国际组织落户奠定坚实的基础。同时,精心选择真正有利于中国经济和社会发展的国际组织,如区域政府间国际组织,技术性、社会服务性强的非政府间国际组织,为它们开展活动提供便利,并积极参与这些国际组织的活动。通过自身的参与和推动,为一些非政府间国际组织在北京的活动提供资金和场所,将不成熟的非政府间国际组织发展成为成熟的国际组织,同时可以通过经常承办大型国际会议的契机,努力促成将一些非正式的磋商机制向成熟的国际组织转变,并使北京成为这些国际组织的总部或代表处所在地。这样,可以增强中国在这些组织中的话语权和主导权,对提高中国的国际地位、发挥中国的国际影响力、塑造中国的国际形象和促进北京的经济文化发展都有非常重要的意义。

第四,加强外事工作的集中统一领导与综合归口管理。建设国际交往中心和国际化大都市需要北京社会各界统一认识、共同承担。从市委市政府和市委外事工作领导小组到全市各级行政部门,从科研院所到各类企事业单位,应该相互协调、密切配合,既有统筹规划,也有各司其职、分工合作。要加强统筹协调,充分发挥北京市委外事工作领导小组办公室的作用,整合全市外事、外宣、侨务、对外经贸等部门资源,形成外事工作协调机制和工作合力。充分发挥外事办公室作为外事工作综合归口管理部门的职能,在全市外事工作中发挥管理、服务、协调、配合的作用。外事人员要一如既往地严格执行外事纪律和法规,在处

---

① 《刘淇主持召开会议研究加强北京市外事工作等事项》,中华人民共和国中央人民政府门户网站:http://www.gov.cn/gzdt/2011-03/17/content_1826328.htm,2011年3月17日。

理涉外案件等各项外事工作时以维护国家尊严和人民合法权益为前提,严格遵循外事规章制度,杜绝有章不循、违规操作。及时并准确地了解和把握国家外交大政方针及全市外事工作的发展变化,为外事工作的决策提供科学、动态的参考。

第五,大力拓展区县和市属各部门的对外交流与合作渠道,进一步规范民间外交。发挥首都优势,力争使区县开展友好交往的外国地区数量翻一番,市属各部门对外业务交流渠道更为通畅,形成市和区县对外交往工作层次清晰、形式多样、互为补充、共同促进的立体格局。稳步扩大民间交往,完善对外交往的格局。开展调查研究,制定鼓励民间对外交往的指导意见,使民间交往更加规范化;积极参与和组织民间的经济、文化、教育等对外交往活动,提高全市的对外交往能力;加强与友协、工会、科协、妇联、青联、学联、残联等组织的联系,调动各方力量为扩大首都对外交往服务。

第六,切实重视和加强外事调研,高效优质地为全市各级外事单位和人员提供决策依据和政策服务。外事调研工作的顺利开展还要依靠建设一支得力的外事调研队伍。外事调研工作发挥着为全市各级外事单位提供政策咨询、信息咨询的作用,不仅要当好领导的参谋,也要为全体外事工作者答疑解惑、提供服务。北京市外办等有关部门一方面要发挥政策咨询的功能,及时掌握形势的发展变化,根据实际工作的需要,科学分析政策导向,从宏观上提出决策参考建议;另一方面要发挥信息服务的功能,运用现代化手段,保障信息交流的渠道畅通、更新及时,为外事工作者提供与时俱进、详尽准确的信息服务。

当前,北京已进入了全面建设现代化国际大都市的新阶段。在人、财、物、信息的互动中,涉外事务将随着对外开放广度、深度的进一步扩大而增多。对于北京市管理层来说,外事管理如同国内其他事务管理一样,都是重要的工作内容。在后奥运时代,国际环境复杂多变,北京市的外事工作也面临新的机遇与挑战,这需要外事干部增强历史责任感和时代紧迫感,以更加积极的姿态,抓住机遇,迎接挑战,营造优良的发展环境。未来几年的北京市外事工作,将以建设中国特色世界城市为努力目标,着力汇聚国际资源,积极、主动、广泛地开展务实合作,更好地配合国家总体外交,有效提升城市现代化、国际化水平,为把北京打造成国际活动聚集之都、世界高端企业总部聚集之都、世界高端人才聚集之都、中国特色社会主义先进文化之都、和谐宜居之都作出应有的贡献。

第二章 外事管理规范

不以规矩,不能成方圆。
　　　　　　　　　　　　　　——《孟子·离娄上》
路线的正确执行须靠纪律保证。
外交工作一切政策问题必须请示报告。
　　　　　　　　　　　　　　——周恩来①
政治坚定、忠于国家、勤政为民、依法行政、务实创新、清正廉洁、团结协作、品行端正。
　　　　　　　　　　　　　　——《国家公务员行为规范》

"规范"在《现代汉语词典》里的第一释义为:"约定俗成或明文规定的标准,是检验人们行为的尺度。"外事管理规范是外事管理的重要组成部分,主要由涉外法律、外事管理原则、外事行为规范和外事纪律等内容共同构成外事行为准则和约束。其中,涉外法律是指国家机关制定或认可的,由国家强制力保证实施的法律体系。外事管理原则是一切外事行为的基本出发点。外事行为规范是外事人员在执行外交政策的过程中应当具备的基本行为规范。外事纪律则是关于外事活动的一系列原则、方针和政策的具体化表现。

第一节 外事管理的法律依据

一、外事法律的概念、分类和特点

作为我国国家法律体系的组成部分,外事法律包括相关的涉外法

---

① 高勇等编:《不尽的思念》,中央文献出版社1987年版,第442页。

律、法规、规章和法律文件等。从法律的业务性质划分，中国外事法律包括涉外行政法、涉外经济法、涉外企业法、涉外诉讼法等等。中国法制出版社 2011 年版的《中华人民共和国涉外法规汇编》将涉外法律分为宪法类、民法商法类、行政法类、经济法类、刑法类等五大类。从法律的来源划分，我国外事法律体系包括国内法的涉外部分和国际法的国内适用部分两方面。其中国内法的涉外部分主要来自宪法、刑法、民法、经济法、行政诉讼法、环境保护法等的涉外条款，国际法的国内适用部分则是指国际条约和国际协定中已获得全国人民代表大会及其常务委员会批准通过的条例，例如《国际法》、《维也纳外交关系公约》、《联合国打击跨国有组织犯罪公约》、《国际电信公约》、《世界知识产权组织版权条约》、《联合国气候变化框架公约》等等。

经过六十多年的发展和完善，我国已初步建立起一套完整的、具有中国特色的外事法律法规体系。当前我国外事法律法规体系呈现出以下特点：

(1) 内容广泛。我国外事法律法规基本上涵盖了当前对外交往当中所涉及的所有领域，大至国家层面的外交谈判、军事协定、经贸合作，小到地区间的商业往来、民间交流、环境治理，无不被纳入外事法律法规的管辖范围之内。

(2) 形式多样。既有国内法律、规章，也有国际条约、国际惯例；既包括多边协议，也包括双边协议；既包括宪法条文、法律，也覆盖地方自治条例、行政规定；既有统筹全局的基本原则，也有基于香港、澳门、台湾等地的特殊安排。

(3) 主体范围较广。外事法律法规的主体不仅包括涉外机构和工作人员，也包括法律授权的享有一定涉外管理职权的组织或委托机构、我国公民、企业法人、外国人、无国籍人士和一些国际组织等。

(4) 独立于国内法律。外事工作的特殊性要求外事法律在许多具体问题上有不同于国内法律的规定。例如，涉外案件的处理方式就与国内刑法有所不同，涉外经济贸易法规也与国内相关法律有所差异。

(5) 偏重经济领域。我国外事法律法规主要以经济类法律为主，其中又以财政税收、对外经贸与技术合作、金融监管、海关、工商管理等为主要调整对象。一些与经济发展相配套的法律法规，如交通运输、邮电、劳动关系、土地管理、科学技术等也属于重点立法范围。特别是在加入 WTO 前后一段时间，经济类涉外法规呈现爆炸性增长，原有的法律或被修订,或被撤销,显示出我国对外经贸领域的重视和履行入世承诺的决心。

二、中国外事法律法规的沿革

改革开放以前,我国外事法律法规数量较少、内容单一,条文也较为模糊笼统,主要侧重于外事行政法规方面的规范,而在经济法、社会法和刑法等重要法律当中则鲜有涉外条款,其作用也不大。而在外事行政法当中,又主要以外事管理、边防和出入境管理、海关管理为主。具体来说,改革开放前我国的外事法律法规主要有以下数种:

外事管理方面,除了宪法以外,最重要的法规是1954年实施的《关于同外国缔结条约批准手续的决定》,其主要内容是:与他国缔结的和平条约、互不侵犯条约、友好同盟互助条约和其他条约、协定需由全国人大常委会批准,其他协定、议定书则由国务院批准。该条约于1987年11月在第六届全国人民代表大会常务委员会第二十三次会议上被宣布失效。

边防和出入境管理方面,主要有《外国人入境出境过境居留旅行管理条例》(1964年生效,1987年失效)、《边防检查条例》(1965年生效,1995年由《中华人民共和国出境入境边防检查条例》取代)、《国境卫生检疫条例》(1957年生效,1987年失效)、《国境河流外国国籍船舶管理办法》(1966年生效,沿用至今)、《进出口船舶船员旅客行李检查暂行通则》(1950年生效,沿用至今)等。

海关管理方面,主要有《中华人民共和国暂行海关法》(1951年生效,1987年由《中华人民共和国海关法》取代)、《海关进出口税则》和《海关进出口税则暂行办法》(1951年生效,沿用至今)、《海关总署试行组织条例》(1949年生效,沿用至今)、《海关对入境旅客行李物品和个人邮递品征收进口税办法》(1960年生效,1994年由《中华人民共和国海关总署关于入境旅客行李物品和个人邮递物品征收进口税办法》取代)、《国务院关于在西藏地区设立海关的决定》(1961年生效,沿用至今)等。

此外,还有数种关于外经贸管理方面的法规条例,如《对外贸易管理暂行条例》(1950年生效)、《政务院关于向国外订货须经中财委批准再交贸易部统一办理的通知》(1950年生效)、《商品检验暂行条例》(1951年生效)、《输出入检验暂行条例》(1952年生效)等等。这些外事法律法规在改革开放后大多被废除或修订,以适应新时代的需要。

改革开放后,面对新形势和新问题,我国开始重视外事法律法规的建设,1987年《全国人大常委会法制工作委员会关于对1978年底以前颁布的法律进行清理的情况和意见的报告》及其两个附文获得审议通过,一大批旧的法规被清除,更多的、新的外事法律法规登上历史舞台。这一时期的外事法律不仅在数量有了极大的增长,而且分类更为细化,条文也更为具体,一大批至今仍有重要影响力的法律法规开始生效,例如《中华人民共和国公民出境入境管理法》和《外国人出境入境管理办法》(1985年)、《中华人民共和国外交特权与豁免条例》(1986年)、《中华人民共和国海关法》(1987年)、《中华人民共和国领事特权与豁免条例》(1990年)、《中华人民共和国缔结条约程序法》(1990年)、《中华人民共和国安全法》(1993年)、《中华人民共和国对外贸易法》(1994年)、《中华人民共和国外汇管理条例》(1996年)等等。

进入21世纪,随着入世谈判的进行,我国开始了新一轮外事法律法规的清理和修订工作,除了对对外经贸法律法规进行了大规模的废、改、立外,还建立了一整套与之匹配的外事行政管理、司法程序、知识产权等规章制度,外事法律法规体系得到了质的完善。其中绝大部分外事法律法规在中国正式成为WTO成员之前已完成,其余的则按照中国政府的对外承诺和确定的过渡期逐步完成。例如,按照世贸组织《与贸易有关的知识产权措施》的要求,对著作权法、商标法、专利法等国内法律法规进行了修订;补充完善了涉外司法审议机制,重点对行政复议制度和行政诉讼制度进行修订;制定颁布《中华人民共和国反垄断法》(2008年8月),建立公平的竞争秩序,在鼓励外资进入的同时防止处于垄断地位的企业阻碍竞争;等等。在全国性外事法律法规大调整的同时,地方性法规、地方政府规章和其他政策措施的清理工作也跟随进行,逐步实现国家外事法律法规、地方外事法律法规与世贸规则及中国对外承诺的目标相一致。

我国对于国际法和国际条约的引入也经历了漫长的沿革历史。作为现代国际法最主要的渊源,国际条约是调整国际社会关系的重要法律工具。作为西方近代文明的产物,国际法在19世纪40年代以后传入中国。自1842年《南京条约》签订到1949年9月,中国与西方列强签订了一千多项不平等条约并引发了轰轰烈烈的废约运动。1949年中华人民共和国成立,中国对外关系进入一个新阶段,中国与国际法的关系也发生了根本性转变。总的来说,中国与国际法的关系呈现以下三个特点:一是渐进性。中国对国际条约从被动承认到主动参与、从消极对待到积极利用,形成自己独特且不断演变的国际条约观念。二是实用性。中国加入国际条约或倡导国际条约的基本原则,都是为了更好地维护和实现自身的国家利益,对于无益或有损国家现实利益的条约持有条件承认或拒绝态度。三是附属性。中国与国际条约关系的变化,取决于中国与现存国际体系关系的变化,不是中国外交的一个独立变量。①

中华人民共和国成立初期至改革开放前,中国与国际条约关系的总体特点是:中国接受公认的国际法原则和规则,逐步承认国际法的约束力和作用;提出了和平共处五项原则作为条约订立和遵守的核心原则;首要目标是维护中国的主权和领土完整、提升中国在国际社会中的地位。在这样的原则指导下,中国采取了三种不同的方式对待国际法:对于中华民国签订的国际法和国际公约,采取谨慎对待的态度,按其内容,分别予以或承认,或废除,或修改,或重订;对于周边国家,按照和平共处五项原则,与缅甸、尼泊尔、巴基斯坦、阿富汗、蒙古等国签订双边边境条约;在涉及国家利益的核心领域,对西方国家主导订立的国际条约持怀疑和批判态度,例如对美、苏、英三国1963年缔结的《禁止在大气层、外层空间和水下进行核武器试验条约》《部分核禁试条约》)以及随后的《不扩散核武器条约》予以拒绝,认为此类条约是美苏两个超级大国用来维护其对包括中国在内的世界其他友好国家的核讹诈地位的工具。

改革开放后,中国认识到国家利益的维护和实现需要国际法的保障,开始大量参与众多领域的国际交流,对国际法的认识也有了新的变化。这一阶段中国与国际法关系的特点是:从20世纪80年代对国际条约体系的有限参与发展到90年代的全面参与和积极构建。其中比较重要的举措有:承认不平等条约的事实,通过和平谈判,恢复对香港、澳门行使主权;同俄罗斯、哈萨克斯坦、吉尔吉斯斯坦、塔吉克斯坦、老挝等国通过谈判缔结了边境协定,并将中亚五国的边境合作机制发展成为上海合作组织;倡导缔结《南海各方行为宣言》等缓和与他国矛盾的声明,搁置争议,互利互惠;积极参与加入由联合国和国际组织发起

---

① 魏明杰:《中国与国际条约六十年》,《国际观察》2010年第1期,第53页。

的旨在维护世界和平、促进人类发展的行动和条约,在气候变化、反恐、环境保护、能源安全等全球性问题上发挥积极作用。

进入 21 世纪,中国开始投入到国际法的制订工作中去,不断提出符合世界发展潮流与方向的国际法新理念,积极推进世界多极化进程,提倡国际关系民主化和发展模式多样化,为国际条约法的新发展奠定思想基础。同时,中国还积极参与国际维和行动,累计派出上万人次的维和人员参与第三世界的维和任务,为世界和平发展作出自己的贡献,以实际行动为新国际法的实施创造和平稳定的世界大环境。

目前,中国已经签订并获得全国人大及其常委会批准生效的国际法主要有以下几个方面:外交外事方面,如《维也纳外交关系公约》、《维也纳条约法公约》、《维也纳领事关系公约》;军事方面,如《不扩散核武器条约》、《禁止化学武器公约》、《禁止生物武器公约》;人权保护方面,如《经济、社会及文化权利国际公约》、《防止及惩治灭绝种族罪公约》、《消除一切形式种族歧视国际公约》;经济方面,如《关于解决国家和他国国民之间投资争端公约》、《国际电信联盟公约》、《万国邮政联盟组织法》;环境保护方面,如《联合国海洋法公约》、《联合国气候变化框架公约》、《南极公约》、《湿地公约》;文化知识方面,如《保护世界文化和自然遗产公约》、《保护非物质文化遗产公约》、《世界知识产权组织表演和录音制品条约》;国际刑事方面,如《联合国打击跨国有组织犯罪公约》、《关于防止劫持飞机的三个国际公约》、《制止危及海上航行安全非法行为公约》、《反对劫持人质国际公约》等。

三、涉外行政法

(一)涉外行政法概述

涉外行政法是外事管理法律中最重要的组成部分,包括宪法的有关规定,以及涉外法律、法规、规章等。涉外行政法以涉外行政关系为调整对象,而涉外行政关系主要就是指涉外行政管理关系,所以从涉外行政管理的角度讲,涉外行政法是调整对外交往过程中发生的涉外行政管理活动的行政法律法规的总称。它包括规定我国有涉外管辖权的行政机关涉外行政管理行为及其程序,以及规定对涉外行政管理行为过失的补救途径和惩罚方式。

我国涉外行政法具有以下特点:

(1)涉外性。涉外行政法以我国涉外主体处理有关涉外行政事务中所产生的各种具有涉外因素的行政关系为调整对象,并以涉外行政管理活动为主要内容。因此涉外性是涉外行政法的显著特征。例如,《中华人民共和国外汇管理条例》就是一个关于外汇管理的行政法规,其中规定了外汇行政管理机构的设置和职权,以及管理外汇工作的方针、政策和措施。

(2)专门性与一般性相结合。一方面,由于涉外行政管理活动的特殊性,我国制订了专门针对有涉外因素调整对象的涉外行政法律,如《中华人民共和国对外贸易法》;另一方面,众多基于国家主权原则、互惠原则的一般行政法同样对具有涉外因素的行政管理活动具有法律约束力。

(3)国内法规范和国际法规范相结合。与国内一般行政管理活动比较,涉外行政管理活动要适用我国参加或承认的国际法规。国内法规和国际法规范的效力并不等同。按照国际上通行的做法,除了保留条款以外,当两者相冲突的时候,一般优先适用国际法规范。

(4)制定主体一般为中央国家机关。鉴于对外交往的复杂性,我国涉外行政法的制定主体一般为中央国家机关,即由全国人大及其常委会和国务院及其部、委、行、署以及有行政管理职能的直属机构制定。只有少数涉外行政法表现为地方性法规和地方政府规章。在实施方面,涉外行政法的主体包括涉外行政机关与行政人,以及法律、法规授权的享有涉外行政管理职权的组织。

(5)制裁条款的特殊性。制裁条款的特殊性表现在享有外交特权与赦免权的组织和个人,在其违反涉外行政法后,其承担的责任可以通过外交途径解决。

(二)涉外行政法的表现形式

涉外行政法的表现形式有国内法规范和国际法规范两种。其中涉外行政法的国内法规是我国制定的有关涉外行政活动法律规范的总称,是涉外行政法的主要渊源。

具体来说,涉外行政法有以下表现形式:

(1)宪法。《中华人民共和国宪法》在序言和条文中就我国涉外活动与国家管辖权作了明确的阐述,是涉外行政管理的根本法理依据和指导原则。《宪法》序言中就有"中国坚持独立自主的对外政策,坚持互相尊重主权和领土完整、互不侵犯、互不干涉内政、平等互利、和平共处的五项原则,发展同各国的外交关系和经济文化交流"的指导性规定。《宪法》第 18 条规定:"中华人民共和国允许外国企业和其他经济组织或者个人依照中华人民共和国的法律法规在中国投资、同中国的企业或者其他经济组织进行各种形式的经济合作。在中国境内的外国企业和其他外国组织以及中外合资企业,都必须遵守中华人民共和国法律。其合法权利和利益受中华人民共和国法律的保护。"《宪法》第 32 条也规定:"中华人民共和国保护在中国境内的外国人的合法权利和利益,在中国境内的外国人也必须遵守中华人民共和国的法律。"

(2)法律。这里专指由全国人民代表大会及其常务委员会制定的规范性法律文件。在关于行政机关的组织、行政管理活动和行政诉讼等的法律中,凡具有调整涉外行政管理关系或者规定涉外行政组织权利和义务的法律,都属于涉外行政法律。这些法律可分为两类:一类是专门性的涉外行政法律,如《外国人出入境管理法》《海关法》等;另一类则是指散见于一般法律中的涉外章节或条款,如《教育法》、《劳动法》、《婚姻法》等的相关规定。

(3)行政法规。行政法规是由国务院制定的具有法律效力的规范性文件,一般采用条例、办法、规则、规定、细则等名称。关于涉外行政管理的规范性文件有《中华人民共和国外汇管理条例》、《中华人民共和国出境入境边防检查条例》、《中外合作办学条例》等专门性法规,也有《中华人民共和国劳动仲裁条例》、《中华人民共和国婚姻登记条例》、《中华人民共和国学位管理条例》等部分涉及涉外管理活动的法规。

(4)地方性法规、自治条例和单行条例。地方性法规是指省级、副省级地方人民代表大会及其常委会根据本地实际需要,在不与宪法、法律、行政法规相抵触的前提下制定的具有法律约束力的规范性文件,如《广东省经济特区条例》中就有关于地方涉外活动的管理条文。自治条例和单行条例则是指民族自治地方的人民代表大会依照《宪法》、《民族区域自治法》和其他法律规定的权限,结合当地民族的政治、经济和文化特点制定的具有地方法律效力的规范性文件,如《延边朝鲜族自治州对外劳务合作管理条例》。

(5)规章。规章分为部门规章和地方政府规章两类。其中,部门规章是指国务院部、委、行、署和具有行政管理职能的直属机构根据法律和国务院的行政法规、决定、命令在本部门权限内制定的规定、办法。

地方政府规章则指省、自治区、直辖市和较大的市的人民政府依据法律、行政法规、地方性法规所制定的适用于本地区行政管理的规定、办法,如《自费出国留学中介服务管理规定》、《北京市人民政府关于外国企业常驻代表机构聘用中国雇员的管理规定》等。

(6)法律解释。根据五届全国人大十九次会议通过的《关于加强法律解释工作的决议》,我国有效的法律解释有立法、司法、行政和地方解释,其中凡是涉及涉外行政管理方面的解释都是涉外行政管理的依据。

(三)涉外行政管理的国际法依据

涉外行政管理的国际法依据主要是指我国参加、签订或承认的有关国际公约、国际条约和国际惯例。随着我国对外交往的不断发展,国际法依据作为对我国涉外行政管理规范的有效补充,其重要性将与日俱增。

具体来说,涉外行政管理的国际法主要有:

(1)国际公约。国际公约是指由国际组织制定的、参加国承认并适用于参加国的国际性协议。作为我国涉外行政管理依据的国际公约应当具备下列条件:我国是该公约的成员国;公约中有行政管理的规定;我国声明的保留条款除外。目前我国参加的有关涉外行政管理的国际公约有《维也纳外交关系公约》、《联合国海洋法公约》、《关于难民地位的公约》、《保护世界文化和自然遗产公约》、《国际卫生条例》、《服务贸易总协定》等。

(2)国际条约。从广义上看,国际条约是指两个或以上的国家关于政治、经济、军事、文化等方面的相互权利义务的各种协议;从狭义上讲,国际条约专指政治性的国际协议。在涉外行政管理方面,我国与众多国家签订了诸如边界划分、司法协作、领事安排、鼓励和保护投资等方面的条例。

(3)国际惯例。作为涉外行政管理依据的国际惯例应当具备两个条件,即该惯例在国际交往中连续有效并有确定的含义,同时为当事国明示或默示承认。我国对国际惯例采取的是有条件的承认态度,即承认相当数量的国际惯例并在涉外行政管理中援用。例如在《对外国籍船舶管理规则》中,我国即采用了国家主权与国际惯例有机结合的方式,一方面规定我国港口行政管理机关有权对外国商船上的一切事项及其船员在岸上的违法行为实行管辖,但在实践中则是根据国际礼让原则,对于一般的违法行为,采取交由船长或者有关国家领事处理的方式,仅要求将处理结果通告我国行政机关。

第二节　外事管理的基本原则

一、维护国家主权和利益的原则

主权,即国家主权,是国家最重要的属性,是国家在国际法上所固有的独立处理对内对外事务的最高权力。主权不可分割,不可让予,并受到国际法的确认和保护。主权作为国家的固有权利,表现为三个方面:对内的最高统辖权、对外的独立自主权和自卫权。所谓对内的最高统辖权,是指国家行使最高统治权,中央和地方的行政、立法和司法机关都必须服从国家的管辖,同时也指国家的属人优越权和属地优越权。所谓对外的独立自主权,是指按照国际法原则,在对外关系中享有自主行动的权力,即独立自主地、不受任何外力干涉地处理国内外一切事务,如国家有权按照自己的意志,根据本国的情况,自由选择自己的社会制度、国家形式、组织自己的政府、制定国家的法律、决定国家的对内对外政策等等。所谓自卫权,是指国家为了防止外来侵略和武力攻击而进行国防建设,在国家已经遭到外来侵略和武力攻击时,进行单独的或集体的自卫的权利。

国家利益是制约和影响国家行为的决定性因素。从客体上看,一切满足或能够满足国家生存发展等方面需要并且对国家具有好处的事物,都属于国家利益。从主体来看,国家利益只能是以国家为利益主体的利益。换句话说,国家利益是在民族国家形成后才出现的。近代民族国家诞生以前,没有国家利益的概念,有的只是王朝利益、家族利益、教派利益。国家利益概念与国家主权观念相伴相生。按照不同的分类方式,国家利益可以划分为不同方面,例如按照内容不同分为政治利益、安全利益、经济利益和文化利益,按照重要程度不同分为生死攸关的利益、重大利益、一般利益和可变利益,等等。国家利益不仅取决于国家实力和国际环境,同时也受到主观认识的影响。一般而言,国家安全利益是最重要的国家利益,但在不同时期,不同国家利益之间的轻重地位有所不同。例如,我国在1949年至20世纪70年代末将维护国家主权完整视为最核心的国家利益,而在改革开放后,经济利益逐步成为我国国家利益的最主要内容。

维护国家主权和利益的原则要求我们必须忠于祖国和人民,发扬爱国主义精神,坚决维护我国主权和民族尊严,不做不利于国家和人民的事情,不说不利于国家和人民的话。此外,在外事工作中,要坚持主权平等和利益互惠的原则,在平等、合理和公正的基础上发展与各国的友好合作关系。

二、对外开放原则

对外开放是我国的一项基本国策,也是我国外交外事工作的根本方针。对外开放一方面是指积极主动地扩大对外经济交往,另一方面是指放宽政策,放开或者取消各种限制,不再采取封锁国内市场和国内投资场所的保护政策,发展开放型经济。实行对外开放,既是总结国内外历史经验的必然结果,也是社会化大生产和经济生活国际化的客观要求,同时也是发展社会主义市场经济的内在要求。中国的发展离不开世界,实行对外开放,符合当今时代特征和世界经济技术发展规律,是加快我国现代化建设的必然选择。

对外开放的基本内容是:(1)大力发展对外贸易特别是发展出口贸易;(2)积极引进国外先进技术设备,特别是有助于企业技术改造的适用的先进技术;(3)积极合理有效地利用外资,特别是更加积极地吸引外商直接投资,兴办中外合资、中外合作与外商独资企业;(4)积极开展对外承包工程与劳务合作;(5)发展对外经济技术援助与多种形式的互利合作;(6)设立经济特区和开放沿海城市,以点带线、以线带面,逐步带动全国各地区对外开放。实行对外开放,关键是要正确对待资本主义社会创造的现代文明成果。邓小平同志曾经明确表示:"资本主义已经有了几百年历史,各国人民在资本主义制度下所发展的科学和技术,所积累的各种有益的知识和经验,都是我们必须继承和学习的。我们要有计划、有原则地引进技术和其他对我们有益的东西,但是我们决不学习和引进资本主义制度,决不学习和引进各种丑恶颓废的东西。"①

三、内外有别原则

内外有别是外事管理中一个极其重要的原则。它主要是指在各类

---

① 《邓小平文选》第2卷,人民出版社2008年版,第167—168页。

外事活动中,既要做到热情友好、文明礼貌、不卑不亢,又要提高警惕,在谈及机密事项时,未经批准不得对外泄露。内外有别原则具体体现在以下方面:在特定的时间里,机关内可以传阅的事,在机关外就不能谈论;党内讨论的事,在党外就不能谈论;在国内讨论的事,在国外就不能谈论。

四、谨慎原则

外事工作具有高度的政治性。外事工作是国家对外行使主权的行为,是国家维护本国利益及实现对外政策的重要手段,因此一切外事行动和工作都具有高度的政治性,并要求外事人员在工作过程中谨小慎微。任何一桩外事都由一系列繁琐的"小事"所组成,但每一件"小事"都不允许出现差错,否则将会造成不良影响,甚至非常严重的影响。譬如,为来访国宾举行国宴,相关外事工作就可能会包括:准备场地、拟定宴会标准和菜单、确定与会嘉宾和席次、草拟请柬和祝酒词、安排保安和交通管制工作等等。当中没有任何一件事情不需要谨慎办理,稍有不慎就会造成外交失误。这就要求每一位从事外交外事工作的人员都具有高度的政治责任感和严谨的工作作风,甘当"无名英雄",不拒绝做"小事"。

五、授权有限原则

外事工作授权有限原则,是指外交大权属于中央,一切政策性问题必须随时请示报告,不能擅自做主,更不能随意发挥。外事工作事关党和国家的全局,执行政策必须高度集中。授权有限原则是周恩来同志一个重要的论断和指示。他在1952年4月30日中国驻外使节会议上的讲话中说:"特命全权大使其实授权有限。大使在外一切重要行动、正式讲话,事先必须请示,事后必须报告。没有中央授权,不准在外滥发议论,特别是同中央原则相悖的言行,绝对严禁。因为对外工作只有高度集中统一才能形成力量。"①周恩来还说过:"外交工作一切有关政策问题必须请示报告。""事关涉外大事,不准边斩边奏,更不准先斩后

---

① 陈叔亮:《新中国外交的伟大开拓者》。转引自高勇等编:《不尽的思念》,第442、443页。

奏。""因为某一件事从局部来看,这样做是可以的,但从全局来看,这样做又是有损全局的,因此必须报请中央全面考虑,作出决定。另一个问题是提出或解决的时机是否得当,因此同样必须报请中央全面考虑决定。"①当然,授权有限也不是说没有一点机动权。周恩来对此也说过:"是不是什么都不说呢?不是。已经宣布的事,已经办成功的事,已经决定了的事都可以说","在一定原则下可以有一定限度的机动,也就是临机应变"。但是,外交仍是授权有限,因为外交"是办国家同国家之间的事",这一戒律同"外交无小事"或"外事无小事"的特性是完全一致的。②

六、国际主义原则

国际主义原则是指全世界各民族和人民,必须坚持民族平等的原则,反对任何形式的民族歧视和民族压迫。国际主义原则的核心是对外交往和独立自主的有机统一,也就是要正确处理好阶级利益、民族利益和国家利益的关系,坚持爱国主义和国际主义相结合。在外事管理中,坚持国际主义原则,主要是要坚持爱国主义和国际主义相结合的原则,反对大国沙文主义和民族利己主义,反对种族歧视。要正确对待历史,不要把殖民主义和侵略的罪恶记在哪个国家人民的头上。既要反对民族自卑感,也要反对骄傲自大情绪。实行大小国家一律平等,对第三世界朋友不搞歧视,绝不欺贫爱富。

第三节 外事管理的行为规范

外事管理行为主要是指外事调研、外事决策、外事接待和外事谈判等。随着我国改革开放的不断扩大和深入,外事工作已经融入日常工作的方方面面,外事管理工作因此也迎来了许多新的挑战。外事管理人员在执行外交政策的过程中,应当具备以下基本的行为规范。

---

① 陈叔亮:《新中国外交的伟大开拓者》。转引自高勇等编:《不尽的思念》,第 442 页。
② 黄金祺:《论外交、外事和涉外工作的共同特性》,北京对外交流与外事研究管理基地文献,http://wsjd.cfau.edu.cn/art/2010/7/1/art_317_598.html,访问时间:2011 年 10 月 7 日。

一、忠于祖国,站稳立场,坚持原则

祖国利益高于一切,就是要求外事人员忠于祖国,忠于人民,坚决维护国家主权和民族尊严,不说不利于祖国的话,不做有损国格、人格的事。忠于祖国、忠于人民,是外事人员最基本的行为规范。周恩来曾要求外事人员"具备高度的社会主义觉悟,坚定的政治立场和严格的组织纪律,在任何复杂艰险的情况下,对祖国赤胆忠心,为维护国家利益和民族尊严,甚至不惜牺牲个人的一切"[①]。忠于祖国、忠于人民,首先要求外事人员热爱自己的国家,具备强烈的爱国主义情怀。在今天,爱国主义的主要内容是:推进我国社会主义建设,争取早日实现祖国统一,反对霸权主义,维护世界和平。外事人员的言行举止应以是否有利于社会主义建设和增进人民福祉为准则,积极开展外交工作,不失时机发展对外关系,创造良好的国际气氛,开拓对外合作交流的新渠道,坚持独立思考,勇于负责,敢于提出自己的意见和建议。这就是忠于祖国和人民的表现。

站稳立场,就是要求所有外事人员树立远大理想,正确领会对外方针政策,在总政策的指导下,因势利导地发展对外关系,促进经济、军事、科技、教育、文化交流,积极创造良好的外交环境,发展与他国的友好交往,同时不畏艰险,审时度势,维护国家的利益和民族尊严。随着国际形势的变化,境外情报机构采取金钱收买、物质引诱、色情勾引、攀拉关系等手段,加强了对我国的渗透、策反活动,这就要求外事人员加强学习,坚定理想信念,树立正确的世界观、人生观和价值观,提高政治鉴别力,不给他人可乘之机。

坚持原则,就是要做到在任何情况下都不能拿原则做交易。面对反华言论要据理驳斥,不能听之任之;涉及主权问题势必针锋相对,绝不妥协。但是,坚持原则不等于态度蛮横、得理不饶人。相反,坚持原则要求应当做到原则性和灵活性相结合,具体问题具体分析。对于友好国家,即便有言辞不当之处,也应当晓之以理,动之以情,使其了解我方立场;对于恶意攻击的国家,要据理力争,但不必一味纠缠。总之,外事人员应能做到在坚守原则的前提下随机应变。

改革开放给我国的社会主义制度注入了新的生机和活力,同时也

---

① 周丕涛编著:《外事概说》,上海社会科学院出版社 1995 年版,第 192 页。

让少数敌对国家有机可乘,它们一直不遗余力地进行渗透和颠覆活动,试图实现其和平演变的目标。应当说,世界上大多数国家都是中国的朋友,但也不能就此以为天下太平,确有境外敌对分子利用经济合作、文化交流、宗教传播、人员来往等手段进行颠覆活动。因此,在坚持开放的同时,应当保持高度警惕性,时刻准备进行反渗透、反颠覆、反和平演变的斗争。外事人员应当特别注意抵制外来的精神毒品和文化垃圾,回击各种敌对行为。

外事人员在执行外事工作中常常会面对小恩小惠、金钱收买、物质引诱、色情勾引以及暴力威胁等,这就要求外事人员洁身自好,善于巧妙地进行外交斗争。外事人员在遇到问题时,首先应当想到祖国的利益和民族的尊严,摒弃私心杂念,冷静观察,沉着应对,善于运用正确的斗争策略。唯有如此,方能做到"富贵不能淫,贫贱不能移,威武不能屈",才能体现出我国外事人员高贵的人格品质和职业道德。

二、忠于职守,尽职尽责

忠于职守,尽职尽责,要求外事人员做到以下几个方面:

一是坚定事业心,发扬献身精神。事业心源于对外事工作的热爱。用周恩来同志的话说,外事人员应当"活到老,学到老,做到老,改造到老","青山处处埋忠骨,何必马革裹尸还"[①]。外事人员首先需要确立对外事工作的崇高敬意和高度热忱,将祖国的外事工作视为实现个人价值的途径,将外事工作当作人生事业去对待,树立光荣感、使命感。

二是发扬主动性,开创外交新局面。外事人员应当正确认识和处理对外开放与利用西方资本技术促进国内经济建设的关系,研究国际政治、经济发展的动态趋势,利用中央对外政策方针,把握机遇,创造条件,进一步拓宽对外开放的渠道。在日常工作中做到见缝插针,因势利导,积极发展对外关系。

三是要有敢为天下先的创新精神。随着形势的不断变化,涉外工作中的新情况、新问题层出不穷,外事人员应当解放思想,更新观念,结合国内国外两个大局,做出符合实际的外事工作部署。有政策规定的,要按照规定办事;没有规定的,要进行调查研究,提出意见,勇于探索试点。

---

① 周丕涛编著:《外事概说》,第 204 页。

四是培养钻研的习惯。外事人员需要和世界各国、各阶层的人士打交道,没有良好的政治素养、专业的外交水准和广博的知识是难司其职的。外事人员必须勤奋好学,精通涉外业务,掌握外事基本理论、基本业务知识,还要懂得政治、经济、哲学、历史、法律等知识,成为一专多能的通才。

五是提高责任心,树立认真负责的精神。外事工作事关国家利益,一定要有责任心。外事工作要严肃认真,严谨细致,一丝不苟,有条不紊。陈毅同志说过,外事工作"很大一部分属于事务工作,事务性的工作要从政治着眼","哪一次活动、哪一次接待任务的完成,都是国家的光荣,都有你们的功劳。假如哪个环节出了差错,受损失的不是一个人,而是国家的声誉"[①]。

三、坚决执行党和国家的方针政策,自觉遵守法律法规

政策是党和国家为了实现一定的目的,依据国内外形势所制定的行动准则。外事工作是政策性极强的工作,事事均涉及国家的利益和声誉,因而要求外事人员认真学习、领会并贯彻一切对外方针政策。外事人员首先应当认真学习国家政策和法规,对国内政策了然于心,以便于在外交场合宣传并执行我国的对外政策。外事人员还应当坚决贯彻党和国家的方针政策,一切对外活动都要严格按照方针政策办事。

自觉遵守法律法规,要求外事人员在学习和执行法律法规的时候,不带主观随意性,不以感情代替政策,不能出格、越轨。外事人员对法律法规应当做到"会用、会找、会问":对于主要的、常用的法律法规"会用",得心应手、运用自如;对于不常用的法律法规,要时时留心,一旦遇到相关问题"会找",知道相关政策在何处,从属哪一个主管部门,到何处去找;对于吃不准的问题,要"会问",即知道去哪里询问。遵守法律法规还要求外事人员严格执行请示、报告制度,遇到新情况、新问题应当如实反映,不允许故意夸大或缩小问题,更不允许胡编乱造。涉及重大的国内外问题,要按照统一口径表态,不得自作主张,不得公开发表不当言论。

---

① 中共天津市委党校:《国家公务人员出国纪律准则》,http://www.tjdx.gov.cn/xn-jg/system/2004/06/26/000040538.shtml,访问时间:2011年11月19日。

四、顾全大局，发扬风格，协调配合，协同对外

外事工作历来要求高度集中，外事人员的一切言行必须与中央保持一致。我国实行总体外交政策，所有单位机构、地方部门的外事活动都属于外事工作的管理范围，这就要求外事人员在考虑问题时必须顾全大局。某一问题从个人或区域的角度看也许是可行的，但从全局的角度看则是不可行的，又或者对于地方而言是有益的外事行为，但对国家的利益却是有损的，这就要求个人利益必须服从集体利益，地方利益必须服从国家利益，局部利益必须服从整体利益。在重大国际问题和对外关系上，个人、地方必须同中央的外交政策保持一致。

发扬风格，是指外事人员在处理内外关系、总体与局部关系的时候，不仅能坚持顾全大局原则，而且还能做到发扬高尚风格，处理好诸多方面的关系。具体来说，主要是指：(1)在对外关系中发扬"礼节"之风，对待外国友人以礼相待，求同存异，言而有信，举止得体，办事有章；(2)在人际关系中发扬"谦逊"之风，外事人员在原则问题上要讲究尊重对方，斗而不破，在非原则问题上应当学会妥协，善于团结各方，避免多面树敌；(3)在人、物关系中要发扬"严格"之风，外事人员要严于律己，严格依照法律规定办事。

协调配合要求外事人员在工作中积极协调各部门，通力合作，完成外事任务。随着对外开放的扩大，外事工作已经不再是外事部门一家之事，多层次、多渠道、多形式的外事工作要求各部门、组织联手合作，相互配合。这就要求外事人员做好协调和通气工作，倾听各方声音，整合各方利益，调动一切可调动的力量完成外事工作。

协同对外要求外事人员团结一致，共同努力，朝着一个方向前进。外事人员必须摒弃个人主义、英雄主义作风，杜绝各自为政、貌合神离的工作方式，同心协力做好外事工作。在外事工作中遇到内部矛盾时，应从大局出发，协商一致，共同对外，决不允许将内部矛盾暴露在外，更不允许让外国人士介入矛盾当中。

五、谦虚谨慎，不卑不亢，讲究文明礼貌，注意服饰仪表

外事工作要做到谦虚谨慎。外事人员在出访他国时，应当虚怀若谷，积极学习他国的长处；在接待国际友人时，则要平易近人，平等对待

所有来宾。外事人员在对外交往中切忌夜郎自大、孤芳自赏,要用感情与他人交流,对国外的先进知识和经验要虚心学习、积极请教。外事人员应当在外事工作过程中了解别人,也让别人了解自己,结交朋友,发展合作。

不卑不亢要求外事人员既不妄自菲薄,也不盛气凌人。这是周恩来在尼克松第一次访华时所提出的外事原则,即"不冷不热,不卑不亢,以礼相待,落落大方"。[①] 不卑不亢必须建立在自信、自尊、自重的基础上,在外事工作中做到豁达开朗、坦诚乐观。外事人员应当展示出从容不迫的谈吐、落落大方的举止,谨慎而不拘束,主动而不盲动。

外事工作还要做到待人接物文明礼貌。外事人员应当学会言谈文雅,举止得体,仪态端庄,彬彬有礼。文明礼貌包括在交往中注意称呼、问候、致意的方式,以及在举止上尊重妇女、长辈,办事有条不紊,尊重对方风俗习惯等等。

外事人员应当注意服饰仪表,做到服饰朴素、整洁、大方、美观,既不奢华,又不寒酸,使他人感到中方人员的职业素质和个人修养,获得他人的尊重和好感。

第四节　外事纪律

纪律是社会的各种组织,如政党、军队、机关、团体、学校等,为了巩固本组织、保证工作的正常进行并实现组织目标而制定的、所属人员必须共同遵守的行为规范和准则。外事纪律是指党和国家有关外事活动的一系列原则和具体规定,是所有外事人员必须严格遵守的行为规范。

一、外事纪律的概念和特点

外事纪律是党和国家为保障对外政策的实施和涉外活动的顺利进行而制定的、要求所有外事单位和人员在外事活动中必须遵守的行为规则。它是党和国家关于外事活动的一系列原则、方针和政策的具体化。

[①] 《学习继承周恩来总理给我们的宝贵精神财富》,《人民日报》1988 年 3 月 5 日。转引自国际周恩来研究会,http://www.zelyj.com/jpwz/html/? 2913.html。

外事纪律的内容十分广泛,涉及政治、经济、文化等多方面。具体来说,外事纪律可分为涉外政治纪律、涉外组织纪律、涉外保密纪律、涉外财经纪律和涉外生活纪律等。外事纪律的基本内容是:严格执行党和国家的对外方针,支持独立自主的和平外交政策;坚持四项基本原则,忠于祖国,坚决维护国家的主权和利益,维护民族尊严;有关我国重大问题的对外宣传要按照中央的统一口径进行,不得随意变更;保守党和国家的秘密;在思想上提高警惕,坚持原则,站稳立场,抵制腐蚀,防备策反;严格控制党政干部出国,并按照干部管理权限严格审批;遵守外汇和出国费用的规定;遵守国家在涉外活动中关于礼品的规定;坚决抵制资产阶级腐朽生活方式的侵蚀;遵守海关有关规定,不得携带黄色、反动刊物、音像制品入境;遵守所在国家和地区的法律、公共秩序、风俗习惯,尊重他国的宗教信仰,为我国的外事活动提供合法安全的环境;严格执行请示报告制度,不得越权擅自处理涉外事宜。①

外事纪律是我国纪律体系的组成部分,与内事纪律相比,外事纪律有以下特点:

(1)外事纪律涉及的对象主要是涉外单位和涉外人员。原则上说,非涉外单位和人员不是外事纪律的客体,但随着对外开放的扩大,卷入外事活动的机构和人员越来越多。因此,只要参与外事活动,就应当受到外事纪律的约束和规范,不得违背有关规定和要求。所有涉外人员都要自觉遵守外事纪律。

(2)外事纪律的内容多与外事活动有关。外事纪律是党和国家为正确处理与其他政党、国家和地区的关系而制定的纪律规范,是各项涉外活动顺利进行的可靠保证。外事活动涉及政治、经济、文化等方面,相应地可将外事纪律分为涉外政治纪律、涉外财经纪律、涉外宣传纪律、涉外保密纪律和涉外生活纪律等。

(3)外事纪律调整的涉外利益关系复杂。外事纪律通常涉及国家、涉外机构和人员、外方三方之间的利益关系,对此必须本着个人利益服从集体利益和国家利益、尊重外方利益和与外方利益平等的原则来处理外事工作。

---

① 王福春:《外事管理学概论》,第87—88页。

二、外事纪律的内容

外事纪律是外事人员的行为规范和准则,是做好外事工作的保证。纪律是执行路线的保证,遵守外事纪律对于保证党和国家对外政策的贯彻执行,维护党和国家的利益和尊严有重大意义。越是改革开放,越是要严格外事纪律。邓小平同志在1987年就曾指出:"看来重申外事纪律,又是时候了。"[①]

外事纪律的基本要点主要有:

(一)加强组织观念,自觉遵守纪律

加强组织观念,就是要求在对外交往的过程中,一切言行都要与中央保持一致,坚持四项基本原则,严格按照党的方针政策办事,对于国内外重大问题,对外表态要按照中央统一口径,不得自作主张,信口开河。外事人员一旦遇到重大问题,必须先请示报告,不得自作聪明、自作主张、自行其是。

我国驻外使馆是中国政府在外代表机构,外事人员要服从驻外使领馆的领导。所有外事机构和外事人员都要在使领馆的领导下展开工作,遇事要主动汇报使领馆,以取得使领馆的指导和帮助。驻外机构和临时出国团组中倘若发生内部问题,需要向所在地的使领馆报告。在国外进行经贸活动、文艺演出都必须向当地使领馆报告。

外事人员应当入乡随俗,遵守驻在国的法律,尊重所在国的风俗习惯。各国因历史、文化情况不同,风俗习惯存在很大差异。外事人员在初次进入某国后,可以向当地领事馆获取相关的风情民俗信息,或事前进行相关的知识培训。

我国一贯主张无论大国小国、强国弱国、富国穷国一律平等、相互尊重。旧中国是一个被压迫、被欺辱的国家,因此在中华人民共和国成立后,我国特别珍视大小国家一律平等,鄙视嫌贫爱富、欺软怕硬的外交行为,反对在国际事务中强行推行单一价值观和特定的经济社会发展模式。外事人员应当一方面坚决反对他国推行大国沙文主义、霸权主义,另一方面也应警惕自己在外事工作中可能出现的沙文主义倾向,对待外国友人应当一视同仁、平等对待,以免引起不必要的外交纷争。

---

① 转引自蒲丽田:《涉外工作》,华南理工大学出版社1991年版,第19页。

（二）坚持内外有别，保守秘密

从情报学的观点来看，秘密就是情报，保密就是防止情报泄漏。当今世界各国之间的窃密与反窃密斗争十分尖锐、复杂，各种间谍活动花样百出、防不胜防。改革开放后的中国引起了全世界的关注，中国成为世界保密与窃密斗争的主要战场之一，敌对势力千方百计利用旅游、访问、讲学、交流等途径，公开或隐蔽地搜集我国的政治、经济、军事情报，给我国带来了不可估量的损失。因此，外事人员必须时刻持有保密之心，在行动上执行保密法规。

涉外保密的主要内容有：(1)对外交往中既要热情友好、以礼相待，又要提高警惕，做到内外有别。凡是有关我国对外保密的政策、策略、军事情报、统计数字、独有产品配方、关键性工艺和其他秘密事项，不得对外介绍或展示相关资料；(2)有外国友人提出要前往控制开放或非开放区的要求，必须按照要求办理报批手续；(3)不得在外国人房间或其他涉外场合讨论内部事务；(4)严禁使用明码电报答复密码电报涉及的事宜；(5)不得携带机密文件、材料出国，如确有需要，必须事先履行报批程序，并指定专人负责保管或寄存驻外使领馆处。为了确保外事人员履行保密职责，所有涉外单位和机构都必须划定本系统的保密范围，制定可行的保密法则，并通知相关外事人员。

掌握内外有别原则，要求外事人员在对外工作中掌握交往程度，不可有求必应，警惕对方采用感情拉拢、投其所好等方式窃取国家秘密。在对外交谈中，一方面要做到实事求是，不讲假话大话，另一方面也需要注意不得口无遮拦，和盘托出。外事人员不应为了炫耀自己的学识广博而言语无度，要提防"言者无意，听者有心"。另外，严禁在外事场合酗酒。外事人员要掌握宴会中饮酒的程度，既不得灌醉客人，也不得灌醉自己。周恩来曾经要求外事人员在外事工作场合不得饮酒超过自身酒量的三分之一。① 外事人员须提防过度饮酒所导致的失言、失态，或者透露重要信息的可能。

在信息技术飞速发展的今天，境外情报人员获取秘密的途径，除了利用我内部人员为其提供情报外，主要还是采用先进的信息技术窃密，如电话窃听、微波窃听、手机窃听、黑客攻击、木马种植等。为此，外事

---

① 周丕涛编著：《外事概说》，第221页。

人员要增强防范意识,严格按照保密法律法规的要求规范外事工作,并采取各种有效措施防止失密。例如,不要使用他人赠送的手机,不要将手机号码随意告知他人,严禁将涉密计算机接入互联网,定期对上网计算机操作系统进行重装处理,必须安装杀毒软件并及时升级更新,不随意打开不明邮件,严禁在连接互联网的计算机上使用存有涉密信息的移动存储介质,涉密存储介质淘汰时,必须作物理销毁。

(三)廉洁从政,严格执行财务和有关收受礼品的制度

勤俭节约是我国外事工作的一贯作风。早在中华人民共和国成立之初,毛泽东、周恩来等就提倡勤俭办外事,要求外事人员发扬我党在长期革命中所形成的艰苦奋斗的优良传统,坚决反对在外事活动中讲排场、摆阔气、铺张浪费,反对形式主义作风。周恩来曾经说过:"友谊重在精神,而不在物质,更不在排场。"陈毅也曾经对外事工作中某些铺张浪费行为提出了尖锐的批评,说"中国的钱好像取之不尽,用之不竭","这是很危险的,弄得不好要亡党亡国的",他要求外事部门少花钱、多办事,当用则用,不当用则一个铜板也不用。①

廉洁是我国政府对所有公务人员的要求。这就要求外事人员无论在国内还是在国外,都要严格遵守财务制度,按照出国经费规定使用外汇,不得挪用、超支、多报、重报外事经费,或把应当上缴的经费中饱私囊。决不允许假公济私、以公营私、化公为私。同时,外事人员不得私自接受各种名义的贿赂、回扣,并严格执行授受礼品的规定。在对外公务活动中,遇到对方所赠送的礼金、有价证券时,外事人员一般应当予以谢绝;确实难以谢绝的,所收礼金、有价证券必须上缴国库。外事人员不得以明示或暗示的方式向对方索取财物。勤俭和廉洁不仅能节省国家行政支出,而且能提升我国外事人员的公众形象,有利于外事工作的进行。

(四)重大事情须向组织报告

外事工作历来要求高度集中,外事人员的一切言行都代表组织,不得掺杂个人的想法和态度。外事工作人员必须时刻依靠组织,在组织的领导和监督下工作。重要的情况、问题以及重大的活动都必须按照

---

① 周丕涛编著:《外事概说》,第 214 页。

组织的要求和规定进行,对于一切突发事件均需请示汇报。遇到境外情报机构进行策反活动、国家秘密有可能失窃等情况时,当事人和知情人都必须及时向组织报告。对于外国人在中国进行的社会调查,应当持谨慎态度,外事人员不宜以私人身份接待、协助外国人进行社会调查。外事人员在国外必须接受当地使领馆的领导,不同外国机构和人员私自往来,不私自参加境外或有境外背景的组织,不得出入与国家公职人员身份不相符的场所。

三、外事纪律的相关规定

我国关于外事纪律的规定主要有:

《关于在对外活动中加强保守党和国家机密的几项规定》(1979年颁布),共八条:

(1)党、政、军领导机关召开的重要会议,均应采取严格的保密措施,对与会人员要规定保密纪律。会议内容的宣传报道和传达贯彻,必须严格按规定执行,任何部门或个人不得违反规定,擅自向外透露和扩大传达范围,更不准任意翻印或私抄会议文件。

(2)对外交流和友好往来,以及其他一切涉外活动,必须坚持内外有别的原则,凡国内未公开发表的机密事项,未经中央批准,任何个人在与外国人交往中不准泄露。

(3)接受外国留学生、实习生和聘请外国专家的单位,应采取严格的保密措施。凡未公开的我机密事项,均不得向外国人扩散。如需要他们知道的,应按规定统一传达。

(4)对接待外宾参观的单位和游览地区,接待单位应明确划分参观范围,标明禁区,规定路线和参观的项目,采取必要的保密措施,不要擅自扩大范围。

(5)对一切出国和涉外人员,必须进行政治审查,保证外事队伍的纯洁,并进行保密教育与纪律教育。

(6)党和国家的工作人员,尤其是各级领导干部,均应自觉地遵守下列保密守则:不该说的机密,绝对不说;不该问的机密,绝对不问;不该看的机密,绝对不看;不该记录的机密,绝对不记录;不在非保密本上记录机密;不在私人通信中涉及机密；不在公共场所和家属、子女、亲友面前谈论机密；不在不利于保密的地方存放机密文件、资料；不在普通电话、明码电报、普通邮局传达机密事项；不携带机密材料游览、参观、探亲、访友和出入公共场所。

(7) 如有违反上述规定者，应视其情节轻重，分别予以批评教育或处分；其中情节恶劣、后果严重的，应当提交纪律检查机关追究责任。对盗窃或出卖党和国家机密的反革命分子和刑事犯罪分子，要依法惩处。

(8) 各单位可根据上述规定精神，并结合本单位的实际情况，订立切实可行的规章和守则。

《涉外人员守则》(1981年颁布，1992年修订)，共十条守则：

第一条 忠于祖国，忠于人民。坚决维护国家主权和民族尊严，不说不利于祖国的话，不做有损国格、人格的事。

第二条 站稳立场，坚持原则，警惕和抵制敌对势力推行和平演变的图谋，自觉抵制资产阶级腐朽思想和生活方式的侵蚀，做到"富贵不能淫，贫贱不能移，威武不能屈"。

第三条 坚决执行党和国家的方针政策，自觉遵守法律法规。如实反映情况，严格执行请示、报告制度。

第四条 保守国家秘密，严格执行保密法规。坚持内外有别，不泄露内部情况。

第五条 忠于职守，尽职尽责。提高警惕，防奸、反谍、反策反。

第六条 加强组织观念，自觉遵守纪律。在国外服从驻外使领馆的领导，遵守驻在国的法律，尊重驻在国的风俗习惯。不搞大国沙文主义，不搞种族歧视。

第七条 不同外国机构和外国人私自交往，不利用职权和工作关系营私牟利。严禁索贿受贿，不违反国家规定收受各种名义的回扣归个人所有，严格执行授受礼品的规定。

第八条 勤俭节约，廉洁奉公，分清公私界限，严格遵守财务制度。

第九条 谦虚谨慎，不卑不亢。讲究文明、礼貌，注意服饰、仪容。严禁酗酒。

第十条 顾全大局,发扬风格,协调配合,协同对外。

《共产党员在涉外活动中违反纪律党纪处分的暂行规定》(1988年),共16条。其主要内容有:

(1)在涉外活动中,触犯我国刑律被依法判刑的,一般给予开除党籍处分。属于过失犯罪,判处较轻刑罚,平时表现较好的,可以给予留党察看处分。

(2)为外国情报机关或敌特机关服务的,出卖党和国家秘密的,叛逃的,参加敌视我国的反动组织的,对外发表反对四项基本原则的言论的,给予开除党籍处分。

(3)在涉外活动中,其行为在政治上造成恶劣影响、损害党和国家尊严和利益的,给予撤销党内职务或留党察看处分。情节严重的,给予开除党籍处分。

(4)在国外、境外期间,触犯驻在国家、地区法律、法令,或不尊重驻在国家、地区宗教习俗,造成不良影响,损害我国利益的,给予党内警告或严重警告处分。情节严重的,给予撤销党内职务处分。

(5)在涉外活动或国际通讯中,泄露党和国家秘密的;丢失秘密、机密级文件,造成或可能造成严重后果的,给予党内警告、严重警告或撤销党内职务处分。泄露绝密级党和国家秘密的;丢失绝密级文件,造成或可能造成特别严重后果的,给予撤销党内职务直至开除党籍处分。

(6)以不正当的方式和手段,谋求个人或亲友出国、出境的,给予党内警告或严重警告处分。为了谋求个人或亲友出国、出境,弄虚作假,伪造证件,或利用工作、职务之便,在经济或其他方面损害国家利益的,给予留党察看或开除党籍处分。拒不服从组织决定,擅自临时或短期出国、出境的,给予党内严重警告或撤销党内职务处分。

(7)在出国、出境审批工作中,由于失职造成严重后果的,对主要责任者,给予党内警告或严重警告处分。情节严重的,给予撤销党内职务处分。

(8)临时出国、出境团(组)或人员擅自提前出国、出境,延长在国外、境外期限或变更路线,造成不良影响或经济损失的,给予主要责任者党内警告或严重警告处分。情节严重的,给予撤销党内职务处分。

(9)驻外机构或临时出国、出境团(组)中的共产党员,擅自脱离组织,行动失控的;从事外事、机要、军事等工作的党员,违犯规定,擅自同外国机构、外国人联系和交往的,给予党内警告或严重警告处分。在国外、境外失控期间以及在国内与外国人、外国机构交往中,犯有其他错误的,按照有关条款,给予党纪处分。

(10)在涉外活动中,参与嫖娼卖淫、吸毒贩毒的,给予开除党籍处分。在国外、境外淫秽下流场所寻欢作乐的;与外国人搞不正当两性关系的,给予撤销党内职务或留党察看处分。情节严重的,给予开除党籍处分。参与赌博活动的,给予撤销党内职务或留党察看处分。情节严重的,给予开除党籍处分。

(11)在国外、境外期间,多次观看淫秽影视书画的,给予党内警告或严重警告处分。对批准或组织观看者,从重处理。携带(包括托他人携带)淫秽影视书画及其他淫秽物品入境,以及进行复制、传播的,给予撤销党内职务以上的处分。

(12)在涉外活动中,有索贿受贿、贪污、盗窃、投机倒把、走私贩私、逃汇套汇、挪用外汇等行为的;为了谋取个人私利行贿的;在对外经济活动中,损害国家利益的,按《关于共产党员在经济领域中违法犯罪的党纪处理暂行办法》的有关条款从重处理。依照国家规定应交公的礼品不交公的,以贪污论处。

《中华人民共和国保守国家秘密法》(1988年颁布,2010年修订),共有5章35条。该法规定国家秘密的密级分为"绝密"、"机密"、"秘密"三级。"绝密"是最重要的国家秘密,泄露会使国家的安全和利益遭受特别严重的损害;"机密"是重要的国家秘密,泄露会使国家的安全和利益遭受严重的损害;"秘密"是一般的国家秘密,泄露会使国家的安全和利益遭受损害。具体来说,属于国家秘密的有:

(1)国家事务的重大决策中的秘密事项。
(2)国防建设和武装力量活动中的秘密事项。
(3)外交和外事活动中的秘密事项以及对外承担保密义

务的事项。

(4)国民经济和社会发展中的秘密事项。

(5)科学技术中的秘密事项。

(6)维护国家安全活动和追查刑事犯罪中的秘密事项。

(7)其他经国家保密行政管理部门确定的其他秘密事项。

政党秘密事项中符合前款规定的属于国家秘密。

《关于在对外公务活动中赠送和接受礼品的规定》(1993年颁布),共15条。主要内容是:

(1)根据国际惯例和对外工作需要,必要时可以对外赠送礼物。礼物的金额标准另行规定。

(2)对外赠送礼物必须贯彻节约、从简的原则。礼物应当以具有民族特色的纪念品、传统手工艺品和实用物品为主。

(3)对来访的外宾,不主动赠送礼物。外宾向我方赠送礼物的,可以适当回赠礼物。

(4)对外赠送礼物或者回赠礼物,必须经国务院所属部门或者省、自治区、直辖市人民政府批准,或者由其授权的机关批准。审批时,应当从严掌握。

(5)在对外公务活动中接受的礼物,应当妥善处理。价值按我国市价折合人民币二百元以上的,自接受之日起(在国外接受礼物的,自回国之日起)一个月内填写礼品申报单并将应上缴的礼物上缴礼品管理部门或者受礼人所在单位;不满二百元的,归受礼人本人或者受礼人所在单位。在对外公务活动中,对方赠送礼金、有价证券时,应当予以谢绝;确实难以谢绝的,所收礼金、有价证券必须一律上缴国库。

(6)在对外公务活动中,不得私相授受礼品,不得以明示或者暗示的方式索取礼品。

(7)国务院机关事务管理局负责保管、处理国务院各部门上缴的礼品。县级以上地方各级人民政府指定专门单位负责保管、处理该级人民政府各部门上缴的礼品。

(8)礼品管理部门及有关部门对于收缴的礼品,应当登记造册,妥善保管,及时处理。礼品保管部门应当每年向受礼单位通报礼品处理情况。受礼单位应当将礼品处理情况告知受礼人。

(9)国家行政监察机关按照有关规定负责对对外赠送和接受礼品的情况进行监督、检查。

(10)国家行政机关工作人员违反本规定的,对负直接责任的机关有关领导人和直接责任人,给予行政处分;构成犯罪的,由司法机关依法追究刑事责任。对国家行政机关工作人员的行政处分,按照干部管理权限和规定程序办理。

四、提高外事纪律的执行力

世界各国政治制度不同,对外政策各异,但在执行对外政策上无不是高度集中,外事纪律无不是严格执行。外事纪律是实现我国对外政策和对外开放的保证,外事纪律的执行力高低决定了我国外交外事工作能否顺利有序进行。因此,提高外事纪律的执行力是党和国家工作的重要任务之一。各中央和地方外事部门应当加强外事人员的外事纪律教育,贯彻"教育为主,预防为主"的方针,使每一个外事人员知纪、懂纪、守纪,增强政治责任感,确保外交政策和外事工作的顺利实行。

具体来说,提高外事纪律的执行力要做到以下几点:

第一,不断对外事人员进行爱国主义和国际主义教育,增强外事人员从事外事工作的使命感、责任感。这是外事工作战线思想政治工作的总纲。外事工作事关国家和民族的利益和尊严,外事人员要树立民族自信心,反对民族自卑感和崇洋媚外心理。周恩来同志曾经把外交人员称为"不穿军装的解放军"。江泽民同志亦曾经说过:"外事干部经常接触外国人,很容易潜移默化,不知不觉吸收一些不好的东西。所以必须有高度的政治警惕性,有高度的思想水平,才能战胜资本主义腐朽思想的入侵。"[1]只有这样,外事工作人员才能在变化多端的世界形势中判明方向,在错综复杂的条件下保持对祖国的赤胆忠心,维护祖国的利益和尊严。爱国主义要求外事人员头脑中所想的头等大事是国家的长治久安、人民的安居乐业、人与自然的协调和可持续发展;而今后十几年的最主要任务就是要努力维护我国发展的重要战略机遇期,为此而努力争取实现和平稳定的国际环境、睦邻友好的周边环境、平等互利

---

[1] 周丕涛编著:《外事概说》,第197页。

的合作环境和客观友善的舆论环境。

　　同时,爱国主义应当与国际主义精神相结合,外事人员要坚持国际主义,不搞大国沙文主义和种族歧视。中华人民共和国建立以来,在大力弘扬爱国主义的同时,有关国际主义的研究、宣传和教育一直受到高度重视。但不能不承认,从20世纪90年代以来,有关国际主义的研究和宣传已经从我国学术界和传媒"淡出",在对外关系中以民族主义取代国际主义的研究和宣传有所抬头。至今,人们围绕是否应该在外交中提倡国际主义还存在很多争论,不少学者认为,当前国际关系仍以民族国家为行为单位,国际主义精神在世界各国外交决策中根本不存在。但是今天的事实是,中国是处在世界中、处在国际社会中的中国。中国的发展离不开世界,同时又是世界的发展和人类文明发展的一个极其重要的组成部分。相对于全人类利益或国际社会利益来说,我们的国家利益既有独立自主的一面,也有寓于前者之中的一面;不同国家的国家利益之间也是既有相互矛盾与竞争的一面,又有相互协调与合作的一面。从外交上看,随着中国的和平发展和国际地位的提高,作为一个负责任的大国也需要提倡国际主义,通过在外交工作中"坚持立足于人民、着眼于人民、寄希望于人民",争取国际环境和他国对华政策对我国的发展有利。

　　第二,不断对外事人员进行政策教育、形势教育,提高外事人员对党和国家对外政策的理解和对国际环境的认识。掌握外交政策,是外事人员完成外事任务的前提。每一位外事工作者都应当认真学习和领会中央的对外政策方针,一切对外活动都要时刻注意体现我国独立自主的和平外交政策,确保在任何情况下都能做到外交独立,一切国际问题都应当根据其自身的是非曲直和国家的利益需要采取行动;信守和平共处五项原则,加强与第三世界国家的团结合作。中央除了制定对外总政策外,还详细制定了国别政策、地区政策以及具体领域涉外管理政策和具体措施,对此外事人员均应当认真学习、严格执行。

　　对外事人员进行形势教育,是指着重进行党的基本理论、基本路线、基本纲领和基本经验教育;进行我国改革开放和社会主义现代化建设的形势、任务和发展成就教育;进行党和国家重大方针政策、重大活动和重大改革措施教育;进行当前国际形势与国际关系的状况、发展趋势和我国的对外政策、世界重大事件及我国政府的原则立场教育,引导外事人员正确把握国内外形势的大局。

第三,加强对外事人员的外事纪律教育,提高外事人员遵守纪律的自觉性。纪律是执行外交政策方针的保证,遵守外事纪律对于保证党和国家对外政策的贯彻执行、维护党和国家的利益和尊严、促进各国人民友好往来有重大意义。外事人员代表中国的国际形象,是我国外交政策的执行者,倘若出现了不良现象,势必使我国的国际形象受损,党和国家的利益也将受到损害。叶剑英曾经对中国的外交人员说过,在外事工作中要注意:第一,话不要说太多,每说一句都要经过充分考虑;第二,协议达成并签字时要慎重,写在纸上的东西,用斧头砍都砍不动;第三,要注意保密,防止他人钻空子;第四,要及时请示汇报,以便统一步调。①

严肃外事纪律,就是要求外事人员严格遵守党的政治纪律、组织纪律、保密纪律、财经纪律、生活纪律。外事人员应当时刻关注自我言行,做到言行一致、恪尽职守、廉洁奉公,同时应当勇于与各种违纪行为作斗争,积极维护我国外交政策的严肃性和权威性。外事人员一旦违反了外事纪律,不管其地位多高、资历多老,都要对其进行严肃查处和惩办,决不姑息。

第四,不断对外事人员进行反腐、反策反的教育,提高外事人员抵御敌对势力和平演变的能力。外事防腐工作包括对内防腐和对外防腐两个层面。对内防腐的关键是严肃财经纪律,严格执行财务制度,对外事工作经费的预算、使用、核销过程进行严格的管理和监督。具体来说,包括以下方面:在对外交往、办理出国手续、选考驻外使领馆干部、遴选外事工作人员等工作中,严禁收受礼金、礼品或有价证券;禁止挪用其他公共资金,不得向下属单位、机构或地方摊派出国费用;凡因公出国组团,不得安排亲属子女搭车出访;接待外宾时,不得安排与代表团无关的人员随团活动、赴宴、用餐、住宾馆等;严禁公款旅游,严禁参与赌博、色情活动;任何人不得利用职权和工作关系营私牟利或从事与谋取个人名利有关的活动。此外,在出国任务申报审批过程中,要坚持原则,严格把关,按照中央和省的有关规定和要求,建立因公出国(境)计划量化管理机制,严格审查出访事由、出访人资格和外方邀请函,严格控制参团人数、收费标准、出访时间、路线,严禁以不正当方式谋求本人或者其他人出国(境)批件。对外防腐,要求外事人员在执行外事任

---

① 裴默农:《周恩来外交学》,第101页。

务时,严禁索贿受贿,不得违反国家规定收受各种名义的回扣归个人所有;不得私自接受国(境)外友人、团体、组织任何形式的资助或捐助,不得以个人名义接受任何荣誉称号或嘉奖;严格执行授受礼品的规定。

　　加强外事人员的反策反能力,就是时刻提醒外事人员警惕国际社会各种妄图颠覆祖国和我国社会制度的行为,谨记外交斗争的长期性和复杂性。当今世界是一个利益多元化、各种社会制度并存的世界,尽管和平是当前世界的主流和现实,但在和平的外表下充斥着国际社会间的各种矛盾和斗争。外事交往中腐蚀与反腐蚀、策反与反策反的斗争尖锐复杂,涉外人员必须提高敌情观念,自觉抵制来自外部的物质腐蚀和精神腐蚀,及时识破各种阴谋,不上当,不下水,坚决维护国家利益。为此,确保外事工作制度的严格执行是加强外事人员反策反、反腐蚀的关键。严格执行外事工作制度,就是要求外事人员具体做到:不得擅自延长在外期限、变更路线和行程,不得擅自离开驻地;外事人员在一般情况下不得个人单独行动;外事人员应当避免与可疑人员接触。如有遇到突发事件,行程、时间等发生改变的,要如实反映情况,并严格执行请示报告制度。

第三章 外事机构

> 决定行政管理是否完善的首要因素就是行政部门的强而有力。舍此不能保卫社会免遭外国的进攻;舍此亦不能保证稳定地执行法律;……不能保障自由以抵制野心家、帮派、无政府状态的暗箭与明枪。
>
> ——〔美〕汉密尔顿①
>
> 使馆是一个封闭的、内部完善并有着鲜明特点的团体——一个位于外国领土上的祖国的前哨站。
>
> ——〔印度〕基尚·拉纳②
>
> 一个拥有良好资源,特别是配备了良好员工的外交机构,将极大地增强该国的实力和影响力。
>
> ——〔英〕杰夫·贝里奇③

外事机构就是指依法管理和进行外事工作的机构。它是外事工作的行为主体,是外事管理体系中不可或缺的部分。

第一节 外事管理体制

外事管理体制是指外事管理系统的结构和组成方式,即采用怎样

---

① 〔美〕汉密尔顿等:《联邦党人文集》,商务印书馆 2004 年版,第 356 页。
② 〔印度〕基尚·拉纳:《21 世纪的大使:从全权到首席执行》,北京大学出版社 2008 年版,第 144 页。
③ 同上书,第 201 页。

的组织形式、管理制度将外事机构结合成为一个合理的有机系统,以实现外事管理的任务和目的。具体说来,外事管理体制是规定中央、地方、部门的各自管理范围、权限和职责及其相互关系的准则,其核心是外事机构的设置、职权的分配以及各机构间的相互协调。外事管理体制直接影响到外事管理的效率和效能,是政府管理体制的重要组成部分。中国外事管理体制的形成与发展体现了中国在长期的对外交往过程中所积累的经验。

一、外事机构的分类

按照不同的分类标准,外事机构可以被分成不同的类型。具体而言,可以从四个维度对外事机构进行分类。从性质维度而言,可以分为外交机构与非外交机构;从地域维度而言,可以分为国内的外事机构和驻外的外事机构;从管理层级维度而言,可以分为中央外事机构和地方外事机构;从功能维度而言,可以分为外事决策机构、外事咨询机构、外事执行机构、外事监督机构。

不同的分类标准适用于不同的情况,但需要说明的是,任何分类方法都不是绝对的。比如按照功能维度分类,外交部属于外事执行机构,它要贯彻执行国家的外事政策。另一方面,对于外交部的下属部门而言,外交部又是处于管理者的位置,能处理属于自己职权范围的事务。外交部既是执行机构,又是决策机构。

在这里,为了更好地区分外事机构,主要从地域维度和管理层级维度上来对外事机构进行分类。但即便是从这两个维度来对外事机构加以分类,也难以穷尽所有的外事机构。

从地域维度来分析,主要考察驻外的外事机构,主要是驻外使领馆的情况。对于中国而言,包括两方面的内容:中国驻外使领馆和外国驻华使领馆。国内的外事机构主要放到管理层级维度来加以考察。从这一维度出发,对于中国而言,在中央层级,决策机构有中共中央政治局及其常委会、中共中央外事工作领导小组及其办公室,执行机构有国务院、国务院下属的部委的国际合作机关以及党口的中共中央对外联络部和军队的总参谋部等外事工作机构。

在地方层级主要介绍地方政府和部委在省市两级外事管理机构的设置情况和职能。

二、中国外事管理体系的组织原则

外事管理体系是指由各种涉及外事管理的制度而组成的有机整体。作为一国政治体制的重要组成部分,它是一系列制度安排的有机结合,主要包括以下两方面的内容:第一,外事管理的组织原则。所谓外事管理的组织原则,就是在外事管理工作中必须遵循的规范和指导思想。它是贯穿整个外事管理体系的"灵魂"。外事管理工作的开展必须紧紧围绕这些原则,才能有效维护国家利益。第二,外事管理的行政制度。外事管理的行政制度是指为有效开展外事管理工作而依法规定的有关领导体制、机构组成、人员构成、工作程序、权限划分等方面的制度。它是外事管理工作得以开展的保证,是外事管理体系的"核心"。外事管理工作必须要通过这些制度安排才能得到有效的开展与运作。

当代中国的外事管理体系遵循以下四项原则:"统一领导、归口管理、分级负责、协调配合"。

统一领导。这主要是指外事工作应当具有高度的集中性。中国的外事机构应当统一相关的规章制度、统一外事方针政策、统一外事行动部署、统一对外表态口径。统一领导可以避免政出多门、多头领导的情况出现。

归口管理。"口"是具有中国特色的政治术语,简言之,它是指与政府工作相关的某些领域,比如文教口、政法口、外事口等。在外事口中,国家关系归外交部管理,党际交流归中共中央对外联络部管理,对外医疗合作交流归卫生部管理,等等。当然,归口管理并不具有绝对的排他性,比如对于卫生部而言,在从事对外医疗合作交流中,仍然需要与相关的部委、机构协调。归口管理的优点在于可以提高工作效率、分清职责,更加快速有效地开展外事工作。

分级负责。这主要涉及外事管理权限的分配。一般说来,中央外事机构主要负责对外事、国家安全工作领域的重大问题作出决策,同时指导、协调全国的外事工作。而地方外事机构则是在中央授权范围内开展工作,按照中央外事工作的总体部署,认真贯彻执行国家外交方针政策和外事规章制度,同时负责处理本地区的涉外事务。

协调配合。一方面,随着社会的发展,社会分工的日益细化,任何一个外事机构已经无法凭一己之力处理所有的涉外事务。2011年初,中国从利比亚撤侨的行动能取得圆满成功,就是外交部、中国民用航空局等部门协调配合、通力合作的结果。另一方面,外事工作高度集中的特点决定了全国外事工作一盘棋,各级政府、各部门的外事工作都必须服从和服务于国家总体外交,因此,外事机构在开展外事工作的过程中必须有全局意识,与其他外事机构及相关部门加强协调,密切配合,做到上下沟通,左右知情,才能形成整体合力。

第二节　中国的外事管理机构及其职能

一、中央层级的外事管理机构及其职能

在中央层级,主要介绍下述七个机构的设置情况和职能。之所以选择这些机构加以分析,主要是基于以下考虑:中共中央政治局及其常委会、中共中央外事工作领导小组及其办公室、国务院这三个机构是当前中国最重要的外事决策和管理机构,是外事工作得以运行的核心。外交部、中共中央对外联络部、总参谋部则分别是国家、执政党、军队三个方面从事外事工作的代表机构。国务院的下属部门中,选取卫生部,对其从事国际合作事务的机构作一介绍。

(一)中共中央政治局及其常委会

中共中央政治局及其常委会是当今中国最重要的政治决策机构。它的核心地位得到了《党章》的确认:"中央政治局和它的常务委员会在中央委员会全体会议闭会期间,行使中央委员会的职权。"[1]《党章》第十条第三款又规定:"党的最高领导机关,是党的全国代表大会和它所产生的中央委员会。"[2]所以,政治局及其常委会实际上是最核心的决策机构。在外事管理上,它们对外事工作有着最终的决定权。

(二)中共中央外事工作领导小组及其办公室

中共中央外事工作领导小组是"中共中央政治局、国务院负责领导国家安全、外事工作的协调议事机构,由中共中央、国务院、中央军委的多个部门的主要负责人组成。除国家主席、国家副主席外,成员一般包

---

[1]　《中国共产党章程》。

[2]　同上。

括负责涉外事务的国务院副总理或国务委员,外交部、国防部、公安部、国家安全部、商务部、港澳办、侨办、新闻办的负责人,以及中宣部、中联部的部长,总参谋部的高级将领等"[1]。它可以看作是在外事领域的部际间的协调机构,对于协调各部门一致执行国家的外事政策、商讨重大的外事事务有着非常重要的作用。

作为中共中央政治局、国务院负责领导国家安全、外事工作的协调议事机构,它除了有"承办中央外事工作领导小组全体会议和办公会议的会务工作,催办会议决定事项,承办外事协调工作"、"代党中央拟定和修订外事工作的某些全国性规定,审核中央、国家机关各部门和各省、自治区、直辖市制定的重要外事规定"、"办理中央、国家机关各部门和各省、自治区、直辖市报送中央外事工作领导小组和国务院的有关重要外事问题的请示、报告"等职能外,还负责"对国际形势和执行外交政策中的重大问题、外事管理工作进行调查研究,提出建议"、"承办中央外事工作领导小组和国务院交办的其他事项"。[2]

(三)国务院

依据《中华人民共和国宪法》第八十五条之规定,国务院是最高国家权力机关的执行机关,是最高国家行政机关。依据《宪法》第八十九条的规定,它的职能涵盖了方方面面。从与外事工作相关的角度来看,国务院负责"管理对外事务,同外国缔结条约和协定"、"保护华侨的正当的权利和利益,保护归侨和侨眷的合法的权利和利益"。同时因为它担负着"根据宪法和法律,规定行政措施,制定行政法规,发布决定和命令"、"规定各部和各委员会的任务和职责,统一领导各部和各委员会的工作,并且领导不属于各部和各委员会的全国性的行政工作"等职能,所以,由此可见,它统筹管理着下属的各个部委的外事工作,是国家行政系统对外工作的管理中枢。[3]

---

[1] 参见维基百科"中共中央外事工作领导小组"词条,http://zh.wikipedia.org,访问时间:2011年8月14日。

[2] 参见维基百科"中央外事工作领导小组办公室"词条,http://zh.wikipedia.org,访问时间:2011年8月14日。

[3] 参见《中华人民共和国宪法》,http://www.gov.cn/gongbao/content/2004/content_62714.htm,访问时间:2011年8月17日。

（四）外交部

外交部是政府日常管理外事工作的机构，它既是外事方针政策的执行者，又是相关外事工作的管理者。①

首先，依据分片管理的原则，它有七个地区司：亚洲司、西亚北非司、非洲司、欧亚司、欧洲司、北美大洋洲司、拉丁美洲和加勒比司。地区司有着类似的职能："贯彻执行国家的外交方针政策；调研规划我国与主管地区、国家的双边关系；办理与主管地区、国家的相关外交事务，办理对外交涉；指导协调涉及主管地区、国家的具体政策和交往合作；指导驻外外交机构有关业务；承担重要外交活动、文件和文书非通用语翻译工作。"

其次，还有一些综合性的业务机构，包括：政策规划司、国际司、军控司、条约法律司、边界与海洋事务司、新闻司、礼宾司、领事司（领事保护中心）、香港澳门台湾事务司、翻译室、涉外安全事务司等。

政策规划司主要负责"研究分析国际形势和国际关系中全局性、战略性问题；拟订外交工作领域政策规划；参与拟订年度援外计划；起草重要外事文稿；开展外交政策宣示；协调调研工作；指导编写中国外交史"。

国际司的职能是："研究多边外交领域形势和发展趋势；办理多边领域政治、经济、人权、社会、难民等外交事务；指导驻外外交机构有关业务"。

军控司负责"调研国际军控、裁军、防扩散、出口管制以及全球和地区安全等问题，组织拟订相关政策，会同有关部门研究处理相关事务；组织有关国际条约和协定的谈判；协同有关部门履行有关国际条约和协定；指导驻外外交机构有关业务。"

条约法律司主要担负"调研外交工作中的法律问题和国际法发展动向；承办国家对外缔结双边、多边条约和国际司法合作的有关事项，处理涉外案件，协调履行国际条约事宜；组织参与气候变化、环境条约的外交谈判"的职能。

边界与海洋事务司负责"拟订陆地、海洋边界相关外交政策，指导

---

① 参见中华人民共和国外交部网站"组织机构"页面中对以上各司的简介，http://www.fmprc.gov.cn/chn/pds/wjb/zzjg/，访问时间：2011年8月18日。

协调海洋对外工作;承担与邻国陆地边界划界、勘界和联合检查等管理工作;处理有关边界涉外事务及领土、地图、地名等涉外案件;承担海洋划界、共同开发等相关外交谈判工作"。

新闻司"承担发布中国重要外交活动信息、阐述中国对外政策工作;承担国家重要外事活动有关新闻工作;指导驻外外交机构新闻工作;承担在华外国常驻新闻机构和外国记者事务;组织开展公共外交;收集分析重要信息等"。

礼宾司"承担国家对外礼仪和典礼事务;组织协调国家重要外事活动礼宾事宜;管理驻华外交机构和相关人员在华礼遇、外交特权和豁免等事宜;拟订涉外活动礼仪规则"。

领事司(领事保护中心)除了有"办理中外领事关系事宜;负责颁发外交、公务、公务普通护照;负责领事公证认证、签证工作;管理外国领事机构;协调外国人在中国境内发生的有关刑事、民事案件的处理和对外交涉工作;承担海外侨务工作;会同处理移民事务;指导驻外外交机构和地方外事部门相关业务"的职能外,还有"承担领事保护和协助工作,拟订领事保护和协助政策规定,发布领事保护和协助预警信息"的重要职能。这也是因应了走出国门的中国人越来越多这一大背景。

根据中国的特殊国情,外交部还设有香港澳门台湾事务司。它负责"拟订涉及香港、澳门特别行政区和台湾地区的外交政策,调研并协调处理相关外交事务;指导外交部驻香港、澳门特派员公署工作;承担大陆民间机构赴台参加国际会议和活动的有关管理工作"。

翻译室的职能是:"负责国家重要外事活动、外交文件和文书的英、法文翻译工作;承担机关英、法文高级翻译人员的专业培训工作。"

涉外安全事务司的职能是:"研究涉及国家安全问题的涉外事宜,提出政策建议;协调和处理相关工作;指导驻外外交机构有关业务;协调境外非政府组织在华活动管理工作。"

外交部的行政管理机构有:办公厅、外事管理司、干部司、离退休干部局、行政司、财务司、驻部监察局、国外工作局。这类行政管理机构对于保障外交部的正常运转有着非常重要的作用。

办公厅有"协调部内业务工作;负责机关文电运转,负责机关、驻外外交机构信息化管理工作;承担协调处置涉外突发事件工作"的职能。

外事管理司负责"拟订有关外事管理法规草案;审核地方和国务院各部门、中央企业的重要外事规定和报国务院的重要外事请示;协调地方和国务院各部门外事工作；会同有关部门研究提出对重大外事违规违纪事件的处理建议"。

干部司"负责部机关和驻外外交机构人事管理工作，承办驻外外交机构及驻香港、澳门特派员公署主要官员任免的具体工作；会同有关部门研究规范驻外人员管理制度；拟订外交干部队伍教育培训规划并指导落实"。

离退休干部局"负责机关离退休干部工作，指导直属单位的离退休干部工作"。

行政司的职能包括："规划、建设和管理驻外外交机构馆舍；负责驻华外交机构用地用房政策性管理和双边馆舍事务处理；负责部机关房地产管理和房改工作；规划并组织实施部机关基建工程；负责部机关及部属单位基建计划管理；管理部机关及驻外外交机构文物、贵重美术工艺品及部分有形资产；负责驻外外交机构基建管理人员、工勤人员选派和部机关工勤人员人事管理。"

财务司有"编制部门预决算，组织预算收入管理汇缴，拟订驻外外交机构财务制度，参与拟订国家外交外事财务制度；审计、指导机关和直属单位及驻外外交机构财会业务；管理外交部政府采购工作"的职能。

驻部监察局是根据《中华人民共和国行政监察法》的规定而设立的。它主要对外交部各行政职能部门及其国家公务员实施监察。

国外工作局"负责驻外外交机构的领导班子建设和思想政治工作"。

此外，外交部内部还有"负责机关和在京直属单位的党群工作"的机关党委、负责"部机关及驻外使领馆服务工作任务"的服务中心以及永久保管中华人民共和国成立以来的外交档案的档案馆。档案馆的主要职能是："负责收集并永久管理外交部及其直属单位形成的档案，对部内、部属各单位和我驻外使领馆、团、处，驻香港、澳门公署的档案工作进行指导和监督；负责为部内各单位和驻外机构采选、配发与外交工作有关的种类书籍、报刊和工具书，并进行管理和提供服务。档案馆具有对本部门档案业务的行政管理职能。"

从总体上看,外交部的职责包括执行、调研、协调、管理四个方面。①

它的执行职能表现在以下两个方面:首先,它要贯彻执行国家外交方针政策和有关法律法规,代表国家维护国家主权、安全和利益,代表国家和政府办理外交事务,承办党和国家领导人与外国领导人的外交往来事务。其次,它还要承办党中央、国务院交办的其他事项。

它的调研职能表现为通过调查研究国际形势和国际关系中全局性、战略性问题,研究分析政治、经济、文化、安全等领域外交工作的重大问题,为党中央、国务院制定外交战略和方针政策提出建议。

协调职能也是外交部所拥有的非常重要的职能。随着社会分工的日益细化,外交部很难凭一己之力处理所有的外交事务。它的协调职能表现在以下五个方面:

(1)按照外交总体布局,就对外贸易、经济合作、经援、文化、军援、军贸、侨务、教育、科技、外宣等重大问题,负责与有关单位协调,向党中央、国务院报告情况、提出建议。

(2)牵头或参与拟订陆地、海洋边界相关政策,指导协调海洋对外工作,组织有关边界划界、勘界和联合检查等管理工作并处理有关涉外案件,承担海洋划界、共同开发等相关外交谈判工作。

(3)负责协调处置境外涉我突发事件,保护境外中国公民和机构的合法权益,参与处置境内涉外突发事件。

(4)指导、协调地方和国务院各部门外事工作,审核地方和国务院各单位的重要外事规定和上报国务院的外事请示,会同有关部门研究提出对重大外事违规违纪事件的处理意见。

(5)处理和协调关系国家安全问题的有关涉外事宜。

外交部的管理职能是外交部日常工作中不可或缺的职能。管理职能涵盖外交部日常工作的方方面面。

对内而言,它的管理职能体现为:

(1)起草外交工作领域相关法律法规草案和政策规划。

(2)发布重要外交活动信息,阐述对外政策,负责国家重要外事活动新闻工作,组织公共外交活动,主管在华外国记者和外国常驻新闻机

---

① 参见中华人民共和国外交部网站"中华人民共和国外交部主要职责"页面,http://www.fmprc.gov.cn/chn/pds/wjb/zyzz/,访问时间:2011年8月20日。

构事务。

（3）负责领事工作。管理外国驻华外交、领事机构；负责海外侨务工作；办理和参与境内涉外案件的对外交涉工作；负责领事保护和协助工作，协调有关部门、地方政府并指导驻外外交机构处理领事保护和协助案件，发布领事保护和协助的预警信息。

（4）依法管理香港、澳门特别行政区外交、领事事务，处理涉台外交事务。

（5）领导驻外外交机构及驻香港、澳门特派员公署工作，负责驻外外交机构干部队伍建设，指导、监督驻外外交机构及驻香港、澳门特派员公署信息化、财务和馆舍建设工作，负责驻华外交机构房地产使用管理工作。

（6）负责国家对外礼仪和典礼事务，负责国家重要外事活动礼宾事宜，负责驻华外交机构在华礼遇、外交特权和豁免事宜。

（7）负责国家重要外事活动、外交文件和文书翻译工作。

（8）代管中国人民对外友好协会，归口管理中国红十字会总会、中国宋庆龄基金会的外事工作。

对外而言，它的管理职能体现为：

（1）负责处理联合国等多边领域中有关全球和地区安全以及政治、经济、人权、社会、难民等外交事务。

（2）负责国际军控、裁军、防扩散等领域工作，研究有关国际安全问题，组织军控方面有关条约、协定的谈判。

（3）负责办理国家对外缔结双边、多边条约事务，负责国际司法合作有关事项，负责或参与处理涉及国家和政府的重大涉外法律案件，协助审核涉外法律法规草案，组织协调有关我国履行国际公约、协定工作。

需要说明的是，以上对外交部职能的分类并不是绝对的。很多时候由于工作的复杂性，很难把相关的职能进行绝对的区分。比如在条约的缔结过程中，不仅体现了管理职能，也体现了协调职能。

（五）中共中央对外联络部

中共中央对外联络部是中国共产党进行政党外事工作的重要

机构。①

它负责地区业务的部门有八个,分别是一局(亚洲一局)、二局(亚洲二局)、三局(西亚北非局)、四局(非洲局)、五局(拉美局)、六局(东欧中亚局)、七局(美大局)、八局(西欧局)。这八个地区业务部门有着类似的职能:负责与该地区各国政党及政治组织的联络交往及研究工作。各个部门都有一支熟识该地区内各大语种的翻译和研究队伍。

它还下设办公厅、研究室、礼宾局、干部局、机关党委、信息编研室。

办公厅主要"负责部内政务、机关行政事务工作的综合协调和管理,为部领导决策及实施提供服务;负责部内信息综合和报送工作;负责内外事经费、国有资产管理和审计等工作。具体协调、管理中央直属机构和各省、自治区、直辖市党委的对外交往工作"。

研究室"主要从事国际形势、世界政党、社会主义运动、当代资本主义及其他重大国际问题的理论性、战略性、综合性、政策性研究;对内协调部内调研工作,对外进行学术交流与合作;围绕党的对外工作组织开展各种形式的新闻宣传活动"。

礼宾局"主要负责以中国共产党和中联部名义邀请的来访团和组织的出访团及其他涉外活动的礼仪接待工作。现拥有一支有实践经验的礼宾接待人员队伍"。

干部局"负责部机关干部的录用、调配、考核、任免、培训、工资、福利和驻外人员的轮换、管理及临时出国人员的审查、机构调整、人事编制等工作;对部属事业单位的人事工作进行指导、监督和管理"。

机关党委"负责部机关党的思想、组织、作风建设和纪律检查工作,领导机关工、青、妇等工作"。

信息编研室"负责为本部对外联络和调研工作搜集、提供国际问题和世界各国政党的有关信息,编研综合性基础资料,建设和管理本部对外宣传网站、部内工作网站和政党数据库,为本部网络信息化及办公自动化系统提供技术保障"。

因此,从总体上看,中共中央对外联络部的职责包括三个方面。对上级而言,它要贯彻落实中央对外工作的方针、政策,跟踪研究国际形势和重大国际问题的发展变化,向党中央提供有关情况和对策性建议;

---

① 参见中共中央对外联络部网站"机构设置"页面,http://www.idcpc.org.cn/about/jgsz.htm,访问时间:2011年8月22日。

对自身而言，它受党中央委托，负责中国共产党同外国政党、政治组织的交往和联络工作；对同级和下级而言，它负责协调、归口管理中央直属机构和各省、自治区、直辖市党委的有关对外交往工作。①

（六）总参谋部

"总参谋部是负责组织领导全国武装力量的军事建设，组织指挥全国武装力量的军事行动的军事领导机关。设有作战、情报、通信、军训、军务、动员、装备、机要、测绘、外事、管理以及各兵种业务部门。"②总参负责派出并管理中国驻外使馆武官处的武官。

（七）卫生部相关司局

中国卫生部从事外事工作的主要机构是卫生部下属的国际合作司（卫生部港澳台办公室）。它下设综合处、国际组织处、欧美大处、亚非处（援外处）、港澳台处，行政编制为22人。

它承担"拟订卫生领域的政府间、民间的多、双边合作交流政策并承担组织指导工作"以及"组织、协调我国与世界卫生组织及其他国际组织在卫生领域的交流与合作"的职能。它还负责"因公出国（境）人员团组的审批以及在华举办国际会议审报批、卫生部及直属单位引智工作、部机关外事工作"，"参与对外推荐国际职员和选派驻外机构人员"。此外，它还行使着"指导、组织、协调"的职能，主要涵盖以下一些方面：双边政府间卫生合作；卫生援外工作；卫生国际合作项目立项、签署、实施和督导；与国外民间组织的卫生合作交流，指导卫生部业务主管境外非政府组织在华开展卫生合作以及卫生部业务主管（挂靠）社团开展国际合作交流；与港澳台的卫生合作工作。③

根据2011年7月15日卫生部公布的"三公经费"情况，可以得到

---

① 参见中共中央对外联络部网站"性质职能"页面，http://www.idcpc.org.cn/about/zhineng.htm，访问时间：2011年8月28日。

② "中国人民解放军四总部"，http://news.xinhuanet.com/ziliao/2002-01/25/content_254352.htm，访问时间：2011年8月28日。

③ 参见中华人民共和国卫生部网站"国际合作司（卫生部港澳台办公室）"页面，http://www.moh.gov.cn/publicfiles/business/htmlfiles/mohgjhzs/pjgzn/200804/34730.htm，访问时间：2011年8月30日。

以下一些数据[①]：

(1) 因公出国(境)费。2010年,卫生部因公出国(境)费实际支出1,307.13万元(含援外医疗队支出412.00万元)。此项经费主要用于卫生部部属(管)预算单位国际合作交流及组派援外医疗队的出国费用。援外医疗队支出占因公出国(境)费财政拨款预算的1/3左右。卫生部部属(管)医疗、科研和疾控等机构国际学术交流活动较多。

(2) 公务用车购置及运行费。2010年,卫生部公务用车购置及运行费财实际支出2,599.23万元(含援外医疗队公务用车购置及运行费1,146.00万元)。此项经费主要用于部属(管)预算单位公务用车支出及援外医疗队在当地的工作用车费用。援外医疗队公务用车购置及运行费占预算的40%左右。

(3) 公务接待费。2010年,卫生部公务接待费实际支出390.08万元。此项经费主要用于卫生部部属(管)预算单位接待国际组织和外国政府来访等费用。

目前,我国在48个不发达国家(主要集中在非洲)有50支援外医疗队,队员1,173人。[②]

由此可见,外事工作在卫生部的日常工作中占有相当大的比重。

二、地方层级的外事管理机构及其职能

在地方上,中国的地方外事机构主要分为省、市、县三个层级。除了这三级政府有自己的外事工作机构外,各级政府的工作部门也分别设立相应的外事机构。

首先,以北京市为例,介绍地方政府外事机构的设置与职能。

北京市人民政府外事办公室负责地区业务的部门有环太平洋地区处和欧洲非洲亚洲处。这两个处的主要职能是：负责北京市与主管地区的城市的交往工作；接待北京市邀请的主管地区的外国省市级代表团；办理北京市领导人出访各自地区的有关事宜；管理北京市与外国友好城市、友好区(县)的交往活动；办理对外结好的有关手续。

[①] 参见中华人民共和国卫生部网站"卫生部公布'三公经费'情况"页面,http://www.moh.gov.cn/publicfiles/business/htmlfiles/mohghcws/s10742/201107/52394.htm,访问时间:2011年8月31日。

[②] 同上。

其他对外的业务部门包括：礼宾处、国际处（港澳事务处）、涉外管理处、因公出入境管理处、非政府组织处。其中，礼宾处主要负责外事礼宾工作的接待与管理。国际处（港澳事务处）主要负责承办多边国际活动以及与香港、澳门的交往工作。涉外管理处主要负责驻京外事机构和人员的管理工作。因公出入境管理处主要负责处理因公出入境以及外国人来华工作的相关事项。非政府组织处主要负责境外非政府组织在京活动及北京市民间组织参加国际非政府组织活动的管理工作。

其他机构包括：秘书处、政策法规处、人事处、中共北京市人民政府外事办公室机关委员会、国际语言环境建设处。秘书处主要负责处理机关日常政务。政策法规处主要负责起草制定相关的外事工作制度、规章。人事处主要负责外办内部的人事工作和干部队伍建设。中共北京市人民政府外事办公室机关委员会主要负责机关的党群工作。国际语言环境建设处主要负责推动北京市国际语言环境建设工作。

它的直属单位包括：北京市人民政府外事办公室信息中心、北京市人民政府外事办公室出入境人员服务中心、北京市人民政府外事办公室国际交流中心、北京市人民政府外事办公室翻译中心。[①]

需要说明的是，各省（自治区、直辖市）的外办的机构设置与职能并不完全一致。比如，重庆市的外事侨务办公室涵盖了外事与侨务两个方面，而上海的外办与侨办却是各自独立的机构。

从总体上讲，省一级的政府外事办公室的职能主要是"上传下达"。在贯彻执行中央外事工作政策的同时，也协调同级和领导下级的外事工作。

在市一级，人民政府也有相关的外事工作机构。以北京市东城区为例，北京市东城区外事办公室主要负责东城区的外事管理工作，归口管理东城区各部门的外事工作。目前有书记1名，正副主任各1名，副处调1名，全办工作人员一共14人，无科室设置。[②]

其次，以北京市卫生局为例，介绍地方政府工作部门外事机构的设置情况与职能。

北京市的卫生局设有国际合作处，全面负责北京市卫生系统的外

---

① 参见北京市人民政府外事办公室网站"机构处室"页面，http://www.bjfao.gov.cn/zwgk/branch/index.htm，访问时间：2011年10月18日。

② 参见北京市人民政府东城区外事办公室网站"机构设置"页面，http://www.bjdch.gov.cn/n5687274/n5723545/n5744963/n5745137/8334673.html，访问时间：2011年10月18日。

事工作。具体而言,它负责组织指导医药卫生方面的政府、民间多边、双边合作交流,同时组织实施卫生援外工作以及组织国际医学交流、国际医学会议与国际科技合作。此外,它还负责世界卫生组织北京合作机构的协调管理工作。[1]

在市一级的卫生主管机构,以北京市朝阳区卫生局为例,它内设的办公室除了负责该区卫生局的日常政务工作以外,也"负责机关和所属单位外事工作的宣传、咨询和协调工作"[2]。

各级政府工作部门的外事机构也是起着"上传下达"的重要作用,负责本业务部门所辖范围内的外事管理工作。

第三节 驻外的外事机构

一、驻外使馆

(一)驻外使馆的职能与机构设置

使馆是一国常驻他国的最高级的外交代表机关,但各个使馆的规模、机构设置、人员构成却不尽相同。之所以会出现这种差别,乃是各种因素综合作用的结果。首先要考虑到派出国的政治体制、国力、国家政策等因素,其次还要考虑驻在国的国情以及两国间关系的紧密程度。当然,其他一些因素也会影响使馆的机构设置。总而言之,在使馆机构的设置上,并无定例可循。

从总体上看,依据1961年4月18日订于奥地利维也纳的《维也纳外交关系公约》(以下简称《外交公约》)[3]的相关规定,驻外使馆担负以下一些职能:

(1)在接受国中代表派遣国;

(2)于国际法许可之限度内,在接受国中保护派遣国及其国民之利益;

---

[1] 参见北京市政府信息公开专栏:北京市卫生局"国际合作处",http://zfxxgk.beijing.gov.cn/columns/81/1/61168.html,访问时间:2011年10月18日。

[2] 参见北京市朝阳区卫生信息网"机构设置——办公室",http://wsj.bjchy.gov.cn/root/cywsj/wsjjj/jgsz/,访问时间:2011年10月18日。

[3] 《维也纳外交关系公约》,http://www.un.org/chinese/law/ilc/foreign_relations.htm,访问时间:2011年9月3日。

(3) 与接受国政府办理交涉；

(4) 以一切合法手段调查接受国之状况及发展情形，向派遣国政府具报；

(5) 促进派遣国与接受国间之友好关系，及发展两国间之经济、文化与科学关系。

《外交公约》的第三条第二款还明确指出："本公约任何规定不得解释为禁止使馆执行领事职务。"第四十六条指出："派遣国经接受国事先同意，得应未在接受国内派有代表之第三国之请求，负责暂时保护该第三国及其国民之利益。"

为履行上述职能，在使馆内部总有一些机构是不可或缺的，纵然它们的名称在各国不尽相同，但执行的是相似的职能。

1. 馆长

使馆长是使馆中的核心。对外，他是国家元首的代表；对内，他负责领导全馆事务。依照《外交公约》第十四条第一款之规定，使馆馆长分为如下三级：

(1) 向国家元首派遣之大使或教廷大使，及其他同等级位之使馆馆长；

(2) 向国家元首派遣之使节、公使及教廷公使；

(3) 向外交部长派遣之代办。

同时，第二款明确规定："除关于优先地位及礼仪之事项外，各使馆馆长不应因其所属等级而有任何差别。"

2. 政治处

政治处在使馆中往往处于核心地位，以中华人民共和国驻法兰西共和国大使馆的政治处为例：

中国驻法国大使馆政治处全面负责两国在各领域进行双边往来与合作的政策及事务，直接受大使和公使的领导，下设分管政策研究、双边交流、内政研究、政党交流、新闻发布等事务的部门。

它的工作职责主要是协调两国政府间的关系，包括促进双边协议的达成、政府领导人的互访、推动双边开展全方位的合作与交流、协调双方在国际社会中的立场等。此外，它还负责中国驻法大使馆网站的建设和管理。①

3. 办公室

办公室是使馆中负责馆内和馆外的日常事务处理的重要部门,它的责任范围包括馆内的通讯保卫、档案保管、招聘当地雇员等日常事务。例如,中华人民共和国驻法兰西大使馆在其网页上明确指出:办公室负责使馆本部对内及对外的行政礼宾事务。②

4. 商务处

商务处(在各国的名称不一,但职能大致相同)主要负责派出国与驻在国之间的商务合作与交流,其组成人员通常由派出国负责商业贸易的相关部委派出。以中华人民共和国驻新加坡共和国大使馆经济商务参赞处为例,它一方面要对外宣传中国的外经贸政策、扩大双边的贸易,另一方面还要负责在新加坡的中资企业的管理和保护。可以说,商务处在两国的经贸往来中起着"桥梁"的作用。③

5. 领事处(部)

领事处(部)主要就是负责执行领事职务,因为《外交公约》第三条第二款规定:"本公约任何规定不得解释为禁止使馆执行领事事务。"以中华人民共和国驻日本大使馆的领事部为例,它下设四个组,分别为领事侨务组、证件组、护照签证组、警务组。这四个组的工作各有侧重。领事侨务组主要负责领事保护和侨团、侨民、华人事务。证件组主要负责各类证明。护照签证组主要负责本国公民护照更换、补发、延期和颁发旅行证,并办理外国人和外籍华人的赴华签证。警务组负责与日本有关部门的工作联系,打击犯罪。④

6. 武官处

武官处主要负责派出国与驻在国之间的军事关系的维持和发展,

---

① 中华人民共和国驻法兰西共和国大使馆官方网站"政治处简介"页面,http://www.amb-chine.fr/chn/zgzfg/zgsg/zzc/t151022.htm,访问时间:2011年9月3日。

② 中华人民共和国驻法兰西共和国大使馆官方网站"使馆本部简介"页面,http://www.amb-chine.fr/chn/zgzfg/zgsg/zgdsgbb/t151038.htm,访问时间:2011年9月5日。

③ 中华人民共和国驻新加坡共和国大使馆官方网站经济商务参赞处"主要职能"页面,http://sg.mofcom.gov.cn/aarticle/about/division/200309/20030900131364.html,访问时间:2011年9月6日。

④ 中华人民共和国驻日本大使馆官方网站"领事部简介"页面,http://www.china-embassy.or.jp/chn/lsfws/lsbzhjs/t178586.htm,访问时间:2011年9月6日。

其人员通常由派出国的防务部门派出。它的主要职责包括:搜集情报、了解情况、调查研究、负责军事交流和联合军演、开展结交军界朋友的工作、军事援助和军事训练。①

需要指出的是,武官处并不是在所有的驻外使馆都设立。武官处的设立与否与双方的军事关系密切相关,大国间通常都在对方的使馆中设立武官处。

7. 新闻处

新闻处主要负责大使馆的对外宣传事务。比如中华人民共和国驻法兰西共和国大使馆的新闻处就主要负责使馆的对外新闻宣传和与媒体的关系。它除了有促进双边新闻界的往来与合作、宣传中国的政策的职责外,还担负着代表使馆发布官方立场、消息与评论的重要责任。②

8. 文化处

文化处的相关人员由派出国的文化部门派出,主要负责文化相关的合作与交流。以中华人民共和国驻美利坚合众国大使馆文化处为例,它负责筹办和协助对美大型文化活动及在美多边国际文化活动,协调文化、广播、电视、电影、体育、出版、青年、妇女、民政、旅游等方面的对美交流项目,加强同美联邦政府文化机构的联系与合作。总而言之,它的目的就是要促进中美两国的文化交流与合作,加深两国人民的相互了解和友谊。③

9. 教育处

教育处由派出国的教育部门派出相关的人员,主要负责两国间与教育相关的事务。以中华人民共和国驻大不列颠及北爱尔兰联合王国大使馆教育处为例,它主要负责中英两国在教育领域的交流和合作,为中国留英学人提供宏观指导和相关服务。它下设交流组、留管组、办公室、财务室。其中,办公室和财务室是内部的管理机构,负责馆内的日

---

① 参见百度百科"武官处"词条,http://baike.baidu.com/view/4240446.htm#3,访问时间:2011年9月6日。

② 中华人民共和国驻法兰西共和国大使馆官方网站"新闻处简介"页面,http://www.amb-chine.fr/chn/zgzfg/zgsg/xwc/,访问时间:2011年9月6日。

③ 中华人民共和国驻美利坚合众国大使馆官方网站"文化处"页面,http://www.china-embassy.org/chn/sgxx/bmxx/whc/,访问时间:2011年9月6日。

常事务以及财务工作。交流组和留管组是对外的机构。交流组主要负责中英两国教育合作与交流、英国教育机构认证、汉语教学等方面的工作。留管组主要负责公派来英学生学者的管理和服务、自费来英学生学者的服务、在英留学人员回国、为国服务项目组织、管理和服务。①

10. 其他机构

需要指出的是随着时代的发展、分工的日益细致,大使馆内的机构设置日趋多样化。科技处在各个使馆相继出现,主要负责两国间的科技交流。警务联络处也开始在一些使馆出现,乃是因应了近年来跨国犯罪加剧、非法人口流动日益增加的大背景。有些机构的设置是依据派出国与驻在国的具体国情而设置的。比如,中华人民共和国驻美利坚合众国大使馆就设有"国会及地方政府事务处",负责"与美国国会联络,处理美国国会涉华事务,促进中美两国立法机构之间的交流,增进相互了解;与使馆所辖领区美国各级地方政府、民间组织等联络,促进中美地方政府之间的交往;促进中美民间外交活动"②。这就是考虑到了国会在美国对外决策中的重要作用。

(二)驻外使馆的人员组成

驻外使馆的职员大致可分为外交人员和非外交人员。外交人员的职务名称在各国略有差异。就中国而言,2009 年 10 月 31 日由中华人民共和国第十一届全国人民代表大会常务委员会第十一次会议通过并于 2010 年 1 月 1 日起施行的《中华人民共和国驻外外交人员法》对驻外外交人员的定义、职责、职务等内容做出了详细的规定。③ 该法第二条规定:"驻外外交人员,是指在中华人民共和国驻外外交机构中从事外交、领事等工作,使用驻外行政编制,具有外交衔级的人员。""驻外外交机构,是指中华人民共和国驻外国的使馆、领馆以及常驻联合国等政府间国际组织的代表团等代表机构。"

该法的第五条对驻外外交人员的职责做出了相应的规定:维护国

---

① 中华人民共和国驻大不列颠及北爱尔兰联合王国大使馆官方网站教育处"本处介绍——职能分工"页面,http://www.edu-chinaembassy.org.uk/,访问时间:2011 年 9 月 7 日。

② 中华人民共和国驻美利坚合众国大使馆官方网站"国会及地方政府事务处"页面,http://www.china-embassy.org/chn/sgxx/bmxx/swc/,访问时间:2011 年 9 月 7 日。

③ 《中华人民共和国驻外外交人员法》,http://www.gov.cn/flfg/2009—10/31/content_1454301.htm,访问时间:2011 年 9 月 7 日。

家主权、安全、荣誉和利益;贯彻执行国家外交方针政策;代表国家提出外交交涉;发展中国与驻在国之间的关系,参与国际组织活动,促进双边和多边友好交流与合作;维护中国公民和法人在国外的正当权益;报告驻在国情况和有关地区、国际形势;介绍中国情况和内外政策,增进驻在国和世界对中国的了解;履行其他外交或者领事职责。

该法的第六条和第七条对驻外外交人员的任职资格和条件作出了详细的规定。按照这两条的规定,一位合格的中华人民共和国驻外外交人员应当具有中华人民共和国国籍、拥护中华人民共和国宪法、拥有良好的政治素质和品行。同时,他还必须符合年满二十三周岁这一年龄要求,具有胜任工作所需的专业知识、工作能力和语言能力。此外,他还应当具有常驻国外所要求的身体条件、心理素质和适应能力以及法律规定的其他条件。

与此对应的是,有下列情形之一的,不得任用为驻外外交人员:曾因犯罪受过刑事处罚的;曾被开除公职的;曾被国家机关辞退的;持有外国长期或者永久居留许可的;配偶具有外国国籍;不得任用为驻外外交人员的其他情形。

这样就从正反两个方面对中华人民共和国驻外外交人员的任职资格做出了严格的规定。

按照驻外外交人员职务的分类,外交职务分为:特命全权大使、代表、副代表、公使、公使衔参赞、参赞、一等秘书、二等秘书、三等秘书、随员。外交的衔级被分为七级:大使衔、公使衔、参赞衔、一等秘书衔、二等秘书衔、三等秘书衔、随员衔。各类外交职务有其对应的衔级。

在外交人员中,除馆长、武官的人选需征得驻在国同意外,其他人员的任命均无需征得对方同意,也无需预先通知,驻在国发给入境签证就是同意的表示。他们的到、离任应通知驻在国外交部,到任后按规定申请办理各种身份证件,如外交官证、公务人员证以及登记签证等。

在使馆中除了外交人员外,还有大量的非外交人员,包括为使馆服务的事务人员,有司机、厨师、传达员、工勤人员等。此外,派遣国还可根据自己国家的法律规定和现实情况,聘用驻在国人员担任秘书、司机等项工作。

使馆的实际组成和规模大小,要由国家关系、实际需要、对等原则及派遣国的国力等因素决定。小的使馆可以小到只有馆长一人,大的使馆可以大到拥有几百名外交官。

二、驻外领馆

（一）驻外领馆的职能与机构设置

领馆又被称为领事馆，是派遣国经接受国同意，在接受国境内设立的执行领事事务的机关。领馆与使馆的一个重要的不同点在于：使馆的设立必须以外交关系的建立为前提，但领馆的设立则只需要以领事关系为前提。外交关系并不是领事关系存在的前提条件，领馆的设立无需以外交关系的建立为前提。1963 年 4 月 24 日订于奥地利维也纳的《维也纳领事关系公约》（以下简称《领事公约》）[①]第二条第二款和第三款对此有着明确的规定："除另有声明外，两国同意建立外交关系亦即谓同意建立领事关系"，"断绝外交关系并不当然断绝领事关系"。由于领事馆主要是派出国为维护和发展本国在驻在国的经济利益和侨民的利益而设立的，所以领事馆往往会开设在驻在国经济相对发达或侨民较多的地方。当然，这并非是领馆选址的唯一考量指标，地理因素或历史联系也常常被列入考量范围内。领事馆有自己一定的管辖范围，而且有等级之分：总领事馆、领事馆、副领事馆、领事代理处。两个建交国家是否互设领馆、设多少个领馆、设在哪里、什么级别、辖区多大，都需经两国协议商定。大使馆都设在接受国的首都，所以设在地方的领事馆在事实上即同时成为使馆的"分馆"。

一般而言，领馆内部的很多机构与使馆的内部机构有很大程度的类同性，比如政治处、办公室、商务处、领事处、文化处、教育处。它们的职能也大都与使馆的相应部门的职能类似。需要强调的是，领馆都有自己的辖区，领馆内各机构的职能的行使范围通常只限于对应的辖区。

《领事公约》第五条对领事职务做出了如下规定，这也是领事馆应当履行的职能：

(1) 于国际法许可之限度内，在接受国内保护派遣国及其国民——个人与法人——之利益；

(2) 依本公约之规定，增进派遣国与接受国间之商业、经济、文化及科学关系之发展，并在其他方面促进两国间之友好

[①] 《维也纳领事关系公约》，http://www.un.org/chinese/law/ilc/consul.htm，访问时间：2011 年 9 月 10 日。

关系;

(3)以一切合法手段调查接受国内商业、经济、文化及科学活动之状况及发展情形,向派遣国政府具报,并向关心人士提供资料;

(4)向派遣国国民发给护照及旅行证件,并向拟赴派遣国旅行人士发给签证或其他适当文件;

(5)帮助及协助派遣国国民——个人与法人;

(6)担任公证人、民事登记员及类似之职司,并办理若干行政性质之事务,但以接受国法律规章无禁止之规定为限;

(7)依接受国法律规章在接受国境内之死亡继承事件中,保护派遣国国民——个人与法人——之利益;

(8)在接受国法律规章所规定之限度内,保护派遣国国民之未成年人及其他无充分行为能力人之利益,尤以须对彼等施以监护或托管之情形为然;

(9)以不抵触接受国内施行之办法与程序为限,遇派遣国国民因不在当地或由于其他原因不能于适当期间自行辩护其权利与利益时,在接受国法院及其他机关之前担任其代表或为其安排适当之代表,俾依照接受国法律规章取得保全此等国民之权利与利益之临时措施;

(10)依现行国际协定之规定或于无此种国际协定时,以符合接受国法律规章之任何其他方式,转送司法书状与司法以外文件或执行嘱托调查书或代派遣国法院调查证据之委托书;

(11)对具有派遣国国籍之船舶,在该国登记之航空机以及其航行人员,行使派遣国法律规章所规定之监督及检查权;

(12)对本条第(11)款所称之船舶与航空机及其航行人员给予协助,听取关于船舶航程之陈述,查验船舶文书并加盖印章,于不妨害接受国当局权力之情形下调查航行期间发生之任何事故及在派遣国法律规章许可范围内调解船长船员与水手间之任何争端;

(13)执行派遣国责成领馆办理而不为接受国法律规章所禁止,或不为接受国所反对,或派遣国与接受国间现行国际协定所订明之其他职务。

（二）驻外领馆的人员组成

《领事公约》将领馆馆长分为总领事、领事、副总领事和领事代理人四个等级。同时又规定："不限制任何缔约国对馆长之外之领事官员设定衔名之权。"在各国领事实践中，多数国家使用《领事公约》规定的衔级名称。目前，《驻外外交人员法》将领事职务分为：总领事、副总领事、领事、副领事、领事随员。由于同属于外交人员，该法在任职资格、权利义务等方面对领馆中的外交人员和使馆中的外交人员有着相同的规定。

需要特别强调的是《驻外外交人员法》关于领事职务的分类中并没有《领事公约》中提及的"领事代理人"。此外，中国自 1949 年以来，"未曾委派过名誉领事，但接受名誉领事"[1]。

总领事是最高等级的领事官员，一般担任总领事馆馆长，负责一个大而重要的领区的工作，有时也是大使馆执行领事职务的最高一级的官员。副总领事是位于总领事之后的一级领事官员，派往总领事馆担任馆长的助手，协助馆长工作。在领馆馆长不能执行职务或缺位时，可被授权暂时代理领馆馆长的职务。领事可担任领事馆的馆长，也可在总领馆内担任总领事或副总领事的助手，承担分派的领事任务，分管某一方面的工作，如商务领事、科技领事、教育领事等。副领事可以担任副领事馆馆长或总领事馆或领事馆中总领事或领事的助手，承办具体的领事事务，如担任翻译、签证官员或护照官员等。领事随员协助领事或副领事承办一定的领事业务，如承办护照、签证、公证认证等事务。[2]

此外，与使馆一样，除了外交人员，领馆也有非外交人员，包括为馆服务的事务人员，有司机、厨师、工勤人员等。

第四节　外国驻华使领馆

严格说来，外国驻华使领馆不属于中国外事机构体系的组成部分，但处理与驻华使领馆的关系是外事工作的重要组成部分，因此，这里对外国驻华使领馆的机构及其职能作一简要介绍。

---

[1] 杨闯主编：《外交学》，世界知识出版社 2010 年版，第 304 页。
[2] 参见梁宝山：《实用领事知识》，世界知识出版社 2001 年版，第 6 页。

一、外国驻华大使馆

截至 2011 年 7 月 31 日,与中华人民共和国建交的国家共有 172 个。① 北京是中华人民共和国的首都,外国驻华大使馆都设在北京。

多年以来,外国驻华大使馆的馆址已经形成了较为固定的区域。在北京有三处使馆区:"第一使馆区"(南使馆区)、"第二使馆区"(北使馆区)、"第三使馆区"②。外国驻华大使馆的规模也大小各异,总体而言,各个大国在北京的大使馆都颇具规模。

以美国驻华使馆为例,依据美国驻华大使馆官方网站的介绍,"它是美国国务院历史上第二大海外建设项目。这一综合建筑群占地 10 英亩(4 公顷),为大约 950 名雇员创造了安全、舒适的环境……新使馆由五座建筑物构成,它们各具功能:一座 8 层的主办公楼,与其相邻的是一座 3 层的中庭办公楼,一座海军陆战队岗哨,一座领事办公楼,以及一个多用途的附楼。新使馆位于北京紫禁城东北方向,三环外亮马河附近的第三使馆区……"③。

从美国驻中国大使馆的机构设置上来看,与一般的驻外使馆并无太大差别,主要包括以下一些机构:商务处、农业处、美国国际发展署、国土安全部驻北京办事处、经济处、公共事务处(新闻、文化)、信息资源中心、环境科技处、签证处、美国公民服务处等。④

二、外国驻华领事馆

截至 2011 年 8 月,外国驻华(不含台湾地区)领事机构共有 226 个。其中,有 213 个总领事馆、六个领事馆、一个领事代理处、六个领事办公室。从分布上来看,主要集中于上海、广州、香港等城市,另有一些

---

① 参见《中华人民共和国与各国建立外交关系日期简表》,http://www.fmprc.gov.cn/chn/pds/ziliao/2193/,访问时间:2011 年 9 月 12 日。
② 参见维基百科"北京使馆区"词条,http://zh.wikipedia.org,访问时间:2011 年 9 月 13 日。
③ 美国驻华大使馆官方网站"位于北京的新大使馆综合建筑群简介"页面,http://chinese.usembassy-china.org.cn/about-us.html,访问时间:2011 年 9 月 14 日。
④ 详情参见美国驻华大使馆官方网站"使馆部门"页面,http://chinese.usembassy-china.org.cn/offices4.html,访问时间:2011 年 9 月 15 日。

分布在边境省份的省会城市,如拉萨、昆明、呼和浩特、南宁等。①

上海作为中国第一大城市,是外国领事机构最多的城市。以美国驻上海的总领馆为例,它"始建于1844年,并于1980年重新开馆。现址位于淮海中路1469号一座20世纪早期建造的宅邸内。另外,领馆也在梅陇镇广场和南京西路上海商城设有办公室"②。它下设签证处、公民服务处、政治经济处、新闻文化处、商务处、农贸处。

其中,公民服务处"向美国公民提供日常服务及发生紧急情况时的服务。日常服务包括:文件公证、更新护照及其他公民服务。紧急情况包括:美国公民的死亡和被拘捕"③。

"政治经济处就各种议题向美国政府汇报,为美领馆的工作提供最大支持。内容包括:双边贸易问题,如市场准入和知识产权;宏观经济政策;政府各部门政策以及劳工等其他问题。政治经济处也为来访的美国政府代表团提供帮助,并与各种中国政府和组织保持联系。"④

新闻文化处的职能包括:处理有关总领事馆同新闻媒介的关系并负责美国政府在中国华东地区的所有官方教育和文化交流项目。此外,它还协助由私人赞助的美国在华东地区的交流活动。新闻文化处还管理一个信息咨询中心,向中国各界人士提供全面、准确、及时的有关美国社会、外交、安全、经济事务、方针政策、文化交流等信息资料.以增进中美两国间的文化交流和相互了解。⑤

商务处负责商务方面的工作。农贸处设立于1996年,它的职责是"推动和扩大美国食品和农产品向华东和西部地区的出口"⑥。

---

① 参见维基百科"驻中华人民共和国领事机构列表"词条,http://zh.wikipedia.org,访问时间:2011年9月25日。

② 美国驻上海总领事馆官方网站,http://shanghai-ch.usembassy-china.org.cn/about_the_consulate.html,访问时间:2011年9月16日。

③ 美国驻上海总领事馆官方网站"美国公民服务"页面,http://shanghai-ch.usembassy-china.org.cn/service.html,访问时间:2011年9月16日。

④ 美国驻上海总领事馆官方网站"政治经济处"页面,http://shanghai-ch.usembassy-china.org.cn/political_and_economic_section.html,访问时间:2011年9月16日。

⑤ 详情参见美国驻上海总领事馆官方网站"新闻文化处"页面,http://shanghai-ch.usembassy-china.org.cn/public_affairs.html,访问时间:2011年9月16日。

⑥ 美国农业部官方网站"美国农业贸易处上海办公室"页面,http://www.usdachina.org/index_sh.asp?functionID=090704,访问时间:2011年10月20日。

三、外交特权与豁免

"外交特权是指使馆及其人员在接受国享有的超越接受国国内法赋予其法人与自然人的权益。外交豁免是指使馆及其人员所享有的免除当地法律条款的待遇。"①

为了保证外交代表机关以及外交人员进行正常外交活动,各国根据相互尊重主权和平等互利的原则,按照国际惯例和有关协议相互给予驻在本国的外交代表、外交代表机关和外交人员一种特殊权利和优遇。这种特殊权利和优遇,在外交上统称外交特权和豁免。中国过去曾把外交特权和豁免统称为优遇,即优惠的待遇。也有的国家称为豁免权和优例,但无论哪种说法,其内容并无多大差别。

目前公认的关于外交特权与豁免得以存在的理论依据是"职务必要说"。《外交公约》对此有着明确的说明:"此等特权与豁免之目的不在于给予个人以利益而在于确保代表国家之使馆能有效执行职务。"《领事公约》也明确指出:"此等特权及豁免之目的不在于给予个人以利益而在于确保领馆能代表本国有效执行职务。"这一理论认为,给外国使节以某种优遇和保护,使他敢于进入异国,包括正在交战的敌人,这是国家间能够处理和解决问题必要的基础。因此,使领馆和使领馆人员的特权和豁免是有效地执行职务所必需。

依据《外交公约》和《领事公约》的规定,外交特权与豁免可以被分为两大部分:使领馆享有的便利、特权与豁免;外交人员享有的特权与豁免。

(一)使领馆享有的特权与豁免

1. 获得馆舍和执行职务的便利

使领馆为正常履行职能需要合适的馆舍,包括办公室和使领馆人员的住所,一般来说,馆长更需要有单独的寓所。获得馆舍一般有三种途径:租赁、购买(包括购买地皮自行建造)或互为对方在各自的国家新建。② 接受国应当按照接受国法律为派遣国在其境内置备馆舍提供一切必要的协助,或协助其获得房舍。同时,还应当为使领馆执行职务给予充分的便利。《外交公约》第二十一条规定:"一、接受国应便利派遣

---

① 杨闯主编:《外交学》,第128页。
② 黄金祺:《概说外交》,世界知识出版社1995年版,第87页。

国依照接受国法律在其境内置备派遣国使馆所需之馆舍,或协助派遣国以其他方法获得房舍。二、接受国遇必要时,并应协助使馆为其人员获得适当之房舍。"第二十五条规定:"接受国应给予使馆执行职务之充分便利。"《领事公约》第二十八条也作出了大致相同的规定。

2. 使用国旗和国徽

国旗和国徽是国家主权的象征和标志。在一个主权国家的领土上,他国公民和团体一般不得随意悬挂本国国旗和国徽。《外交公约》和《领事公约》分别给予使领馆以悬挂国旗和使用国徽的特权。《外交公约》第二十条规定:"使馆及其馆长有权在使馆馆舍,及在使馆馆长寓邸与交通工具上使用派遣国之国旗或国徽。"这表明使领馆及其馆长作为派遣国的代表,在接受国中享有特殊的地位和尊严。当然,除了使领馆办公处外,只有馆长才有权在住所和交通工具上使用国旗和国徽,非馆长的外交人员没有这项特权。而且,行使这项权利时,"对于接受国之法律规章与惯例应加顾及"。

3. 馆舍和档案文件不可侵犯

根据《外交公约》和《领事公约》的相关规定,使领馆的馆舍不论是永久性的或临时性的,都不得侵犯。接受国官吏非经使领馆馆长许可,不得进入使领馆馆舍。接受国负有特殊责任,采取一切适当步骤保护使领馆馆舍免受侵入或损害,并防止一切扰乱使领馆安宁或有损使领馆尊严之情事。使领馆馆舍、设备、馆舍内其他财产以及使领馆交通工具免受搜查、征用、扣押或强制执行。

《外交公约》和《领事公约》还对双方断绝外交关系或领事关系等情势下,接受国和派遣国就馆舍相关问题应当承担的权利与义务做出了规定与说明。两国断绝外交关系或领事关系,或遇使领馆长期或暂时撤退时,接受国务应尊重并保护使领馆馆舍以及使领馆财产与档案,纵有武装冲突情事,亦应如此办理;派遣国得将使领馆馆舍以及使领馆财产与档案委托接受国认可之第三国保管;派遣国得委托接受国认可之第三国代为保护派遣国及其国民之利益。

使领馆的档案和文件"无论何时,亦不论位于何处,均属不得侵犯"。《领事公约》第一条对"领馆档案"做出了如下定义:"领馆之一切文书、文件、函电、簿籍、胶片、胶带及登记册,以及明密电码、纪录卡片及供保护或保管此等文卷之用之任何器具。"

4. 通讯自由

使领馆为了履行职务必须保持同派遣国政府的通讯联系,而且必须确保这种联系的经常、迅速和秘密,以便能及时向派遣国政府报告情况并从派遣国政府得到指示。因此,通讯自由是使领馆正常履行职务所必不可少的条件。因此,《外交公约》和《领事公约》都规定,接受国应当准许使领馆为一切公务目的,而进行自由通讯,并给予保护。使领馆可采用一切适当办法包括外交信差和明密码电信在内,与派遣国政府及该国设在其他地方的使领馆进行联络。通讯方法通常有两种,一是由信使递送外交邮袋和领事邮袋,二是直接用电报通讯,包括密码电报。外交邮袋和领馆邮袋不得予以开拆或扣留,但构成外交邮袋和领馆邮袋的包裹需要在外部进行标记,仅限装载来往公文及外交文件、公务文件或专供公务之用的物品。电报通讯可以使用接受国邮电部门给予优惠待遇的政务电,也可以经接受国同意,在使领馆装置并使用无线电发报机。①

(二) 外交人员享有的特权与豁免

1. 外交代表人身不可侵犯

《外交公约》第二十九条规定:"外交代表人身不得侵犯。外交代表不受任何方式之逮捕或拘禁。接受国对外交代表应特示尊重,并应采取一切适当步骤以防止其人身、自由或尊严受有任何侵犯。"

接受国政府、军警和其他人员不得对外交人员进行人身搜查、逮捕或拘禁、侮辱,即使外交人员触犯接受国的法令,在一般情况下,也不加以拘捕或扣留,而是通过外交途径进行交涉,求得解决。接受国有义务采取必要的措施(包括派警卫人员)对外交人员加以保护,以防止其人身遭到侵犯;对那些侵犯外交人员人身安全的肇事者,接受国应依法惩处,并向受害者及其使馆表示歉意。

当然,不可侵犯权并不是绝对的。对于外交人员违反接受国规章的一般行为,如驾车违章、无意闯入禁区等,接受国有关人员有权指出其错误,并要求其注意。当外交人员的行为严重地危害当地社会秩序或接受国的安全,不加以制止则损害将继续扩大时,如进行政治阴谋、

---

① 黄金祺:《概说外交》,第 88 页。

间谍活动、行凶、酒醉开车肇事等,接受国可以在现场采取必要的措施,包括现场监视、暂时拘捕等,予以制止。

2. 寓所和财产不受侵犯

根据《外交公约》和《领事公约》的规定,使领馆人员的私人寓所与使领馆馆舍一样,享有同样的不受侵犯的权利。而且,外交人员的文书、信件及财产都不得侵犯,接受国有义务予以保护。

3. 行动和通讯自由

《外交公约》第二十六条规定:"除接受国为国家安全设定禁止或限制进入区域另订法律规章外,接受国应确保所有使馆人员在其境内行动及旅行之自由。"《领事公约》第三十四条规定:"除接受国为国家安全设定禁止或限制进入区域所订法律规章另有规定外,接受国应确保所有领馆人员在其境内行动及旅行之自由。"

使领馆人员同样享有通讯自由,包括同派遣国政府联系,在接受国同派遣国国民通讯及会见的自由。

4. 管辖豁免

外交人员在接受国享有刑事管辖、民事管辖和行政管辖豁免。

根据《外交公约》和《领事公约》的规定,外交人员在接受国触犯刑法时,如果派遣国不放弃豁免,接受国的司法机关不能对他提起诉讼或进行判决,一般是通过外交途径解决。对触犯接受国法律的外交人员,如是一般违法,通常由接受国外交机关向有关代表机关提请注意或发出警告。如违法和犯罪情节比较严重,接受国可宣布其为"不受欢迎的人",要求派遣国限期将其召回。当严重威胁接受国安全时,接受国对犯罪的外交人员可予以驱逐出境。在这方面,领事官员享有的豁免相对外交人员限制更多,领事官员犯重罪,接受国可以实施逮捕,而外交官员即使犯重罪也不能逮捕。

外交人员所享有的民事管辖豁免的情况与刑事豁免大致相同。接受国不得因外交官的债务而对他提起诉讼或进行判决。但是,《外交公约》在第三十一条中,规定了下述情况外交人员不能援引民事管辖的豁免权:涉及外交人员在接受国私有不动产的物权(如房屋)诉讼;外交人员以私人身份卷入的遗产继承诉讼;外交人员在接受国从事获利的商业和其他私人职业活动引起的诉讼,上述情况都不适用外交豁免。

根据《外交公约》的规定,外交人员对接受国的行政管辖享有豁免。

各国的法令和实践一般都规定这项豁免。例如,外交人员除向接受国外交部按规定作到任、离任通知并办理身份证件外,不作户口登记,不服兵役,外交人员的死亡、子女出生等都不履行接受国有关行政规定的手续。

与管辖豁免相关,《公约》还规定:"外交代表无以证人身份作证的义务"。有的国家法院按国内法随意下令要使馆人员出庭作证,这是不能接受的。当然,如果派遣国同意,外交人员也可为某一案件作证。

5. 其他特权

外交人员还有诸如免纳捐税、关税、所得税和免验的特权,还有免于适用接受国施行的社会保险办法、免除各种公共服务等特权。

外交代表机关公用物品和外交人员及其家属私人用品入境免纳关税。外交代表机关的公用物品一般指国旗、国徽、馆牌、办公文具、表册等。对于汽车、建筑材料、烟、酒之类的物品,在许多国家则认为是私人物品,一般均予以免税放行,但规定有一定的限额。为了维护本国的政治和经济利益,各国根据各自情况对外交代表机关和外交人员公私物品进出口,在数量、品种、出售、转让等方面都有所限制。在数量上,各国一般都掌握在一个合理的数量范围内,对超出部分则要求纳税甚至禁止进出口。有些国家用税额加以限制,每次进口物品由海关估税登记入册,每年结算一次。有的国家规定具体数量。例如,1974年西班牙规定大使每年可免税进口各种酒类80箱、烟77,000支,其他外交官酒45箱、烟36,250支。

在品种上,各国一般都规定不准携带或寄运违禁品,如军火、毒品、珍贵文物、敌视接受国的宣传品等。对携带的金银、外币须办申报手续。我国海关列入禁止进口的物品有:各种武器、弹药、无线电收发报机和器材(如需进出口上述物品须办申报手续)、爆炸物品、人民币,对中国政治、经济、文化、道德有害的手稿、印刷品、胶卷、照片、影片、录音带、录像带等,毒药、能使人成瘾癖的麻醉药品和鸦片、吗啡、海洛因等。禁止出口的除上述物品外,还有未经核准的外国货币、内容涉及国家机密的各种材料、珍贵文物、贵重金属、珍宝、图书等等。为防止病疫的传染,各国还规定了各种检疫条例。如新西兰、日本、美国等对动植物检疫管制很严,各种肉类、动植物制品甚至草类等列为违禁品,不得进口。

通常各国都规定外交代表机关和外交人员免税进口的物品不得任

意转让,须事先经过海关批准。如转让给享有豁免关税待遇的人,可予免税,否则应照章纳税。

应该指出的是,既然是外交特权和豁免,顾名思义就是凡具有外交身份,从随员到大使的所有外交官都享有特权和豁免。根据《外交公约》和《领事公约》的规定,外交官的随行家属包括他们的配偶和未成年子女,也都享有外交特权和豁免。使领馆中不具有外交身份的行政和技术职员也享有部分特权和豁免。此外,出国访问的国家元首、政府首脑、部长、特使、联合国系统组织的代表、途经或做短期逗留的第三国外交人员,也应享有特权和豁免。①

外交人员享有豁免权,但亦可放弃豁免权,服从接受国的管辖。凡外交人员放弃管辖豁免,得由派遣国或其外交代表机构明确表示后,方可确认。豁免的放弃通常有两种情况。第一,如果外交人员或其配偶在接受国为私人利益从事某种职业或经商,则他们就丧失了外交人员身份,同时就放弃了享有的外交特权和豁免。第二,享有管辖豁免的外交人员主动向当地法院提起诉讼,这表明他使自己负有服从法院规章的义务。因此,当被诉者提起同主诉直接相关的反诉时,该外交人员就不能要求管辖豁免。②

(三)外交特权与豁免被滥用的问题

使领馆和外交人员的外交特权和豁免不是绝对的,而是有限度的,即以职务需要为限度。如外交邮袋不得开拆和扣留,但当接受国政府有充分理由认为邮袋内装有违禁物品时,可以拒绝运送,或要求退回原地。为保证外交特权和豁免不被滥用,《外交公约》和《领事公约》还规定了使领馆和外交人员的义务,包括尊重接受国的法律和规定,不干涉接受国内政,不利用使领馆馆舍进行同使领馆职务不相符的用途,不在接受国为私人利益从事专业或商业活动。尽管如此,在实践中外交特权与豁免也存在着滥用的问题。这里主要介绍两个方面的内容。

1. 馆舍充作与使领馆职务不相符的用途

这主要包括两个方面。其一是馆舍成为庇护触犯接受国法律的人

---

① 黄金祺:《概说外交》,第 90 页。
② 百度百科"外交特权与豁免"词条,http://baike.baidu.com/view/37996.htm,访问时间:2012 年 1 月 6 日。

的场所,也就是通常所说的外交庇护问题。因为使领馆馆舍具有不可侵犯的权利,所以这也成为外交庇护得以在一些地方存在的重要原因。但除了在一些拉丁美洲国家外,外交庇护很难获得普遍的认同,因为派出国与接受国在寻求庇护者的身份定义方面存在差异。接受国通常认为那些要求庇护的人员是刑事犯,而不是政治犯。

其二是馆舍成为拘押人员的场所。比如孙中山先生就曾经被清政府在伦敦的外交机构所拘禁。这也是馆舍充作与使领馆职务不相符的用途的表现。

2. 外交人员滥用外交特权与豁免

外交人员滥用外交特权与豁免的表现有很多。比如外交人员在接受国肆意违反接受国的交通法规、走私文物、利用外交邮袋装载非公务的物品、利用免税特权来进行贸易获利等行为都是外交特权和豁免滥用的表现。

为了预防和惩治外交特权与豁免的滥用,各国都出台了相关的法律法规。中国就颁布实施了《中华人民共和国外交特权与豁免条例》[1]来防止外交特权与豁免的滥用,当然这也是为了避免损害外交特权与豁免的行为发生。

---

[1] 《中华人民共和国外交特权与豁免条例》,全文参见 http://www.mfa.gov.cn/chn/pds/fw/lbfw/qita/t540224.htm,访问时间:2011 年 9 月 22 日。

第四章　外事人员

行己有耻,使于四方,不辱君命,可谓士矣。

——《论语·子路》

外事人员需要具备作为有成就的实业家、行政人员和文职人员所具备的品质。他不仅应该是这些方面的专家,而且还必须了解别的国家、文化和社会,并且懂得他们之所以存在的依据。

——〔英〕费尔萨姆①

外交部干部是不穿军装的解放军。

——周恩来②

外事工作归根结底是人的工作,需要由具备一定专业经验和素质的人员来完成。外事人员是外事工作有序、有效进行的重要保障。

第一节　外事人员的概念、分类

外事人员是依法在中央和地方国家机关、企事业单位、人民团体及其他组织中处理涉外事务、从事外事管理工作、负责外事行政事务和支持工作的人员的统称。外事人员是外事工作的重要主体,正因为他们的存在,外事工作才能够得以由点到面,有序、有组织地进行。他们同时为外事工作提供了基本的智力支持,为外事工作持续展开奠定了智

---

① 转引自王福春:《外事管理学概论》,第129页。
② 转引自黄金祺:《概说外交》,第10页。

力基础。

从组织构成的角度看,外事人员是外事组织的人员组成主体。按照组织运行的层级来划分,外事人员可以分为组织领导人、管理人员和执行人员。而根据外事工作的性质和内容,外事人员则可以分为以下几类:外交人员、外事管理人员、从事涉外后勤保障工作的外事人员、基于特殊职业身份的外事人员以及临时性外事人员。

一、外交人员

相对于其他几类外事人员,外交人员具有很强的官方色彩和政治色彩。外交人员主要指在国与国之间处理外交事务的人员。但从实践层面讲,外交人员主要指外交官,即依据特定的任命和接受程序而专门以国家的名义从事国与国之间交往工作的工作人员。

外交官分为两种:(1)在一国国内主管外交的政府部门任职的官员,其主要职责是处理与一国对外关系有关的各种事务。如我国外交部长及以下的各种官员。(2)一国派驻其他国家的外交人员,如大使、公使、代办、参赞、秘书以及武官、商务代表等。在这两类中,外交官在多数情况下单指后者,即驻外外交官。

按照任职时间,外交官可以分为职业外交官和非职业外交官。职业外交官属于文官或公务官员类,是指将外交作为终身职业,通过层级制进行级别晋升的外交官。一般来说,绝大多数国家驻外的公使、参赞、外交秘书等都属于职业外交官。非职业外交官属于政务官,一般由国家首脑委任,其任期往往和政府任期或政府的利益抉择密切相关,如各国的外交部长和一些国家的驻某特定国家的大使,以及由职业军人担任的驻外武官等都属于非职业外交官。

按照《中华人民共和国驻外外交人员法》的规定,驻外外交人员,是指在中华人民共和国驻外外交机构中从事外交、领事等工作,使用驻外行政编制,具有外交衔级的人员。驻外外交人员通常在派遣国设在驻在国的使馆、领馆或代表处等地点办公,外交职务分为特命全权大使、代表、副代表、公使、公使衔参赞、参赞、一等秘书、二等秘书、三等秘书、随员等。领事职务分为总领事、副总领事、领事、副领事、领事随员。外交衔级设七级:大使衔、公使衔、参赞衔、一等秘书衔、二等秘书衔、三等秘书衔、随员衔。驻外外交官的职务与职衔对应关系如下:

(一)特命全权大使:大使衔;
(二)代表、副代表:大使衔、公使衔、参赞衔;
(三)公使、公使衔参赞:公使衔;
(四)参赞:参赞衔;
(五)一等秘书:一等秘书衔;
(六)二等秘书:二等秘书衔;
(七)三等秘书:三等秘书衔;
(八)随员:随员衔。

(一)总领事:大使衔、公使衔、参赞衔;
(二)副总领事:参赞衔;
(三)领事:参赞衔、一等秘书衔、二等秘书衔;
(四)副领事:三等秘书衔、随员衔;
(五)领事随员:随员衔。

常驻外交官的主要职责是代表国家处理和驻在国的相关事务,与驻在国政府进行联系和办理各种交涉,商谈两国关心的国际问题和交涉两国关系上存在的问题,促进本国和驻在国之间的友好关系和两国在经济、文化和科技等方面的合作。与此同时,在国际法规定的范围内,常驻外交官还担负着管理本国公民、侨民、企业以及为其提供服务的职责。除此之外,常驻外交官的重要职责还包括:通过合法途径了解和调查驻在国的政治、经济、军事等各方面的情况和事态,并向本国政府进行报告。

按照国际法惯例,驻外外交官在所驻国享有外交特权和优遇。外交官可以免于受驻在国的刑事、民事、行政的管辖,除非派遣国主动放弃这种豁免。亦即是说,外交官虽然享有驻在国的豁免权,不受驻在国的管辖,但是并不免于派遣国的管辖。与此同时,驻在国也拥有自由裁量权,可以在任何时候宣布任何外交人员为不受欢迎的人,并且不必要做任何解释。在这种情况下,派遣国将召回该外交官,或解除该外交官在外交使团中的职务。

二、外事管理人员

外交人员因其专业性和高度的政治性,在外事人员的组成中占据了首要的位置。在全方位、多层次的外事格局中,还有许多人承担着其他层面的外事管理工作,我们称之为外事管理人员,之前也更多地称为外事干部。与外交人员一样,外事管理人员是外事人员的主体,承担着各自层面的对外交往工作。从实践中看,按照所属机构的不同,主要可以分为以下四类:

第一,中国共产党机关及其工作部门的外事管理人员。中共中央设有中共中央对外联络部,负责党际交流与合作。目前,中国共产党已与世界上140多个国家的400多个政党和组织建立了联系和往来。中共中央各直属机关内部设有自己的外事机构,负责本系统的对外联络、宣传、交流和业务管理,如中央纪律检查委员会的外事局,统战部的港澳台、海外联络局等。

第二,国家机关及其工作部门的外事管理人员。在中央一级,全国人大、全国政协、最高人民法院、最高人民检察院等国家机关都设立外事机构,负责相关领域的对外交往。全国人大下设外事委员会,全国人大常委会办公厅下设外事局,专门负责与各国议会的交往工作。最高人民法院设立外事局,最高人民检察院设立国际合作局。国务院各部委除了外交部之外,都设有对外交流与合作的机构,如发展与改革委员会的外事局,教育部的国际合作与交流司,科技部的国际合作司,等等。在地方一级,地方人大、地方政协、法院和检察院、地方政府及其工作部门也都设有从事对外联络和国际合作的工作机构。

第三,人民团体中的外事管理人员。这主要指在中华全国总工会、中国共产主义青年团、中国科学技术协会、中华全国工商联合会、中华全国妇女联合会、中国全国归国华侨联合会、中华全国台湾同胞联谊会、中华全国青年联合会等人民团体的外事管理部门工作的人员。如全国总工会、全国妇联、中国共产主义青年团等机构都设有国际联络部,负责统一协调管理各自领域的国际联络、对外宣传工作,承担出访组团、来访接待和有关国际会议、国际合作项目的联系和组织协调工作。

第四,国有企事业单位中的外事管理人员。中国的国有企事业单位都设有主管对外合作与外事的机构,如中国石油化工集团公司的外事局,中国核工业集团公司的国际合作开发部,中国社会科学院的国际合作局,北京大学的国际合作部等,这些机构及其工作人员负责各自单位的对外交流与国际合作事项及单位人员出访、来访接待等外事管理工作,企业的外事部门还具体实施企业"走出去"战略。

三、从事涉外后勤保障工作的外事人员

作为一个有机整体,外事人员除了外交人员和一般性的外事业务管理人员外,还有一个重要的组成部分——后勤保障人员。这主要指在外事工作中从事后勤服务和技术支持的专业人员,或者说,在外交代表机关中担任服务及技术事务的人员。这类外事人员主要包括以下两种:

一种是指在政治性极强的外交代表机构中担任技术支持和后勤保障的人员。比如使领馆的文书、主事、翻译、打字员、会计等。

一种是在一般性涉外机关中从事涉外服务和后勤保障的人员。比如涉外导游、涉外宾馆的接待人员、服务人员等都属此类。

四、基于特殊职业身份的外事人员

相对于前三类外事人员,这类外事人员的身份比较特殊。这类外事人员从职业特性上并不是专业外事人员,但是由于其职业的特点,决定了其工作具有相当的涉外成分,比如海关工作人员和一些边防工作人员都属于此类。

五、临时性外事人员

临时性外事人员也比较特殊。这类外事人员的身份具有一定的特殊性和临时性的特点。他们并不是专业外事机构的人员。他们往往属于不同的行业领域,并具有相当的专业经验、职业素养和高度的政治忠诚。在日常的工作中,他们在很多时候只是各自领域的领导、专家或技术人员,但是在特定的情境下,他们需要代表政府机关、企事业单位或社团进行跨国交流、合作。在这种情境下,他们被赋予了临时性外事人员的身份。比如,一名研究国际政治的教授在日常的工作中,他只是一名行业内的专家,但是,当他代表国家参加国际性的谈判时,其身份就具有了外事人员的色彩。又比如奥运志愿者,在日常的工作和生活中,他们是普通的公民,而当他们是奥运志愿者的时候,却具备了外事人员角色特点。

第二节　外事人员的工作特点

由于所处岗位的差异，不同类别的外事人员具有不同的工作特点。但是从根本上讲，不管是专业的外交人员、外事干部还是一般性的外事技术、后勤人员，抑或是因为职业身份或特殊情境而担负外事职责的人员，从根本上都属于一国"大外交"的范畴。也正因为如此，尽管身份类别不同，但是几类外事人员在工作上仍旧具有极强的共性。综合来看，外事人员的工作特点主要体现于以下几点：

一、政治性和事务性并重

外事工作具有高度的政治性和事务性。任何外事活动，尤其是官方外交活动从根本上都是维护本国国家利益，实现本国对外政策的一个重要手段。因此，任何一个外事组织和外事机关、任何一个外事人员都必须讲政治，都必须在内心深处认识到国家在自己工作中的位置。

具体来看，外事人员工作的政治性主要体现在以下两点：(1)祖国唯一，人民至上。外事人员首要的岗位职责就是要在思想上做到心中有国，以维护国家主权和尊严、维护和扩大本国利益、树立国家形象为根本宗旨，严格执行政策、遵守纪律。认识主权国家是外交的主体，对于任何一位从事外交、外事和涉外工作的人员来说都是非常重要和必要的。[①] 外事人员在日常的工作中必须充分意识到，国家——中华人民共和国是我们对外交往的主体，也是我们自身工作的后盾和依托。(2)行动上要体现高度的纪律意识和忠诚感，要始终与党和政府大政方针政策保持高度一致。从本质上，外事工作和国家形象、国家利益紧密相连。这要求外事人员队伍具有极强的纪律性和极高的政治忠诚度。外事队伍是纪律队伍。外事人员在实际的工作实践中，必须在行动上始终与党和政府保持高度一致，严格贯彻执行国家对外方针政策、涉外法律、法规以及党和政府关于外事工作的指示和决定。

外事活动高度政治性需要以高度的事务性为基础。正因为外事活

[①] 黄金祺：《外交外事知识和技能——涉外人员素质修养》，世界知识出版社1999年版，第93页。

动具有高度的政治性,所以其事务性也显得愈发重要。在实践中,每一项外事活动和外事工作都具有极强的事务性。可以说,任何一桩外交盛事都是由一系列看起来是事务性的"小事"所组成,并由相应的工作人员"各司其职",互相配合,才能完成。① 这种高度的事务性则使得外事人员的工作具有两种特点:一是工作作风需严谨,业务需精干;二是心态需平和,集体主义意识要强。

二、复杂性和艰巨性并存

外事无小事。相对于一般性的事务管理工作或技术工作,外事工作具有高复杂性的特点。这就意味着,外事工作人员的工作具有一般职业工作人员很难企及的复杂性和艰巨性。

外事人员工作的复杂性和艰巨性主要体现于两个方面:(1)外事人员需要在授权有限的情况下解决复杂多变的问题。外事人员,尤其是外交人员,在处理问题时虽然有一定的授权,但是这种授权是有限的,不能僭越身份行动,更不能违背党和政府的大政方针政策。周恩来总理生前曾经严肃指出:"外交是国家与国家的关系,外交工作的一切都必须注意事先请示,事后报告"、"不准边斩边奏,更不准先斩后奏"②。外事人员绝对不能自作主张,自行其是,绝对不能说与政策相违背的话,不能做与政策相违背的事,必须遵守相关的政策和外事纪律,做有必要的"请示报告"。这就意味着,外事人员必须在复杂多变的局势面前保持高度纪律性和政策性的同时,能够采取灵活机动的行动。这种度的把握是一项非常艰巨和复杂的任务。(2)外事人员需要有高适应性和高应变性。外事活动,尤其是外交活动往往牵涉不同国家、组织。而在现实中,国际政治和利益格局不是静止不变的,反而是复杂多变的。一个议题上的盟友很有可能是另一个议题上的敌人。一个今日还是平静的国家,明日却可能陷入骚乱和政变的泥潭。而这些复杂多变的形势,很大程度上需要我们的外事人员对各种形势具有高适应性和高应变能力。

---

① 同上书,第94页。
② 《周恩来选集》下卷,人民出版社1997年版,第91页。

三、技巧性和艺术性共生

外交、外事和涉外工作是一种艺术和技巧,需要我们去驾驭。[①] 与一般性的工作一样,外事工作也有其特有的规律和惯性。这决定了外事人员需要以科学的态度对待外事工作,掌握外事工作的技巧。在另一方面,外事工作也是一种艺术性的工作,需要在原则性和灵活性之间达成巧妙的均衡。这一点意味着外事人员不能机械化地看待和运用外事工作的技巧,而应当以一种动态、艺术的眼光看待自己的工作。

(一)外事工作的技巧性

外事工作的技巧性体现在以下三个方面:

第一,外事工作需要外事人员掌握诸多领域的知识。一名合格的外事人员需要在政治、外交、语言交流、管理等诸多方面具有相当的知识积累和实践能力。比如,一名外交官必须具备一定的语言能力,为跨国交流打下良好的语言基础。再比如,一名主管经济贸易的外事人员必须在经贸领域具有相当的专业知识和实践经验。而事实上,我们也能够看到,在诸多外事人员专业培训机构或大学,其主要的工作之一就是搭建外事人员的外事知识基础和实践技巧。

第二,外事工作的语言沟通具有相当的技巧性。相对于其他行业的沟通管理,外事工作具有自己独特的语言沟通系统。外事人员在与他人交谈时,谈话的具体内容要恰当,表达方式要得体。这其中的分寸掌握具有极强的技巧性。不同的话语表达透露着不同的态度,达到的效果也大相径庭。一名优秀的外事人员在面对媒体质询时不仅应该了解政策、吃透政策,熟练掌握口径,更应该能将口径或政策化解成平易近人的语言,使人不反感、愿意听,并乐意接受。比如一名发言人,在就某一问题回答国内外记者提问时,回答"你提的问题非常重要,我要去查一下"往往会比简单的"无可奉告"更能体现真诚和大度。老一辈国家领导人在外事交往中也有很多运用语言技巧的经典例子。1979年邓小平同志访美时,美国总统国家安全事务顾问布热津斯基在家宴中问邓小平:"中美建交,卡特总统在美国遇到亲台湾势力的阻挡,不知道您在贵国是否也遇到同样的麻烦?"邓小平同志几乎不假思索地回答:

---

① 黄金祺:《外交外事知识和技能——涉外人员素质修养》,第 101 页。

"当然有,台湾省就反对。"这样经典的回答非常值得我们细细体会和学习。①

第三,外事工作的礼仪体系具有很强的技巧性。外事工作在很多时候是接待人、与人进行沟通的工作。外事工作有自身礼仪体系。外事工作人员在接待外宾时,不仅需要依据客人的访问规格、身份等方面做不同的接待规划,还需要充分考虑到客人的宗教、种族、习俗等背景。比如,对于国外领导人的"正式访问"和"非正式访问",其礼仪规格就是不一样的。又比如,在外事交往中,礼物的选择要充分意识到"十里不同风,百里不同俗",无论如何都不应冒犯对方的禁忌。这些知识或经验,看似简单,实际上蕴含着很深的技巧。

(二)外事工作的艺术性

外事工作的艺术性体现在以下两个方面:

第一,外事工作要求外事人员必须能够把握原则性和灵活性之间的度。我国外事工作是官方、半官方和民间外事相结合的系统工作。这本身就意味着,我们外事工作在政治、政策原则问题上绝对不能动摇,但我们的外事工作手段却需要灵活多变。周恩来总理在处理外事工作时最能够体现这种艺术。20世纪70年代,阿尔巴尼亚部长会议主席访华,要求我国对其提供一些不切实际的援助。周总理认为我们无法满足其要求。在双方僵持的情况下,周总理指示外交部的同志在会谈的第二天请阿尔巴尼亚代表们访问大寨,并交代说接待晚餐只吃小米粥、玉米,再准备几个简单素菜和一个荤菜。透过简朴的招待方式,周总理巧妙委婉地向阿方代表传达了"中国目前的情况还是比较艰苦的,多送给你阿尔巴尼亚一吨米,我们就要勒紧自己的裤带"的想法。果然,参观之后,阿尔巴尼亚代表团就降低了要价。

第二,外事工作考验的是外事人员说话和做事的艺术。外事工作是跟人有关的工作,是"一种不用枪炮而用语言的战斗"。一名合格的外事人员,必须在恪守自己应尽职责的前提下,在一定的授权范围内按照一定的方式说话办事。因此,在很多情境下,外事工作考验外事人员为人处世的能力。这种能力不是简单的"圆滑"或"善于公关",而是一种建立在真诚之上的相互理解与沟通。这其中,语言表达的分寸,公开

---

① 戴长澜:《中国学会对外说话》,《中国青年报》2009年10月18日。

场合下与他方代表互动时神态、动作的度的掌握都富有极高的艺术性。

第三节 外事人员的素质要求

在当代世界,国与国之间的互动、博弈在很大程度上依赖于外事交往。外事无小事。在外事交往中,任何一个细枝末节都会由于其背后所代表的国家利益和国家形象问题而被放大。在这种情况下,一国外事人员的素质在外事交往中起到了极其重要的作用。在某种程度上,外事人员的整体素质就代表着一个国家或一个组织的整体形象和"软实力"。

尽管对不同身份的外事人员在政治和业务上的要求有所差异,但从根本上讲,外事人员的素质有其共性。新中国第一任总理兼外交部长周恩来同志在 1951 年,明确对外事人员提出了十六字方针:"站稳立场、掌握政策、熟悉业务、严守纪律。"这十六字方针一直是我国对外事人员素质的基本要求。在这十六字方针之下,一名合格的外事人员,应当具备以下几项具体素质。

一、政治素质

"忠于祖国"、"政治第一"、"立场坚定"、"原则性强"是所有外事人员都应具备的首要素质。政治素质主要指外事人员需要具备的政治立场、政治观点以及在应对、处理政治敏感性问题时所应具备的政治态度。具体来讲一名合格的外事人员的政治素质主要包括以下几点:

第一,热爱并忠诚于祖国和人民。对于外事人员来讲,祖国和人民是其工作最核心的依托。首先,外事人员必须对自己的祖国和人民有着最本原的热爱,要保持一种谦卑和恭敬的心态。世事千变万化,要记住一点:只有祖国是永恒的。唯祖国永恒![1] 其次,外事人员必须具有强烈的爱国主义精神和民族自信心,以祖国为荣。外事人员代表国家。如果作为国家代表的外事人员对自己国家没有认同,民族自尊心薄弱、妄自菲薄,那么在现实的外事实践中,不仅外事人员自身很难获得他方的尊重,更重要的是,国家形象和国家威严也会受到折损。再次,外事

---

[1] 李肇星:《永远做祖国的孩子》,《大连日报》2007 年 9 月 25 日。

人员要忠于祖国,忠于人民。爱国的首要就是忠诚。忠诚于祖国和人民是外事人员最基本的政治素养。在任何情况下,外事人员都要坚决维护国家主权和民族尊严,不说不利于祖国的话,不做有损国格、人格的事。

第二,坚持马克思主义立场,能够应用马克思主义的观点和方法进行外事实践。马克思主义深刻揭示了人类社会发展的内在矛盾、本质和规律,为人们认识世界、改造世界提供了科学的世界观和方法论。马克思主义是我们党和国家的根本指导思想。作为一名合格的外事人员,一定要具备马克思主义的立场,不断学习和应用马克思主义。

第三,站稳立场,坚持原则。站稳立场是一个世界观问题,也是一个根本立场问题。外事人员代表国家,这是最根本的立场。一旦外事人员的立场出了问题,就很有可能做出为了自身利益出卖国家的事情。因此,一名合格的外事人员应保持坚定的立场,时刻警惕和抵制敌对势力渗透和腐蚀的图谋,用原则性实现自己的政治信仰和职业追求。周恩来总理就曾严肃指出,外事人员在任何复杂艰险的情况下,都要对祖国赤胆忠心,为维护国家利益和民族尊严,甚至不惜牺牲个人一切。

第四,具备国际视野与互利共赢观念。外事人员要胸怀天下,具备宽阔的国际视野和互利共赢观念。在纷繁复杂、形势多变的国际交往中,外事人员要不卑不亢,不妄自菲薄,也不妄自尊大,不搞大国沙文主义,不搞民族利己主义,更不搞种族歧视。与此同时,外事人员应当了解:在全球化时代,国际交往的根本原则是求同存异、互利共赢。外事人员要保持公正、理性的对外交往态度,在对外交往中做到真正的互利共赢,根本的一点就是在认识自己的同时更多地了解世界,在追求自己利益的同时尊重他国的利益,致力于共同发展,建立和谐稳定的国际环境。外事人员既要在宏观的格局变化中把握中国的位置,也要在微观的层面观察和体会他人对我们的看法和态度,要真切地了解世界和中国的变化,并在这种变化中准确地把握自己的立场和观点,更新工作理念和工作方式。

二、政策素质

外事工作是一项政策性极强的工作。周恩来曾强调指出,政策是党和国家为实现一定的任务,依据国际国内形势制定的行动准则;外交更是严肃的政治行动,一次活动、一次握手、一顿饭都有它的意义,有时还会牵动全局。① 在总的对外政策之下，一个细节的行为在不同的具体政策领域往往代表不同的态度和利益认知。在这个意义上，外事政策无大小，任何外事政策都应当被精心理解和掌握，被严格和正确地执行。

具体来讲，外事人员的政策素质主要体现于以下三方面：

第一，深刻理解、掌握中央制定的各项对外政策，认清总体外交形势和外交策略。外事活动，尤其外交活动是严肃的政治行动，每一次活动、每一次握手、每一次谈话都透露着一种态度，蕴含着深刻的意义。很多时候，一个微小的礼仪差别就足以透露出不同的信息，甚至会牵动全局。在这种情况下，外事人员必须充分掌握政策，尤其要对我国的对外政策和对外关系走向有着高度透彻的理解。只有这样，外事人员在外事活动中才能充分掌握好和外宾打交道的度。

第二，学习、了解国内政策。外事工作是一国内政的延伸。一名合格的外事人员除了了解国家对外政策外，还应当充分学习、了解国内政策。比如，一名经贸领域的外事人员如果不了解与我国经贸相关的经济、政治政策动向，就很难在对外交往中表现出合适的态度。

第三，熟悉并严格遵守涉外法规和相关政策要求。遵守涉外法规就是实现涉外政策。② 严格意义上讲，熟悉并遵守涉外法规和相关政策是外事人员站稳立场的重要保障。一名外事人员如果不明白在某种情境下，自己能够做什么、不能够做什么，就无法确保自己立场的坚定，也无法正确判断形势、对一些突发事件做出应对。比如，当面对外宾的某些不合理的请求时，如何有理、有节地进行解释和告诫工作，这都是和外事人员的政策、法规水平紧密联系在一起的。

三、道德素质和人格修养

在外事人员身上，人格即国格。一名合格的外事人员应当是具有个人魅力的人。世界各国在选拔外交人员时，对其道德素质和人格修养都十分重视。这主要是因为外事人员的道德素质和人格修养不仅体现了外事人员自身的个人魅力，也表现出一国国格和文明程度。尤其在一些比较正式的涉外场合，外事人员的个人修养直接体现了一个国

---

① 黄金祺：《外交外事知识和技能——涉外人员素质修养》，第 314 页。
② 同上书，第 173 页。

家的内在精神和气质。

(1)讲诚信。一位合格的外事人员首先要以诚信为重。外事人员代表的是一个国家。当一位外事人员失信于他人时,他背后的国家也没有什么信用可言。比较典型的一个例子是新闻发言人的答记者问。新闻发言人一个通行的规则是:当不能说而又不得不说时,宁可回避、答非所问也不能够说谎。其原因就在于要始终对公众保持诚信。

(2)谦虚谨慎。外事工作的特殊性和神秘性往往为从事此项工作的人带来较高的社会地位。从人格自身发展的角度,外事人员对这种职业荣誉感应有充分清醒的认识。外事人员应当意识到职业荣誉是国家和人民所赋予的,不可妄自尊大。在另一层面上,具体的工作也要求每一名外事人员都应当具备谦和的心态,要细心、耐心、善于体察局势和人心。每一名外事人员都应当知道自己的一言一行都事关国家形象和人民福祉。只有这样,外事人员才能够为我们国家交到更多的朋友,也使得自身不脱离群众,始终坚守安身立命的信仰。

(3)待人友善。外事人员要更好地进行外事人际交往,就必须真正做到待人友好、宽容、平和。外事实践中,外事人员应当讲究公私有别。在公开正式的场合,要忠于职守,在事关国家重大利益的问题上严守原则,不讲情面。但是在私人交往和正式的接待场合上,要讲礼仪,要满腔热忱,绝对不能不分场合,以冷漠不变的面孔示人。外事人员要积极主动和他人进行交往,以友善的态度去亲近他人,以真诚去打动人。

(4)平和、宽容。外事人员在交往中待人接物要朴实无华、自然平和,切忌矫揉造作、虚伪掩饰。外事人员在交往中要有宽容之胸怀。外事人员要深刻了解,在对外交往中,由于国家、民族、宗教、党派、文化和意识形态的差异,人们看待问题的立场、观点不可避免地会有分歧,说话、做事的方式、方法也会有很大不同。在各种交往的场合,外事人员既要勇于发表自己的观点和见解,又要善于倾听他人的声音。外事人员要能够接受彼此的不同,宽容对方的某些行为,以善意的心态去理解他人,不能试图事事占先,搞"一言堂"。否则,我们交不到任何朋友,工作开展之路将会遍布荆棘。

(5)有公共精神。相对于普通公民,外事人员更需要有公共精神。这种公共精神最直接的体现是"公德心"或"公益精神"。外事人员的身份具有一定的公共性质,所以公共精神于外事人员尤为重要。尤其在外交领域,传统外交是高层外交,主要是和各国政商界人士打交道。而现代外交是公共外交,与各国民众交流是外交工作的重要组成部分。试想如果我国驻外外交官不尊重他国民众的情感,不遵守他国的社会规则,在一个媒体高度发达的时代,这种行为一经曝光,就会深刻影响他国民众对我国的正面认知。

(6)懂得人文关怀。外事工作是政治活动,也是争取人心的过程。尤其在国家间"软实力"竞争日趋激烈的今天,外事人员与人打交道更需要具有人文关怀精神。这种人文关怀最常见的体现就是外事工作中对文化交流的重视。在这个角度,一名优秀的外事人员对不同种族、不同民族、不同文化都必须抱有敬畏和尊重,必须能够以同理心去理解和容纳异质文化和信仰。倘若一名外事人员在工作中对不同的人持有不同的态度,甚至歧视某些人群,这不仅不利于自身工作开展,更不利于良好国家形象的树立。

四、业务素质

外事工作不仅具有高度的政治性,而且还具有很强的专业性。业务精干是外事人员的必备素质之一。只有具备了良好的业务知识基础和业务操作能力,外事人员才能够较好地履行职责,应付各种突发情况,维护国家利益。外事人员的业务素质可以分为以下三个部分。

(一)专业知识素养

良好的知识素养是外事人员必备的素质之一。外事人员应当不仅仅是所在领域的专家,同时也应当是"通才"。一名合格的外事人员首先应当充分了解和掌握与外事相关的专业知识,比如外事政策、外事礼仪等专业知识。同时也应掌握外事领域的横向知识。横向知识是指围绕外事领域不同联系的必备的不同学科的知识。这些知识包括国际政治经济、国内政治、外交理论等。

(二)坚定的政治、政策素质之上的业务能力

在坚定的政治立场和良好的政策素质之下,外事人员必须具备将政治立场和政策素质转化为具体业务操作和业务实践的能力。外交人员必须掌握各种外交理论、国际政治理论、国际交往礼仪等知识,识大体,有政治敏锐性,善于把握机会为本国在国际政治博弈中谋求有利位置;对外经贸人员必须能够充分掌握和运用国家经济、金融、对外贸易

等知识,为国家在国际经济交往中赢取更多收益;从事对外文化合作和宣传的人员,必须了解各种文化的传播技巧,立足本国文化,使国家的文化和发展理念被世界上更多的国家和人民理解和接纳;基于特殊职业身份的涉外人员,则必须能够在各自的领域积极做好本职工作,并不忘展现本国尊严和魅力。

(三) 较好的语言素质

语言是外事工作的主要武器。外事人员必须会说话,知道在什么场合说什么话。

首先,外事人员要有良好的中国语言与文化修养。外事人员虽然是与"外人"打交道,但旨在向他人宣传自己的国家,维护本国的利益。外事人员爱国的首要依托在于深刻了解自己的国家,以国家为荣。在实际的外事工作中,最能够体现外事人员这种"国家"情怀的绝不在于外语的流畅,而在于外事人员对自己国家语言和文化的认知、认同和热爱,在于外事人员整体所体现出的"文化自尊"上。在实践中,一名外事人员如果连本国的文化、本国的语言都不了解,运用都不恰当,很难做到真正的"以理服人",也很难在外事领域切实树立我国的大国风范。更进一步讲,外事活动是智力的角逐。智力博弈依赖于实力,却更多地取决于各方的文化底蕴。中国文化中深厚的人文知识和哲学思考不仅为外事人员人格素养的提升提供了文化基底,也为外事人员从事外事活动提供了智力依托。在现实的层面,外事人员在外事活动中的文化修养和文化自尊则突出体现于对中国语言的掌握和运用上。外事人员固然要精通外语,但这种精通的前提是对本国母语的高度认同和高水平运用。尤其在全球化的时代,外事人员处于国际交往的前沿,更有义务和责任维护本国语言的尊严,向他国推广、宣传本国的语言和文化。

其次,外事人员应当深刻理解、准确运用各种外事语言和外事辞令。一方面,外事人员要准确了解和掌握不同场合所运用的不同的外事语言,要掌握使用各种外事语言的分寸,善于运用外事语言表达本国的政治立场。比如同样是表示"赞同",但却可以有"注意到"、"理解"、"不提出异议"、"欢迎"、"表示同情"等诸多不同的表达方式。而每一种措词则代表了不同程度的赞同。另一方面,外事人员要能够透过他国使者的各种外事辞令的表达体会和掌握外事交往动态,搜集信息,及时判断局势。比如,仅仅是一句"无可奉告"的外事辞令,在不同的情况下可能会有不同的话外音。一是本国政府对某事有立场,但在此时此刻不方便对外宣布;二是本国政府对某事件的态度立场尚未明了,信息发布者还未接到明确指示;三是本国政府不愿意对某事件进行表态,所以信息发布者没有态度可以陈述。比如,1970年美国总统尼克松在招待访美的罗马尼亚总统齐奥塞斯库时,主动以"中华人民共和国"的称谓来指中国。这一信号的释放直接代表着美国将会改变当时的对华政策。

再次,外事人员应当过好"外语关"。外语基础是外事人员知识体系中的关键一环。外事工作是在国际交往的大背景下进行工作的。要想了解交往对象,就必须通晓他们的语言。外事工作人员至少需要掌握一门外语,并能够运用这门外语处理外事业务。尤其对于外事工作中的翻译人员,更需要具备甘当"传声筒"、当好"传声筒"的奉献精神和外事外语技能。

五、心理素质

一个人所具有的心理素质,对其工作水平和业务提高的速度会有重要的影响。在日常的工作中,外事人员需要比常人更加注重细节处理,更能够应对各种突发事件。这些都要求外事人员需要具备良好的心理素质、稳定的心理状态、健康的心理品质、较强的心理调试能力、端正的人生态度和高度的责任感。正如法国资深外交家卡利埃尔所言:一名外事人员应具备机敏的头脑,不以物喜的处世心态,洞悉人们想法的能力,能轻易排除障碍的丰富点子,迅速而胸有成竹的反应,经常保持幽默感加上静若处子的耐性,以及经常保持开放、温和、有礼而恰当的言谈,好相处而讨人喜欢的性格。

(1)外事人员需要具备沉稳的心理素质。外事人员在执行国家政策时,经常会面对很多意想不到的情况。威逼、引诱、欺骗、人身攻击都会出现在外事人员的工作中。另外还有很多突发状况,比如政变、动乱、战争等往往会直接影响到外事人员对局势的判断,危及外事人员的人身安全。这就要求外事人员必须具备稳定的心理状态和良好的应变能力。在任何时刻都立场坚定,顺利时不得意忘形,遇挫时不慌乱,情绪不波动,都能够把握讲话的分寸,原则性问题一句话也不多讲、一个字也不变动。

(2)外事人员较强的心理平衡能力。外事人员在其职业生涯中需要面对不同类型的人,经历不同文化氛围和不同场景。尤其是职业外交人员在驻外时面对的是一个和国内完全不同的特殊环境。其中必定是有好有坏,之前还置身于荒凉贫穷的不发达国家,却可能又马上置身于富裕奢华的发达国家;可能之前的国家战火纷飞,之后的国家却社会稳定、有序。在情境变换之下,外事人员必须具备良好的心理调试能力,必须要善于在各种外在和内在落差之间寻找内心的平衡。一名合格的外事人员必须充分意识到国家赋予自己的责任,必须能够剥离一切诱惑和繁华表象找到自己安身立命的信仰,不迷失自我。

(3)外事人员要有良好的心理适应力。外事人员应当具备快速适应不同人群、不同文化、不同环境的心理柔韧性。外事人员需要面对不同类型的人,也需要面对不同类型的情境。这就意味着外事人员需要不断适应不同的人群和不同的外在环境。不论环境好坏,外事人员都要在心理上积极适应各种环境,做好吃苦打硬仗的准备,努力去接触并适应新的人群、新的工作环境,尽可能以一种直接的角色让更多的人了解、理解、接受我们的国家政策。

(4)外事人员应当具备良好的心理体悟和快捷的心理反应能力。外事活动中经常会出现意料不到的突发状况。原有的计划安排、发言内容可能被完全打乱。尤其在外事谈判中,几番艰难曲折的迂回之后,很可能会出现稍纵即逝的机会,如果此时的外事人员不能够机智灵活地快速反应,很可能就错失了大好机会。这就要求外事人员对形势要有深刻的洞察力和灵活圆通的处理技巧,能够敏于体察交往过程中的任何微妙的变化,应付任何措手不及的突然变化,抓住机会,及时改变工作策略,达成工作目的。比如美国外交界目前就在积极构建反应灵活、能应对不同对象的"快速反应外交部队",这一点非常值得我们借鉴。

(5)外事人员应当善于宽容和忍耐。外事人员在日常的工作中经常要面对不同的人群,工作环境也经常发生变化。这要求外事人员在心理层面具有宽容和忍耐的禀性。宽容是指能够容忍和体谅有意或无意冒犯过自己的人,要能够快速从一种受害者的情绪中走出来,以平和的心态融入工作团队和外事交往中。忍耐则意味着外事人员要能够耐得住职业生活可能带来的寂寞、压力或失落,时刻以饱满的情绪投入到日常工作中来。

第四节 外事人员的知识和技能结构

外事活动当中,外事人员交往的对象、面对的场合非常多变和复杂。这要求外事人员具有非常深厚、广博的知识背景和各种技能。正如江泽民同志所言,外事人员要"一专多能",除了专业素质过硬,还要有全面的知识和技能结构,当杂家、当通才。

一、外事人员的知识结构

外事人员的知识结构应充分体现外事专业的深度和广度。英国外交学家费尔萨姆曾在《外交手册》中强调:外事人员"需要具备作为有成就的实业家、行政人员和文职人员所具备的品质。他不仅应该是这些方面的专家,而且还必须了解别的国家、文化和社会,并且懂得它们之所以存在的依据"。[1]

(1)外事基本专业知识。尽管从事不同工作的外事人员根据其工作性质需要在不同领域具备不同的专业修养,但是其专业知识有共同之处。每一种外事人员都需要学习与外事工作相关的外事工作理论、外事政策、外事礼仪、外事交流等必备的专业知识。

(2)外事领域全局性的知识。外事人员如果只陷于事务工作,没有对全局的了解,就变成了忙忙碌碌的办事员,工作水平和效果都难以提高。因此,在基本的外事专业知识之上,不同外事人员需要抓住不同领域的全局层面的知识。职业外交人员应当熟悉、了解外交史、外交理论、国际形势、国际礼仪等专业知识以及相关政策背景。在这之下,不同类别的职业外交人员需要具备不同的知识积累。比如一名文化参赞除了要深入了解外事工作理论和基本原则外,还必须深入了解文化交往和文化发展的一般规律。对外经贸人员则需要在经济学、金融、国际贸易领域有着长久的知识积累。发言人等对外宣传人员则需要深入了解新闻表达的技巧和一般知识。一名专业领域的涉外人员,例如海关工作人员,则必须了解海关工作的一般常识和基本工作要求。

(3)一般自然与人文社科知识。外事工作其实也是全球化的产物。

---

[1] 王福春:《外事管理学概论》,第129页。

而全球化则要求我们必须"跳出外事看外事"。亦即是说,外事工作从来就不是拘泥于某一领域的事情,而往往是跨领域、跨学科的。比如,对于一名职业外交官,在和他国民众、官员进行交流时,对他国的历史、文化、自然科学等有一定的了解,可以很好地拉近彼此之间的距离。再比如,对于一名对外宣传人员,如果对自己的宣传对象都不了解,不懂他们文化的喜忌、不了解对方接纳信息的方式,是很难达到预期效果的。

二、外事人员的技能结构

外事活动也是一门技术性的活动。这要求外事人员具备足够的专业技能和实践能力。在具体的实践中,外事人员需要特别培养的技能有:

(一)良好的交流能力

外事活动本质上是一种交流活动,是中国走向世界,向世界展现自己、与世界进行沟通的一种活动。这要求外事人员必须及时了解到各方动向,有较强的活动能力,能够交一批可靠的朋友,获取有用的信息。对于外事工作来说,交流是一种生产力。尤其在外交领域,学会与人交流,不喊口号,不比声音大小,以理服人,以气度和胸怀影响别人,使别人信服尤为重要。

(1)要善于获取信息。不能"为交流而交流",要有目的地进行交流。外事人员与对方进行交流不能漫无目的地"侃大山"。在交流时,外事人员应当将重点放在信息获取和局势判断上。比如七十年代,吴建民大使在常驻联合国代表团任三等秘书,分管中东问题,每次联合国安理会讨论中东问题时,他都要向领导报告议题提出的背景,决议草案的内容,并对我国应采取什么立场提出自己的意见,供领导参考。为此,吴大使总要到联合国去转转,竖起耳朵听,与别人交换看法。在听和交流的过程中,他掌握了很多有用的信息。

(2)要善于以人性化的语言为会谈或访谈营造良好的氛围。交流贵在交心,轻松友好的氛围是不可或缺的。尽管外事交往活动有其严肃的一面,但是人性化的语言仍旧是必不可少的。在很多情况下,人性化的语言不仅可以拉近宾客双方的距离,也会直接提升本国的气度和魄力。比如邓小平会见一个美国国会代表团。看到美国代表不仅身份显赫,身体也很健壮,邓小平一语双关地说:"看来,你们都很有分量。"一句话就轻松化解了宾客初见时的紧张与不安,使得会谈在轻松的氛围中拉开帷幕。

(3)要善于从内外两个层面出发进行交流。外事交流形式上是对外的活动,但最终是服务于国家发展的大局。因此,外事人员一定要有双向沟通的意识。在日常的工作中,外事人员除了要向外宾介绍自己的国家,还应当积极主动把国外好的经验做法介绍给自己的同胞,做一名真正意义上的"国内外交流的使者"。吴建民在担任驻法大使期间,不仅要求年轻的外交官们多走出去,用法国人易懂的语言向法国人介绍中国,也要求他们在接待国内代表团时,不但在生活上要照顾好,而且还要主动向他们介绍法国的情况,牵线搭桥,促进双方在经济、科技以及文化方面的合作。

(4)要掌握不同通信方式的不同操作规范和价值含义。在诸如照会、函件、电子邮件等外事通信的交流过程中,外事人员一定要掌握具体的操作规程,准确掌握其背后的政治内涵。但不能照搬教条,要使之中国化。比如正式照会和普通照会末尾的致敬语,英文为 I avail myself of 或 The Ministry avails itself of the opportunity to express my (its) highest considerations,最初中文译为"我乘此机会向……"或"外交部乘此机会向……表示最崇高的敬意",后来周恩来把它简化为"顺致敬意"或"最崇高的敬意",这就更加中国化了;有时视具体情况甚至不用这一类致敬语。①

(二)讲演能力

在外事活动中,经常会有场合需要外事人员做公开的演讲和发言。这个时候,外事人员的讲演能力就凸显出来。一名外事人员,如果讲演能力好,就能够影响并拉近他人与自己国家之间的距离。

(1)恰当地称呼听众,恰当地开头和结尾。外事讲演时,对听众的称呼直接为整篇演讲定下基调。首先,不同的听众、不同的场合,需要有不同的称呼。一般有国家或政府领导人在场的,要先称呼领导人,然后再称呼其他听众。比如有国家元首或政府领导人在场,一般在称呼中标明"尊敬的某某阁下、亲爱的朋友们"。其次,对听众的称呼要符合

---

① 《照会与外交文件》,国际周恩来研究会网站,http://www.zelyj.com/wzsy/class/。

情境,能打动人。翻开著名外交家的演讲辞,我们能够发现,很多演讲家在对听众的称谓上就明显胜人一筹。1955年,在万隆会议的开幕式上,印尼总统苏加诺做了题为《让新的亚洲和新的非洲诞生吧》的演讲,一开始苏加诺就这样称呼自己的听众:"阁下们,各位女士、先生们,各位姊妹、各位兄弟"。① 这样的称谓一下子就拉近了听众和自己国家的距离,并间接点明了万隆会议的主旨。

(2)真诚,以理服人。一个成功的讲演必须是真诚的,以合理、合情的道理分析和感情渲染打动听众。外事讲演尤其需要如此。一个不真诚的讲演不仅不能够打动听众,而且可能会使得听众认为讲演者所代表的国家是在"忽悠"人,甚至是仗势欺人。但凡成功的外事讲演,讲演者都非常讲究"真诚"和"以理服人"。什么是真诚? 真诚就是不掩饰,不虚伪。在外事交往中,"求同存异"是一种最大的真诚。我不赞同你的观点,但是我尊重你的观点。我和你不同,我承认这些不同,但是我们仍旧可以做朋友。而做到了真诚、以理服人就成功了一半。在外事讲演中,真诚的态度与以理服人是紧密联系在一起的。1972年,周恩来总理在欢迎尼克松总统的宴会的祝酒辞中这样说道:"中美两国的社会制度根本不同,在中美两国政府之间存在着巨大的分歧。但是这种分歧不应当妨碍中美两国在互相尊重主权和领土完整、互不侵犯、互不干涉内政、平等互利和和平共处五项原则的基础上建立正常的国家关系,更不应该导致战争。"②这种风格的讲演,以一种客观、公正的态度点出了两国的不同,表达了一种"求同存异"的真诚,听者自然会感到信服。

(3)善于运用双方的共同点和联系点。外事讲演的核心目的是表达我方立场,争取获得对方的认同和理解。要达到此目的就必须从心理上增进讲演者和听众间的距离。在这个层面,一定程度的"套近乎"是必要的。讲演者要善于运用双方的共同点和联系点,拉近双方的心理距离。1954年,尼赫鲁总理在宴请访印的周恩来总理的致辞一开始就这样说:"15年前,我去过中国并希望在那里停留一个月或者更多一些的时间。我特别希望会见一些人,其中就有周恩来先生。……现在,

---

① 武文华:《著名外交家睿智辞令》,中国时代经济出版社2002年版,第82页。
② 同上书,第134页。

过了动乱不安的、紧张多变的 15 年后,我的宿愿实现了。"[①]值得指出的是,很多成功的外事讲演者都善于引用对方或本国的成语、名言或典故来寻找双方之间的联系点和共同之处。1979 年,日本首相大平正芳访问我国在致辞中他以我国唐代高僧鉴真东渡为例,表达中日友好的美好愿望。1984 年,里根总统在人民大会堂的致辞中则以 1784 年第一艘美国商船来中国的故事为引子,点出中美人民之间思想、文化和经济交流具有悠久的历史传统,并且能够使双方都从中获益。

(4)语言灵活,善于比喻。外事讲演是交朋友、交心的过程。这就要求外事人员在讲演中一定要注意语言的人性化使用。外事人员要善于运用比喻的方式,以生活化的语言阐述一个深刻的道理。联合国第一任秘书长赖伊在谈到联合国时说:"鉴于火灾危险性的存在,而又没有一个有组织的消防部门,邻居们一起动手建立自己的消防队,这完全是一种普通常识。"

(5)恰当赞扬对方和介绍我方成就。在外事讲演中,赞扬自己和表扬对方都是一件艺术性的事情。这其中"度"的掌握非常重要。在这个层面,妄自尊大和妄自菲薄都是要不得的。不管如何称赞对方,不管如何推介自己的成就,其最终目的都是要对方理解并接受自己的立场。1972 年周恩来在欢迎尼克松总统的宴会祝酒辞中说:"美国人民是伟大的人民,中国人民是伟大的人民。"一句话为之后阐述中美关系正常化是两国人民共同的愿望埋下了伏笔。2002 年在上海申办第 41 届世博会时,陈述代表吴建民一上场就以法语引用孔子的话"三人行,必有我师",表达对竞争伙伴们的敬意,"前面四个国家的陈述让我们学到了很多东西",随即一转,"但毫无疑问,上海将是最好的选择。"

(三)外事活动计划和统筹管理能力

外事交往是由一系列外事活动组成。对于外事人员来讲,良好的外事活动计划和统筹管理能力是必不可少的。外事活动,无论是外事出访、外事接待还是外事会议,从准备到进行,从日程设置到活动安排都是一个系统的科学体系。

(1)精确计划、具体安排。有些外事活动日程较短,但却对周密性有着极高的要求。这要求外事活动计划必须具有精确性、具体性和紧

[①] 武文华:《著名外交家睿智辞令》,中国时代经济出版社 2002 年版,第 76 页。

凑性的特点。1984年里根访问北京,1979年邓小平访问华盛顿,前三天访问的行程,都各自约有24项实质性的活动,平均每天八项。这样的安排既保证了有限的时间内进行有效的访问,也保证了访问的安全。

(2)做好应急预案。在管理的过程中,更要考虑到各种潜在的可能性和突发状况,做好应急预案和危机管理。首先,要加强防范意识,分析敌对势力活动范围和安全状况。其次,要准备好应急联络方式,出访时,要将我相关驻外使领馆及当地急救联络方式做备案。再次,要内外有别增强保密意识,尤其注意钥匙、密码、现金、护照、邀请函、机票的保管。最后,要特别重视外事危机处理时的媒体应对。外事人员应当意识到突发事件只有管理不好的时候才是危机。外事媒体应对要逐步由被动应对变为主动处置,在政策允许的限度内及时向外公开信息。

(3)掌握好外事活动安排的节奏。行程安排是外事活动的重要环节。一项系统的外事活动往往是多种情境复合而成的。比如外事磋商期间,一般除了正式谈判外,还有许多游览参观活动,双方可以非正式地交换意见。这就要求外事人员在行程安排的问题上要有科学规划和技巧性。尤其是技巧性在很多外事谈判中非常重要。在外事谈判陷入僵局的时候,适时地安插游览参观,不仅可以使双方放松情绪,而且也可以借此机会使双方以相对缓和的方式交流,从而打破僵局。

(四)外事调研能力

调研是外事工作的基础,是外事工作中必不可少的一个环节。调研,就是去了解别人,判断形势,掌握全面的信息。外事工作者要下苦功夫,让自己成为一名得力的调研干部。做好外事调研,才能够为国家对外决策提供及时、准确的信息和资料,同时还可以取长补短,为国家经济、社会发展提供诸多参谋建议,推动自身进步发展。

(1)要采用合法的手段和活动来进行外事调研。外事工作不是搞秘密工作,合法占用资料与合法开展活动是外事人员进行调研的主要形式。外事人员必须在合法的权限内进行外事调研,获得有益信息。外事人员应当按照国家法律和涉外法规的规定进行外事调研活动。驻外的外事人员还应当同时遵守《维也纳外交关系公约》和驻在国的法律、法规。

(2)要动静结合,获取信息。一方面,外事人员要充分利用可以接触和掌握的一切文件、新闻报道等资料去了解某一事件的发展动态。

比如,驻外外交官可以通过收听、收看、收集并研究公开发表的驻在国领导人的讲话、政府公告以及其他官方材料,收看、收听、收集并研究驻在国的广播、电视以及各种书、报和杂志开展调研活动。① 另一方面,外事人员要充分利用和外宾对话、交流以及其他形式的互动进行信息搜集和分析。比如,一名从事对外经贸的外事人员可以通过交朋友、广结善缘的方式获取重要的商业信息。

(3) 要善于从手头能够掌握的资料中寻找和加工有益信息。对于外事工作者而言,能够掌握的信息是有限而庞杂的。一名合格的外事工作者必须具备利用有限资料发现有利信息的能力。一方面,外事人员应当结合自己的知识储备和政治敏锐性,善于从有限资料中发现细节性的有用信息。另一方面,面对着不同层面的各种信息,外事人员应当有"去伪存真"、"去粗取精"、"透过现象看本质"的信息分析和处理能力。

(4) 要及时报告重要情况,提出合理化建议。外事人员切忌把自己当成"迎来送往"的接待员。每一位外事人员都应当明白自己是在为国家发展大局服务,交往和交流的最终目的是为国家发展提供有益的支持。在这个层面上,每一位外事人员同时也应有信息咨询和决策支持的职责。钱其琛同志就曾指出:法国及欧洲其他国家在发展农业、提高农民收入方面,有许多经验值得我们借鉴。如果各驻外使馆都能把驻在国发展经济的经验作一番研究,报告国内,对中央的决策将会有重要的参考作用。②

(五) 对外宣传技能

一名合格的外事人员应当懂得主动宣传本国政府的立场和观点。做好宣传,不仅要求外事人员具有坚定的政治信仰,也要求他们具有敏感的政治意识,更要求他们具有交流和打动他人的能力。外事人员要谦虚谨慎,抓住一切机会向他人介绍自己国家的立场和观点。但同时也要注意,在宣传的过程中,要有针对性,不说空话、套话,不说假话,更不能用强势的语言逼迫他人相信自己的观点。外宣是外事工作的一个

---

① 黄金祺:《外交外事知识和技能——涉外人员素质修养》,第248页。
② 吴建民、施燕华:《在法国的外交生涯》,http://book.sina.com.cn/nzt/history/his/zaifaguodewaijiao/13.shtml,访问时间:2011年2月17日。

重要环节,一个外事工作者同时还应是一个外宣工作者。不能主动宣传本国的外事工作者不是合格的外事工作者。具体来讲,外事人员对外宣传应把握以下几点:

(1)吃透政策,立场坚定。外事人员在做对外宣传时代表的不是个人的立场和观点,而是政府的立场和观点,决不能"竹筒倒豆子——一干二净,有多少倒多少"。当前条件下可以说什么话,暂时不可以说什么话,能说的话又该说到什么份上,这些都不是以外事人员的自我意志为中心的。这要求外事人员一定要修好内功,准确理解和把握宣传口径,与相关方进行深入沟通,吃透政策,正确把握政府立场,保证对政府态度、政策的准确解释。被称为美国外交舞台上的常青藤、做过五任国务院发言人的理查德·鲍彻曾说过这样的话:"我作为发言人站在那里并不是在谈我个人的立场、想法和看法,我所说的都是美国总统和国务卿想要说的话,是解释美国的政策,我的工作就是公布和解释这些政策。我是国务卿的发言人,我实际上是在替国务卿讲话,而不是在替理查德·鲍彻讲话。"①

(2)掌握一定的新闻传播技巧。在新闻媒体高度发达的今天,外事人员要做好外宣工作,就必须理解、掌握一定的新闻传播技巧。比如,一名新闻发言人,必须了解新闻语言的特点和如何应对记者,知道怎么面对闪光灯。试想一名面对媒体手足无措的外宣人员,如何能够向世人介绍自己的国家?即使是介绍了,留给大家的又会是什么样的印象?

(3)有的放矢,具有针对性。外事宣传不是简单的搭台唱戏,必须要有工作的侧重点和核心抓手。不同的外事人员必须明白自己宣传工作的侧重点。这首先要求外事人员具有相当的政治敏锐性和政策解读能力。比如在面对一个攻击中国人权的国家时,外事人员首要的宣传目标就是减少和消除他国对我国人权状况的误解。其次,要求外事人员具有高适应性,能够根据不同的人群和场合进行不同角度、不同风格的宣传工作。比如,外事人员可以利用正式的场合向他人宣传自己的国家,也可以在私底下游玩、社交等非正式场合潜移默化地向他人介绍自己的国家。最后,外事人员在宣传时要善于把握重点人群,善于抓住机会。一名外事人员的自身力量毕竟是有限的。外事人员在做外宣时要学会"借力",要善于发现并把握重点人群,通过影响这些重点人群来

---

① 张涛甫:《新闻发言人:技巧决定成败》,《决策》2005年第4期。

影响更多的人。比如在一些议会制国家中,做好一名有影响力议员的工作,就意味着影响到其背后的一大批选民。

(4)要真诚可靠。外事人员在进行对外宣传时一定要"说真话"。在这里"说真话"包含两层意思:一是要把所代言的政府或有关部门、决策者的真实态度和观点表达出来,不截流、不篡改、不夹杂个人观点;二是态度真诚,坦陈观点,需要回避的问题可以说不知道,但一定不能说谎。尤其是第二点非常重要,要求外事人员具有极佳的分寸感和灵活处理能力。2011年全国政协会议期间,有记者问全国政协发言人赵启正关于两会费用的问题。赵启正说这个问题他不知道,但回去一定了解清楚,给这个提问的记者一个答复。而新闻发布会之后,赵启正的确履行了自己的诺言,查找了相关数据并告知了提问的记者。

(5)要巧妙得体。外事人员对外宣传时除了立场坚定的同时还需要一点"优雅"和灵活性。要善于利用一些外事语言表达自己的立场,巧妙得体地与他人进行交流。比如美国道琼斯新闻公司记者问上海市政府新闻发言人焦扬:"请问一下周正毅案件,你上次说有关部门继续调查这个事件,有什么进展,可以告诉我们这方面的情况吗?"对于这一敏感话题,焦扬用了"市政府在积极配合有关方面调查"、"我还没有得到权威部门的权威消息"这些语词进行表述。这些语词既又没有点破需要回避的信息,但却给了提问者一种相对真实的回答,分寸感拿捏得恰到好处。

(六)涉外交涉和谈判能力

外事活动离不开交涉、谈判和斡旋工作。外事人员必须具备一定的涉外交涉和谈判能力。

(1)要能够在调研的基础上,提出谈判方案和条件,并能够明了如何向最优方案的方向前进。综合国力和国际准则是外事谈判的两大条件。外事人员要善于在这两大准则的基础上,结合调查研究,准备不同的谈判方案,不"漫天要价",也不委曲求全。要有"最高"和"最低"两套方案。其中最低方案是底价或标底,需要绝对保密。

(2)立场坚定,"不拿原则做交易"。外事谈判也是一种斗争,因为背后是国家利益,是国与国之间的角力。外事谈判的首要原则是立场坚定,"不拿原则做交易"。在原则性的问题上,外事人员的立场一定要坚定,绝不能有丝毫的退让。原则性底线绝对不能被逾越,这是一个大的前提。1999年4月,中国本着务实的精神,在入世谈判的一些领域上作了让步,但美国得寸进尺,公布所谓的"中国拟作让步的清单"。10月,中方代表龙永图明确指出:美方的中方让步版本是无效的,若美方谈判代表不听取中方的意见,"那么我们便不会有协议"。此话一出,在美国商界的呼吁之下,克林顿政府受到极大压力,最终和中国签订了入世协议。

(3)原则性和灵活性相统一。要为谈判双方准备必要的台阶和转圜余地,争取达到双赢或多赢的结果。外事谈判,国家间有着原则性的分歧是常有之事。但是在这些固有原则的分歧之下,双方仍旧会有许多利益或价值的交叉点。外事人员要既能坚守底线,"不拿原则做交易",又能抓住机会在许可的范围内做积极的妥协,寻找具体问题下的利益共通点,实现最优合作。在这方面,做得最好的是周恩来总理。周恩来自己既不空讲原则,也不满足对方的一般承诺,而是结合对方已经暴露出的思想和未暴露出来的倾向来谈原则,把问题讲清楚,以免今后出现麻烦。这样,就使原则具体化了,更有针对性,更有说服力[①]。

(4)要有耐心和打持久战的恒心和毅力。很多情况下,一项重大的外事谈判往往涉及多方利益,要经历多回合,跨越数年,甚至十几年。中国复关/入世的谈判就历时十五年,期间关税和贸易总协定——关贸协定GATT变成了世界贸易组织——世贸组织WTO。因此,对于参与外事谈判的外事人员来讲,心态一定要稳,要做好打持久战的准备,时刻准备面对困难和各种僵局。

(七)语言能力

外事活动是交流的活动。交流离不开语言。外事人员应当具备相当的语言能力。在外事场合,一言不发、沉默拘束不应当是外事人员的标志。但是外事人员的语言不同于一般职业的从业者,需要有技巧性和艺术性。

(1)掌握说话的场合。外事活动自身的特殊性决定了任何一种情境都具有不同的含义。对于外事人员来讲,不同场合需要说不同的话。这并不是要外事人员不断变换立场和口径,而是要求外事人员注意不同场合讲话的分寸和表达方式。比如,在外交斗争中,有些话必须在正

[①] 李清泉:《周恩来高超的外交谈判艺术》,《党史纵览》2008年第6期,第4页。

式场合说,有些话却可以在下面说。正式场合讲的正式的话,未必重要;而非正式场合讲的非正式的话,未必不重要。另外,正式场合吵够了,在下面可以稍稍客气一些,有些信息,虽不入记录,却可更直接地传递给对方。①

(2)说话准确、有分寸。外事人员说话必须有高度的责任感,准确无误。这样要求外事人员对于外事文件以及相关记录既要准确理解,也要准确表达。尤其在高度紧张的外交会议场合,外交人员一定要做好笔记,记准一些关键性的说法与观点。此外要善于举例和运用数字。比如,伊拉克常驻联合国大使杜里曾在一次联合国会议中,以一组数字证明自己国家密切配合联合国的工作。他说,伊拉克在过去 7 年零 7 个月里执行了安理会第 687 号决议。具体情况如下:由总数 3,845 名核查员组成的 276 个核查小组,连同以特别代表团形式组成的 80 个代表团,对伊拉克不同的地点进行了 3,392 次访问,……联合国特别委员会和国际原子能机构在 29 个地点使用了 140 个探测照相机,在 23 个地点使用了 30 个感应器,并在监测 161 个地点时,对 1,832 个设施和设备张贴了 1,929 个标签。特委会在 99 种射程不到 7 公里的导弹上张贴了 9,026 枚标签。特委会和国际原子能机构还在其工作中进行了 2,967 次直升机的飞行检查,总共飞行了 4,480 小时。美国出动 U-2 侦察机 434 架次,总共为 1,800 小时。伊拉克向特委会和国际原子能机构提交了 174.4 万页文件,连同一些录像带和 9 公里长的微型胶带。这其中包括 60 万张相片和 5 万张微型胶卷幻灯片。②

同时,外事人员说话还应当具有分寸。首先从大的范畴,外事人员说话不能随便,要说自己知道的,说自己可以说和应该说的。其次,外事人员必须在了解各种外事表态口径的基础上准确地运用这些口径。比如外交领域,对外表态有三种可能:赞成、反对和中立。但其中每一种态度都有着诸多表达方式,每一种方式都代表不同层次的态度和立场。表示赞成语言有"注意到"、"理解"、"不提出异议"、"欢迎"、"支持"、"站在……一边"等表述,表示反对的用语有:"关注"、"严重关注"、"感到不安"、"表示担心"、"表示忧虑"、"惋惜"、"遗憾"、"痛心"、"反

---

① 钱其琛:《外交十记》,世界知识出版社 2003 年版,第 14 页。
② 陈伟雄:《在联合国开会学会耍》,载《中外书摘》,http://www.ewen.cc/sephnew/bkview.asp?bkid=47226&cid=90418。

对"、"抗议"、"强烈抗议"等。作为外事人员一定要分清楚每一种表态的层级和适用场合。比如朝鲜战争爆发后,我国用"中国人说话是算数的"等措辞用以警告企图干预的美国。20世纪90年代初,法国向台湾出售"幻影"战斗机,中方以"将做出强烈反应"警告法国。

(3)立场鲜明,有政策性和纪律性。外事语言要有鲜明的立场。尤其在一些敏感词语的使用上,更需如此。比如,在对"开放政策"进行英文表达时,外事人员一定要用"Open Policy",而不是"Open the Door",因为后者就是历史上的"门户开放"政策的表述。在很多时候,不同的外事词语表现出不同的政治含义。比如,1970年10月美国总统尼克松访华对外首次使用"中华人民共和国",而不是之前的"红色中国"、"大陆中国"或"共产中国"。之后,中美关系正常化就被正式纳入两国政治领域的议事日程。

外事人员说话还需要具有鲜明的政策性和纪律性。外事无小事,涉外语言往往涉及国家机密。无论因公因私,外事人员都应特别注意,自己的嘴巴是跟着政策和纪律走的,绝对不能一时兴起,就交心掏肺,该说的、不该说的全都说给人家听。外事人员一定要时刻提醒自己保守国家机密,与中央口径保持一致。

(4)有礼仪。外事工作要注意礼仪。外事人员说话同样要有礼仪。虽然很多时候,我们会感到和对方沟通是"秀才遇着兵,有理说不清"。但是,外事语言还是要先礼后兵。这是一个国家风度和礼仪的直接体现。比如即使在中印关系紧张时,毛泽东主席在修改照会时仍加上"顺致最崇高的敬意"。

(5)能随机应变。外事人员在语言表达上要善于随机应变,灵活机智地应对各种局面。在这里,尽管我们不能期望每一位外事人员都具有滔滔不绝的雄辩力,但是起码得具备一点,那就是机敏的反应。尤其对于外交人员和涉外宣传人员,遇到外界突然的提问,一言不发或者语无伦次,这是绝对不利于国家对外交往和国家利益的。因此要求外事人员在语言上具有随机应变的能力。比如李肇星在担任驻美大使期间曾在美国俄亥俄大学进行过一次演讲。演讲过程中,有一位得克萨斯州的老太太问他:"你们为什么要'侵略'西藏?"李肇星并没有直接反击老人这个问题,却这样说:"你们得克萨斯州1848年才加入美国,而早在13世纪中叶,西藏已纳入中国版图。您瞧,您的胳膊本来就是您身体的一部分,您能说您的身体侵略了您的胳膊吗?"这样一番巧妙平和的回答，既有礼有节地表达了自己的立场和观点，也非常符合当时的情境，没有伤害老人的感情。最后，老太太热烈地拥抱李肇星，连声说："谢谢您，谢谢您让我明白了历史的真相。"①

(6)运用多风格语言。外事语言的风格多样，既有庄严、严峻、刻板的一面，也有幽默、俏皮、富有感情的一面。外事人员应当能够运用多风格语言。尤其是能够运用生活化、隐喻式的语言表达自己的观点。1956年陈毅对前英国首相艾德礼说："我们两人拿的酒不同，但这不妨碍我们碰杯。"1997年中国收复香港前夕，钱其琛用"无可奈何花落去"、"轻舟已过万重山"表达英、中心态。李肇星在谈到个别国家想成为联合国安理会常任理事国的企图时则这样说："有的国家想提拔提拔自己，想当个联合国安理会的常任理事国，这可以理解，谁不想提拔自己呢？"②

(7)听懂弦外之音。外事语言在不同的情境下具有不同的含义。外事人员要学会"翻译"不同情境之下不同的外事语言，做不同的分析，把握这些语言的真实含义。比如在外交谈判中，对方说，"本代表团有一个小小的修改意见"。没有经验的人可能会不在意，其实这是一个关键的信息。对方说小小的修改意见，但说不定就是实质的修改。对此，有经验的外事人员一定会警觉起来，积极准备应对措施。因此，优秀的外事人员一定要听懂外界表态的"弦外之音"，不轻信、不盲从。例如，2002年联合国监核会主席提交报告说，在伊拉克进行了为期两周的检查，未发现大规模杀伤性武器。同时，美国宣称掌握大量有关伊拉克拥有大规模杀伤性武器的证据，但没有向监核会提交一份材料。另外一个比较明显的例子是，美国在攻打伊拉克之前，面对外界的不断询问，白宫的发言人曾说，总统的桌面上并没有军事打击计划。在这样的情境下，面对种种似是而非甚至相互矛盾的信息，外事人员在判断形势时，不能只依据某些只言片语或表态，一定要综合各方面的信息，吃透只言片语或表态后面的深层次含义，才能正确判断局势。

(8)善用肢体语言。信息的传递＝7％的言语＋38％的语音＋55％的表情。外事人员在外事交往时要善用肢体语言。外事场合，肢体语言往往会传递出重要的政治信息。1998年，俄罗斯总统叶利钦访问中

---

① 张观：《赵启正和李肇星的新身份》，《南方人物周刊》2009年第12期。
② 《性情外长李肇星：出色诗人意外走上外交路》，人民网，http://www.people.com.cn/GB/news/37146/45768/3357274.html，访问时间：2012年2月7日。

国之后,有记者问江泽民中美关系和中俄关系有何不同。江泽民笑着回答,克林顿来访时我们是握手,叶利钦来访时,我们是拥抱。1994年11月,恰好担任安理会轮值主席的美国常驻联合国代表奥尔布赖特,在会晤伊拉克副总理阿齐兹时,没有和对方握手,并故意在胸前别上一枚蛇形镀金胸针(伊拉克将奥尔布赖特比喻为"美女蛇"),以此表达美国在当时制裁伊拉克问题上的强硬立场。

(9)外语能力要好。外事工作的很多岗位对外语都有特殊的要求。尤其在外交领域,外语尤为重要。在一些关键的场合,"意见不同了,观点不一样了,交锋起来,讲话就要求犀利得多了,速度要快一点。如果外文掌握得不好,人家讲了十句,你三句都讲不出来,气势上就给人家压住了。"① 同样是打字员,英语好的打字员不仅仅可以更快、更专业地校阅文件,更重要的是他们良好的外语素质确保了文件的准确性和安全性。外事人员应当掌握、精通至少一门外语,并能够运用这门外语进行业务处理。外事人员对外语的掌握要充分体现于"听、说、读、写"四个方面。要能够将外语准确地表达为中文,也能够将中文准确地表达为外文。要充分掌握一些专有名词、特有名词的外文表达。尤其是职业译员,在任何一场外事活动前,必须做充足准备,了解对方关心的问题,记住一些专业术语的译法。

三、如何提高外事人员的知识和技能结构

周总理生前曾要求外事干部要做到"五勤、四多、一化":五勤是眼勤、耳勤、嘴勤、手勤和脑勤;四多即遇事多思考、多分析研究、多看书、多实践;一化是外语化。那么,如何才能够做到真正的"五勤、四多、一化",全方位提高自己的知识和技能结构呢?具体应从三个方面入手。

第一,要有终身学习的精神。全球化时代,外事领域新问题、新矛盾、新知识将不断出现在我们面前。其中,国与国之间的距离将更近,关系将会更加密切,交往的层面将会更加广泛和深入。这要求外事人员的素质具有更精、更复合化的特点。在外交领域,很多外交官之前的教育背景是国际关系、外交学、外语,但是在实践工作中往往在管理和公共行政领域遭遇瓶颈。因此,除了原有的专业领域之外,外事人员必须需要不断开阔视野和学习境界,培养其他专长和技能。

---

① 《性情外长李肇星:出色诗人意外走上外交路》,人民网,http://www.people.com.cn/GB/news/37146/45768/3357274.html。

因此，对于外事人员来讲，终身学习应当成为基本职业目标之一。每一位外事人员都应当将读书、学习和专业工作结合在一起，利用一切机会充实自己。在学习过程中，要善于带着外事工作的问题学习，有目的地读一些书。与此同时，外事人员也要积极参加一些系统化的知识和技能培训。譬如有组织的外事礼仪、国际政治形势、新闻发言人、外事谈判的知识和技能培训，这些不仅能够使外事人员获得系统性、有针对性的文化知识，也能够大大提高外事人员的业务素质和危机处理能力。

第二，要在实践中提高自己的知识和能力。"外事无小事"，对于外事人员来讲，很多知识和技能不能光靠书本知识的学习，而是需要不断的实践积累，需要自己慢慢地揣摩和摸索。外事人员尤其需要重视一点，那就是边实践边学习，发现自己缺什么，赶紧补什么。一名优秀的外交人员需要有出色的观察力、敏锐的政治触觉、良好的应变能力，这些都不是光靠书本知识能够达到和掌握的，都需要不断地实践、反复地磨练。

第三，在总结和借鉴经验中获得提升。外事工作具有很强的"新鲜性"，每天面对的都是新情况、新问题。这不仅要求外事人员具有良好的应变能力，而且也要求他们必须能够在诸多变化的情境中寻找出一种相对不变的应对之道。这种处事应对的策略和态度不是一朝一夕形成的，必须通过不断的总结和经验的借鉴。总结经验，可以使外事人员能够在处理同一类问题的时候少走很多弯路，借鉴他人经验则可以使我们相对快速地解决新问题。但是需要注意的是，不管怎么总结，怎么借鉴，外事人员都必须实事求是，在现实问题和客观事实的基础上运用经验。

第五章　外事礼仪

不学礼,无以立。

——《论语·季氏》

大使的职业影响力,不仅来自于他的外交技巧,也同样依赖于其招待会和晚宴的魅力和吸引力。

——〔印度〕基尚·拉纳①

在对外工作中,交际礼节不仅起着润滑和媒介作用,而且起着粘合和催化作用,它对于表达感情,加强友谊,增进了解都是必不可少的。所以重视交际礼节是礼宾工作必须遵循的一条重要原则。

——周恩来②

外事礼仪是外事管理中非常重要的管理手段、工具和工作内容,在对外交往中发挥着重要作用。

外事礼仪的知识体系,从内容来讲可以涉及外事管理的全部内容和外事活动的全部过程。但为了便于学习,同时,也是为了解决外事管理中的共性问题,我们着重介绍位次排序、迎送礼仪、言谈礼仪、着装礼仪、仪容礼仪、餐饮礼仪、礼仪禁忌等礼仪知识,基本可以涵盖外事管理工作礼仪规范的绝大部分内容,可以帮助涉外工作人员很好地完成外事活动中的各项工作,树立非常良好的个人、集体、国家、民族的形象。

---

① 〔印度〕基尚·拉纳:《21世纪的大使:从全权到首席执行》,第144页。
② 裴默农:《周恩来外交学》,第231页。

第一节　外事礼仪概述

一、礼仪

礼仪是人们在长期的社会实践中,对自身言谈行为的模式和思维衍演的方式达成的一套社会协议和共识,是人们必须共同遵守的一系列言行及仪式的标准。它以社会道德观念为基础,以各民族的文化传统做背景,受到宗教仪式的强烈影响,涉及人类社会生活的方方面面,具有浓厚的时空特色和社会约束能力,其目的是为了在人类社会物质条件和需求欲望之间达到动态平衡,维系社会生活的正常运行和发展,其基本的精神是对他人利益的尊重和确认,维护他人的形象、利益。

不同的社会发展阶段有不同的社会礼仪形态,不同的地区和民族有不同的礼仪观念,不同的社会生产领域有不同的礼仪习俗。而且随着时间的推移,礼仪在各种不同的社会层面和领域之中始终处于发展变化当中。

礼仪与道德、法律一起构成维护社会稳定,特别是维护统治阶级利益的三个最有力的工具。它受到社会主流文化的支持,得到统治阶级的宣扬,获得社会大部分成员的效仿和认可。

礼仪具有如下特征:

第一,不同礼仪的行为主体所要遵循的礼仪规范是不同的。不同的职业、行业,不同的单位,不同的国家和地区对所应遵循的礼仪规范从内容到形式都有不同的要求和标准。

第二,不同礼仪的行为主体所要遵循的礼仪规范,从总体形式上而言,是基本相似或者相同的。尽管人们处在不同的社会环境中,但是人们的活动方式、生活需求,包括情感感受都是基本相似的。不管一个人拥有什么样的社会地位、从事什么样的职业,或者在什么国家和地区,他所面对的都是"衣、食、住、行"、"生、老、病、死"这些大家都需要面对的问题,他所能感受到的也是"喜、怒、哀、乐"这些每个人都会体会到的情感。换言之,日常生活中所谓的"吃喝玩乐"、"生老病死"、"工作休息"、"婚丧嫁娶"、"七情六欲"是人们共同的生活内容,没有人能够脱离这些生活的方式。因此,每个人所要遵循的总的礼仪形式是基本相同的。

第三，同一个礼仪的行为主体在不同的礼仪场景，所要遵循的相同形式的礼仪规范，其具体要求也会有所不同。

第四，礼仪规范最终是由礼仪的行为主体本身的行业特点、其所处的场景和所从事的礼仪形式共同决定的。相同行业的人在不同的地点、不同的场景下所遵循的礼仪规范不同。不同行业的人，所要遵循的相同形式的礼仪规范也不同。

二、外事礼仪

外事礼仪就是从事涉外活动的人，在外事活动中应该遵循的一系列言行和仪式的规范。外事礼仪有以下几个特色：

第一，外事礼仪又分为"礼宾"和"礼仪"两大部分。从宏观上讲，礼宾和礼仪这两个名词是统一在外事礼仪这个大概念之下的，但是在微观层面上，礼宾和礼仪又有一定区别。礼宾，从外事管理的角度来讲，就是涉外活动中，特别是在官方、公务活动中，需要遵循的仪式、规范，以及外交官和在涉外活动中重要人员的特权、豁免等规定。相对于个体而言，礼宾是一种外在的规定和要求，必须去遵循。它所包含的内容，包括位次的排序，各种礼仪仪式的组织与执行，特权与豁免，外交文书，高访接待等内容，具有较强的格式化特点。违反礼宾规范，可能会引起较大的争议，甚至冲突。礼仪则是一个人内在素质的要求，是个体行为规范的标准。它所包含的内容主要涉及个人的言行举止，如着装礼仪、仪容礼仪等，它的格式化特点相对较弱，有一定张扬个性的余地。违反礼仪的要求，所带来的是对个人态度、修养方面的批评和议论，但不至于引起冲突。

第二，外事礼仪是一个个性和共性的结合体。它是由共同遵守、约定俗成、在国际上通行的礼仪实践惯例、规定和仪式以及各地各民族不同的礼仪习惯相结合组成的。

第三，当前的外事礼仪受欧美文化的影响非常大。首先，在涉外交流活动中最通用的交际语言是英语。其次，外事礼仪中的很多习俗、原则等都与欧美文化有密切的联系。餐饮礼仪、会谈会见礼仪、座次排序的方法等，都可以看到欧美文化的影响。这种特点，与世界近现代史密不可分，与欧美国家在过去两百多年在世界上所扮演的角色与发挥的作用密不可分。

三、外事礼仪的基本原则

外事礼仪活动中普通适用的原则主要包括：

（一）守时守信

遵守时间和约定是涉外礼仪当中一条非常重要的原则。这种原则包含两方面要求：一方面，参加涉外活动中的人要遵守已经安排好的时间和已经答应的承诺。万不得已，不能轻易更改。如果有所变化，也应在第一时间通知对方，获得对方的理解，并做重新协调。另一方面，要求参加涉外活动的人员不要轻易许诺，以防止出现不能守时守信的尴尬局面。

（二）平等相待

平等相待，顾名思义就是要在涉外交往过程当中，双方要以平等的态度对待对方。这种平等对待也有两方面的含义。

首先，不论双方的身份、背景、民族及所代表的单位等有何种的不同和差异，在交往过程中，双方都要有一个平等的态度。不应有任何种族、肤色、民族、行业、国家等方面的歧视行为和不当安排，要尽可能保证双方都处在平等的人格、国格水平，这样才能保证涉外交往的顺利进行。

其次，这种平等又是一种相对的平等，是在对等基础上的平等。这一点在涉外活动中尤其重要。因为在绝大多数情况下，涉外活动不是个人间的交往，而是一种公务行为，它是一种多层面的交往。由于不同层面所掌握的决策权和信息量不同，只有来自相同或相近层面的人员才会有交流的平台。而在这个平台上，双方也才能获得真正意义上的平等地位。因此，这种平等又是在对等基础上的平等，而不是绝对的平等。

（三）尊重隐私

隐私主要是指个人的私密性的信息，包括诸如身高、体重、婚姻状况、年龄、收入、财产等等。

保护隐私不受侵犯，一是为了保护个体自由选择生活方式的权力；二是为了保护个人安全。这种安全保障既包含对个人财产安全的保护,也包含对个人就业安全的保护。在西方国家,高龄、多病等个人信息可能会使一个人在就业中处于劣势,从而失去生活和工作的稳定性,造成不安全因素。因此,隐私自然被认为是应该充分保护的对象。

在涉外活动中要特别注意尊重隐私。对于初次相识的人应该保留有一定交往的距离,不能深究其个人的隐私。对女性而言要避免询问其年龄、体重、婚姻及家庭情况,对男性而言要避免询问其收入、职位、财产等。

但是,我们在具体的涉外活动中,也要避免过分地尊重隐私,而不敢询问对方在饮食起居等方面的喜好或者禁忌。事实上,尊重隐私也是有一定限度的,这种限度以不冒犯对方为原则,以不猎奇为原则。

（四）尊老爱幼

尊老爱幼是人类社会共同的道德要求和标准,不论身处何方都应严格遵循这一道德标准。

但是,在西方社会中,人们的独立和平等的意识很强。在给予老人和青少年关爱的同时,要使得他们觉得获得了相应的尊重。要避免用"老爷爷"、"老奶奶"、"老妈妈"、"老阿姨"、"老叔叔"等这些中国人习以为常的尊称去称呼老人,也避免以"小朋友"来称呼青少年。因为,尽管需要获得别人的帮助,但是"老"和"小"这两个字,在西方文化中,多少与主流社会有一定距离,被认为是两个需要特别关照的社会群体。老人一般会远离主流社交圈,可能会在养老院,而小孩子一般是不能被带去参加太多的社交活动的。

（五）尊重女士

尊重女士是国际上通行的惯例。这种惯例表现在两个方面,第一是男士在上下电梯、进出大门、入座离席、介绍引见等方面,对女士给予优先的权利;第二是在需要付出体力、面对困难和危情时,男士要主动承担关心女士、保护女士的责任,比如帮助女士推门、拉门,帮助女士携带重物。

但是,这种尊重女士的原则,在具体实施时也要区分一定的场合和身份。在正式场合,职务排序占有优先权,也就是说在正式公务场合,职务高的人,不管其性别如何,应该获得优先的权力。同时,作为女士,要注意感谢男士的礼让;如果男士的资历、年龄和职务都比自己高时,应主动礼让男士。特别是在正式公务场合,更是要注意谦让。

（六）入乡随俗

入乡随俗是一个基本的涉外礼仪要求。不但如此,在入乡随俗的基础上,我们还要按照周恩来总理的要求,做到"主随客便"和"客随主便"。意思是说,当我们是主人的时候,要"主随客便",尽可能按照客人的要求去办事;当我们是客人的时候,我们要尽可能服从主人的安排。当然,这种礼让和服从,并不是无原则的礼让。如果客人的要求和安排确有不当之处,或者超过一定的限度,不符合我们的政策、实际情况和国际惯例,则应该据理力争。

（七）虚心好学

其他国家的很多礼节与我国的相差很远。要想了解和掌握其他民族的礼仪要求,避免出现失礼现象,就需要注意观察,模仿学习,甚至要勤学好问。

随着社会的进步,国际文化的交流、融合,礼仪的规范也在不断变化。因此,学习和了解最新的礼仪变化也是时代的要求。

第二节　外事礼仪的基本类型

一、位次排序的概念及其实践

（一）位次排序的概念

在外事活动中,礼宾归根结底就是"位次排序"的实践要求。在玛丽·J.麦卡菲和保林·英烈斯所著的《礼宾手册》一书中,45%的篇幅所介绍的就是美国政府各种公务和外事活动的位次排序方法以及相应的做法。这种位次排序在英文当中称为"The Order of Precedence"。

位次排序,首先要解决的是尊位问题。所谓尊位也就是一次活动或者仪式当中活动主角应处于的位置。尊位也可以称为上位、首位或者主位。尊位一般分为主方尊位、客方尊位和尊位区三种。在主方尊位和客方尊位中,主方尊位又处在更重要的位置。正因为此,处在主方尊位的人,有时为表示对于主宾的格外尊重,将自己的位子出让给主宾,以示自己的态度。

确定尊位的位置和区域一般是按照视野的范围、视线的角度、行动的方便程度及象征意义的诠释说明来决定的。一般而言,视野开阔、行动便利、处在视线中央以及有良好寓意的位置,都可能会成为尊位区域。

对于处在尊位区域的多个尊位的排序方法,一般而言是根据从中央到周边,从前到后的方法来排列的。对于横排的尊位,在确定中间 1 号位后,各国根据自己对左右两边重要程度的不同理解而编排。中国传统中,人们一般认为左比右大,即 1 号位左边的位置比右边的位置更重要。而当前国际通行的惯例是右比左大,即 1 号位右边的位置比左边的更重要一些。

"以左为贵"的观念在中国由来已久,主要是因为我国古人认为"左吉右凶"、"吉事尚左,凶事尚右"①,认为左代表阳,右代表阴。"左为阳,阳,吉也,右为阴,阴,丧所尚也"②。因此,相对而言,左贵右贱。西方文化中"右比左大"的观念也有其文化渊源。《圣经》是西方文化的奠基石之一,在《圣经》里,耶稣基督临死前在罗马犹太总督和希律王面前,对审讯他的法官们说:"But from now on, the Son of Man will be seated at the right hand of the mighty God."这段话的意思是说:从现在开始,人之子(指耶稣本人)将会被安排坐在伟大的上帝右手边。

(二)位次排序的原则

外事的实践中,在位次排序方面一般遵循以下几方面的原则:

(1)对等原则。外事礼宾实践中,尤其是在外事接待及出访中,对等原则是一个至关重要的原则。"对等"是"比对、相等"的意思。在外交实践中,"对等"有两个方面的意义:第一,比照对方曾经接待、对待己方的方式、方法、规格和条件,以相等或者相似的条件、方法来接待对方;第二,双方交流、对话等均在一个相似或者相等的级别和平台上来进行。在位次排序的实践中,"对等"原则就是要把相等或者相似级别、资历、威望的人基本安排在一个平台。"对等"在英文中一般用 Reciprocity 或者 Reciprocal Treatment 来表示。而 Reciprocity 和 Reciprocal Treatment 同时含有"互惠"的意思。因此,对等原则往往是指具

---

① 引自《老子》第三十一章。
② 引自《礼记·杂记》

有优待性质的"相等"。

(2)平衡原则。外事礼宾实践中,平衡原则同对等原则一样占据着非常重要的地位。在位次排序的实践中,平衡原则通过充分考虑性别、资历、人员数量等各方面的平衡来体现。比如,一个来访代表团中有几名女性成员,特别是主要成员是女性时,接待方适当安排女性工作人员出面参与接待就是一种平衡的体现。在西方,社交性质的宴会,特别注意男女数量的搭配,实际也是一种平衡。

(3)惯例原则。在位次排序中,惯例原则的体现有两种:一种是具有个体特点的惯例。比如某一个或者一类国家,或者一个地区或者某一个人自己的位次排序惯例。比如,世界上君主制国家,在其国家大典,如国葬、国王登基时,在安排来宾位次时,往往会将君主制国体的代表安排在其他国家的前面。这就是一种带有个体特征的惯例。另一种是带有共性特征的惯例。即全世界各地基本都遵循的惯例。这种惯例至少包括以下三种排序方法:第一,按职位和资历排序,即职务大小决定位次安排的位置;这种排序方法常见于公务、商务及外交活动当中。第二,按照关系的亲疏程度和利害关联程度排序,关系比较亲密的一方或者利害关联程度高的一方,一般位置排序都会靠前,关系比较疏远、利害关联程度较低的一方,位置安排就可能靠后。这种排序方法在各种活动中都有体现。第三,根据年龄和性别排序。一般在社交活动中,年龄和性别,以及辈分决定一个人的排序位置。

(4)破例原则。这种原则在外事礼宾实践中也很常见。主要分三种情况,即破格;冷遇;荣誉特例。破格也就是以超出一般惯例的规格进行接待;冷遇也就是降低标准进行接待。破格和冷遇往往带有非常强烈的政治或者外交目的,表达某种意愿。荣誉特例又分两种情况。第一种是将具有很高职务级别、资历和社会名望的人安排在一个荣誉位置的做法。多数情形下,一般主人把自己的主人位让给来宾中最高级别或者最具有社会名望的人。第二种是将具有特别利益关联的人安排在荣誉的位置,甚至安排在主人位就座。

(三)位次排序的实践

位次排序在实践中,根据场景的不同,有一些基本的国际惯例。这些惯例主要体现在会见、会谈、宴会、乘车、署名等方面。下面根据这些不同场景,就其基本的位次排序惯例逐一进行说明。

1. 会见

根据国际惯例,会见时,一般要将主人和主宾的座位安排在面向出口的位置,同时让客方人员坐在主人的右侧。如果有翻译,一般安排坐在主人和主宾的后侧或者各方紧挨本方主人一边的位置。

2. 会谈

外事礼宾实践中,一般在举行双边会谈时,如果会谈桌位置与会谈室的门呈一种平行关系——主客双方一方必须面门而坐,另一方要背门而坐时,此时主方应坐在背门的位置,客方应该坐在朝门的位置。这种做法是一种古代战争时期留传下来的惯例。因为,战时敌方使者前来谈判,为了让敌方使者不因背门而坐担心后背受袭,一般都会安排其坐在面门的位置,让其后背靠墙,有安全感。如果会谈桌的位置与会谈室的门成直角关系,一般应让客人坐在进门靠右的一侧。这是一种遵循国际上"以右为尊"惯例的做法。

双边会谈中,有时会安排交传翻译。国内的做法是主方的交传坐在主方1号右侧,对方的交传翻译坐主方交传翻译对面。

如果是举行三边以上的多边会谈,一般将会谈桌安排为圆桌或者多边形桌,各方按英文字母顺序就座。比如,为解决朝核问题而在北京举行的六方会谈,就是按照通行的各方英文国名首字母排列的。其中,为了能让朝鲜代表和美国代表挨在一起,还刻意将中国国名一般按"C"(即按China首字母)排序,改为按"P"排序(即按中国全称"中华人民共和国"的英文全称译法"People's Republic of China"中的首字母)。因为朝鲜的英文首字母为"D"(DPRK),日本为"J"(Japan),韩国为"ROK"(Republic of Korea),俄罗斯为"Ru"(Russia),美国为"U"(United States of America)。如果中国的国名按C排,则中国排第一,美国排最后一个,这样中国和美国挨在一起,如果中国的国名按P排,则朝鲜排第一,美国就可以和朝鲜坐在一起。

多边会谈一般不会安排交传翻译,而是同声传译。同声传译一般不在会场入座,而是在专门的同传室翻译。

3. 宴会

外事礼宾实践中,宴会的桌形有圆形、长方形和多边形三种。

圆桌上,客方人员的排位有三种最基本的方式,即交叉排列、连线排列和之形排列。其中,前两种一般是双主人的排法,后一种单主人的排法。

长条桌的排位最基本的有三种,这三种排位前两种主要参照圆桌的做法形成,是双主人的排法,后一种则是长条桌特有的单主人的排法。特别值得一提的是这三种排位法中,双主人或主人和主宾的位置分为法式和英式两种,其中法式安排,一般双主人或主人、主宾各坐长条桌中央的部位,双方之间的距离相对很近。而英式排法中,双主人或主人、主宾之间距离相对较远。法式安排在外事活动中比较常见。

多边形的排位在实践中一般使用较少,但也不是完全没有。多边形的排位在美国较多见,故又称为美式排位法。在多边形中,客人的位置基本有两种排法,即内外排列和穿插排列。其中内外排列中,客人基本是按照从右至左,从外到内,从上到下,横排排列。穿插排列则按照从中心到四周,对面穿插。

在外事活动中的宴会桌上,除了主宾双方以外,可能还需要安排翻译入座。

翻译的位置安排,在圆桌上主要分为国内和国外两种。国内的排法,一般将翻译安排在主3和主4位置,而国外一般将翻译安排在主人和主宾身后。

长条桌上,翻译的位置也分为国内和国外两种。但在国内的排法中,翻译的位置有两种基本的排法,一种是在主人的左侧,一种是在主人的对面。而国外的排法,一般将翻译安排在主人和主宾身后。

4. 乘车

在外事接待中,汽车里的排位按双排五座和多排座两种来分。其中双排五座车,又分主人开车和专业司机开车两种。其中,专业司机开车,在左舵右行国家,一般车内的座位排法,按照后排右座、后排左座、前排副驾的顺序,分为1号、2号和3号座。在右舵左行的国家,1号、2号正好对调。一般后排座不安排3人就座。

多排座中的位置排法,没有十分固定的作法。一般而言,司机后面第一排是整车中的第一排,有些国家和地区的人,将最右侧第一个位置定为1号,而其他国家,则将最左侧第一个位置定为1号。

在乘车时,在双排座车中,应让1号位的人最先上车、最后下车。3号位的人最后上车、最先下车。

5. 署名

在外事公文交流中,署名的位置也有排序的问题,最多见的是在协议和共同声明之类的文件中。一般而言,如果是双边协议,各方将自己的签名签署在自己留存文件的左侧,而让客方将签名签署在右侧。如果客方或者主方有多于一个单位的成员,这些成员又按各自名称首字字母的顺序排列。

如果在多边外交文书中署名,按签署各方名称首字字母的顺序排列署名位置。

一般而言,现在大部分的首字字母是按照英文字母的顺序排列的。

6. 旗帜

在外事礼宾实践中,国旗的摆放也涉及位次排序。按照国际惯例,一般在双边关系的礼宾活动中,坚持"以右为尊"的惯例。即客方的国旗摆放在主方国旗的右侧。主客关系的确定,以谁为主办方而定,而不是以在哪个国家里举办活动而定。如果主客双方各自的成员多于一个,每方中的位置又按国名首字字母排列。

在多边关系中,主办方的国家享有荣誉的位置,即最中心或最右侧或最高处的位置,其余成员国的国旗按国名首字字母排列。

在国旗摆放中,一些国家有自己单独的摆放方法。这些方法往往受到"国旗法"的保护和约束,无法轻易改变。美国就是一个典型的例子。美国的法律规定,在美国的国土上,美国国旗永远要在右侧。这样,客方国旗只能摆在左侧。为了避免引起过多的误解,现在美国政府在接待外国来访客人时,往往在会场以美国国旗在右为原则,主客两幅国旗为一组,摆放很多组。

除了以上有形座位、署名位或旗位以外,位次排序的原则和方法在其他很多领域和方面都有不同形态的体现和反映。比如,握手、介绍、递送名片的顺序、行走时的位置、称谓的抬头形式、外交特权与豁免等,都涉及如何处理排序和定位问题。作为一名合格的外事工作人员,必须全面、灵活、专业地掌握位次排序的原则、方法。位次排序,从某种意义上讲,就是礼宾工作的全部核心内容。

二、外事活动中的迎送致意礼仪

在外事礼仪实践中,迎送致意礼仪是最具礼仪性质,最受人关注的一个方面,它包括邀请、介绍、递送名片、称谓、馈赠礼品、迎送礼仪、致意礼节等环节。

(一) 邀请

由于外事活动是涉及官方的活动,活动本身带有较强的严肃性和官方性质,因此,外事活动中的会见、会谈、参观、宴请等活动,必须要进行先期联络、沟通。其中一项最重要的工作就是先期的邀请。

一般外事活动当中,最正式的邀请是书面的邀请。当然,一些临时性和日常的会面或者便餐,也可以进行口头的邀请,但这种邀请一定要给对方一定的时间进行答复和准备。在正式的外事宴请和庆典中,还要发出正式的请柬。请柬的书写有几个关键部分:

(1) 对方如何回复是否出席的意愿。这里涉及两个专业的术语,一个叫"R. S. V. P.",另一个叫"Regrets Only"。其中"R. S. V. P."汉语译为"是否出席,务请致电回复","Regrets Only"译为"如不出席,务请致电回复"。一般在这两个术语下方都会列一到二个联系电话号码。这种情况下,受邀请人应及时提前按要求回复。尤其是"R. S. V. P."请柬,一定要告之对方是否出席,因为这种邀请有时意味着要安排座席,并且编排位次,明确告之对方是否出席有助于对方留出席位。而"Regrets Only"是对方要统计会有多少人参加活动,并根据活动出席人员的量进行相应的准备。

(2) 出席活动人员的着装要求。由于外事活动具有很强的礼仪性质,尤其是迎送、宴请、会见等活动,礼仪庆典的性质更浓。因此,需要对参与活动人员的外在穿着提出统一要求。外文的请柬中,也有一个专业术语叫"Dress Code",直接的汉语意思是"着装代码",实际就是"着装要求"。在"Dress Code"的后面,会注明应穿着什么样的服装。而在汉语的请柬当中,往往直接注明:"请着正装"或者"请着便装"。

(3) 活动开始的时间、地点。其中在时间的标注方面,中、外文的惯用写法稍有不同。外文的请柬中,时间的标注一般使用 24 小时制。如下午 4 点的活动,可能就会标上 16:00;晚上 8 点的活动,就会标上 20:00。而中文的正式请柬中,一般通行使用 12 小时制,并且用汉语的小写的"一、二、三"数字来标注,同时以午后 6 时作为下午和晚上的分时点,即中午 12 时至午后 6 时为下午,6 时以后为晚上。因此,在汉语的请柬中,午后 7 时举行的活动一般标为:"晚七时"或者"晚上七点"。

(4) 活动的主要人物和事由。一般而言,外文的请柬中主要人物及事由均按一行事由、一行人名的方式来书写。而汉语的请柬中,这方面的要求较少,一般可以将人名及事由写在一起。

(二) 介绍

在正式的涉外活动中,介绍可分为三种形式的介绍,第一种是唱名,第二种是引见,第三种是自介。

唱名一般是在重要的庆典或者会谈、会见时,由一位了解客方人员的人报告客人姓名的方式,这既是一种介绍,更是一种报告。在国家级的庆典活动中,一般由专门的司仪或者礼宾官负责此事。比如,在中非合作论坛北京峰会暨第三届部长级会议中,我国外交部礼宾司罗林泉司长就扮演了这样的角色,当非洲各国参加峰会的国家元首、政府首脑和代表进入人民大会堂时高声唱名,向胡锦涛主席介绍和报告到会客人的姓名、职务及国别或组织。在国外的很多礼仪庆典中,这种唱名行为也很普遍。实际上,在一些日常的外事活动中,也需要在客人到达时,进行一定程序的唱名,这样才便于主客双方相互致意。要做好唱名工作,必须要先期了解客方人员的姓名,最好要组织客方人员按一定顺序进入会见、会谈的场所,以便于唱名。唱名一般是向主方介绍客方人员,是一种单向的介绍。这种介绍的基础是客方人员基本了解主方主要人员。

引见一般是对两方进行介绍。这种介绍有一定的顺序,即主客之间,将主方人员介绍给客方;职务高低之间,将职务低的介绍给职务高的;年龄长幼之间,将年轻者介绍给年长者;男女之间,将男士介绍给女士。这种介绍一般还要注意区分场合。一般而言,在公务场合下,一般介绍的顺序按照主客及职务高低的关系来决定,而在社交场合,则按照性别及年龄的关系来决定。

自介,顾名思义就是自我介绍。这种介绍方式在外事场合中使用也非常广泛。自我介绍时,要求内容简短,但信息全面,一般而言,自我介绍要包括三个方面的内容:姓名,工作及单位。当然,在不同的场合,工作及单位的内容可以有一定的变化。比如,工作也可能理解为职务,单位也可能理解为国家等等。国际上一些重要活动中,有时也需要当众进行自我介绍。此时,如何让自己的介绍更具有幽默效应和特点是至关重要的。

（三）称谓

称谓从某种意义上讲是一种定位。这种定位，包括当事人对一件事情及一场活动认识的定位，态度的定位和关系的定位。当然，也包括自己对一场活动参与程度的定位，对一个群体了解程序和知晓程序的定位，甚至包括对自己身份、职务、级别及影响的定位。因此，在外事活动中如何称呼别人，特别是使用什么样的称谓，也是一件需要认真对待的事情。

一般而言，在外事活动中要遵循"符合身份、区分场合"的原则。

称谓分三种，即正式职衔、荣誉职衔、礼仪称谓。

第一，正式职衔也就是正式的职务头衔。正式职衔还包括高级别的职称、学位及职业资历等，比如外交领域的大使、军队里的将军、学术领域里的教授等。

第二，荣誉职衔是一种具有荣誉性质的职衔。针对不同的当事者，这些职衔有的是从其以前的职业资历演变过来的。比如大使、将军、教授这样的职业资历一旦获得就可以终身携带。因此，具有一种荣誉性质。

第三，礼仪称谓就是对别人性别、身份、职衔的一种礼貌的称谓。一般而言，男性被称为先生，女性被称为女士、小姐。国王、天皇等被称为陛下，王子、公主被称为殿下，政府内阁成员以上的官员，被称为"阁下"等。礼仪称谓中，很多也被认为是敬语。

了解以上不同的称谓之后，最需要了解的是在不同的外事活动中如何运用。

（1）正式场合对处在主宾、主人身份人员以"礼仪称谓＋正式职衔"的方式相称。比如，总统一般被称为总统先生，部长被称为部长先生。但对当时在场的其他人员一般不再用这种方式称呼，当然，如果为避开称呼那些非常难记的名字，对每个人都以其职衔相称也是允许的。

（2）正式场合的称谓中可以突出学历、职称等资历和荣誉的称号。当一个人有很高的职位，同时又有很高的学历、职称等很多称谓时，一般介绍当中要尽可能全部说到。比如金圆方先生，如果有博士、部长、教授、工程师头衔时，在介绍他的讲话中，应尽可能把他的这些头衔都介绍出来，但在面对面称呼时选取其中一个称呼即可。当然，在正式的外事活动中，最合适的一种方式可能还是称他为部长或者部长先生。

(3) 正式场合中对身份很高的人,应多使用敬称。

一些国家对于什么人用什么样的敬称有比较严格的规定。特别是对王室皇家成员。比如陛下、殿下,陛下只能用于国王、皇帝,英文中用"Majesty"表示,当面称呼时称"Your Majesty",间接相称时,称"His (Her) Majesty"。殿下用"Highness"表示,一般指公主、王子。当面称"Your Highness",间接称"His(Her) Highness"。阁下一般只能用来称谓政府高职人员,包括大使。在英文当中,当面称呼一个人为阁下时,应说"Your Excellence",间接称呼时称呼为"His(Her) Excellence"。

在英文中,对于普通官员和人士,也可以用先生和女士的敬称,其中男士被称为"Sir",女士称为"Madam"。

(四) 递送名片

名片递送有几个环节需要注意:

(1) 名片递送的顺序。一般而言,在主客之间,主方人员应先递名片;在职务高低之间,低职人员应先递名片;男女之间,男士应向女士先递名片。当然,这些递送的顺序何时用哪种应根据场合而定。

(2) 名片的收置。收到名片以后,如何放置也是一个值得注意的环节。如果同时收到很多名片时,可以将名片一一对应的放置在桌上,以便在交流当中及时地称呼对方,要避免轻率收置的行为。

(3) 名片上书写信息的规矩。曾经在外交界流传用法语书写"p. p.、p. f.、p. f. n. a."等小写字母表示某种意义,但是这种做法现在基本已经不再使用。目前比较流行的是在名片上书写收到名片时的日期、地点和事件,用以备忘。但这种做法,应尽量避开名片主人的视线,以示礼貌。

(4) 附寄、附带名片的方式。一般而言,在外事场合中馈赠礼品,特别是赠送书籍时,要附带名片。在附带、附寄名片时,首先,要在英文名片最上方书写"With compliments of"或者用汉语在右下侧书写"谨赠"表示某一样东西是由名片主人赠送的;其次,要把名片放在白色专用小纸袋内,然后再贴在礼品上或者夹在礼品中。

(五) 馈赠礼品

外事场合中的礼品馈赠,其目的是表达一种良好祝愿,象征意义高过其他意义。因此,礼品馈赠要注意以下三个环节。

(1)礼品选择。首先,要避免容易引起误解的礼品,比如现金、有价证券等,因为这些礼品容易被视为行贿。其次,要符合受礼人的宗教、风俗习惯,不能与其相悖。比如伊斯兰教徒不食猪肉,印度教徒不食牛肉。再次,要考虑不同色彩及物品在不同文化、风俗中的象征意义。比如,红色玫瑰花在很多文化当中代表爱情,黄、白菊花代表哀悼、思念等。

(2)礼品包装。一般而言,如果不是纪念性质及公开发送的礼品,礼品都应包装。包装主要是用包装彩纸包裹。

(3)礼品馈赠。我国的外交活动当中互赠礼品,一般不当面馈赠,而是由双方礼宾官员在会见、会谈之前或之后交换。一般的外事活动当中,如果当场馈赠礼品,西方人喜欢当面打开,而东方人往往不会当面打开。

(六)迎送礼仪

各民族迎送的礼仪各不相同。一些民族在迎接客人时,跳草裙舞表示欢迎,有的跳狩猎舞表示欢迎,有的以献面包和盐表示欢迎,有的则以献哈达表示欢迎。不管哪种方式,对于当事者而言要热情、诚恳、大方地接受对方的礼节、仪式。

当然,国际上通行的惯例有以下几点:

(1)欢迎仪式。国家级的欢迎典礼,包括一定数量的欢迎人群,红地毯、三军仪仗队、乐队(军乐队),双方国旗及欢迎台。在欢迎仪式上,主要举行的是鸣放礼炮、检阅三军仪仗队、致欢迎辞等。关于鸣放礼炮,国际惯例是,国家元首鸣放21响,政府首脑鸣放19响。在日常的外事活动当中,欢迎仪式主要体现在排迎宾线和献花这两点。排迎宾线一般是主方主要领导或者成员在朝着客人前来的方向排成一排,欢迎客人到来。一般主方最高领导排在队首。待握手结束以后就可以献花。

(2)迎宾规格。对于大多数的日常外事活动而言,迎送礼仪中最重要的问题是确定迎送规格。而迎送规格由哪些方面来体现呢?

第一,当事人的级别。迎送客人主要人员的级别、资历和社会名望是一个重要的规格标志。当然,级别、资历等越高,规格越高。

第二,迎送的位置。迎送客人的位置越靠前规格相对而言越高。如,在办公室门口等客人,在办公大楼门口接客人和到客人住宿的酒店门口去接客人,或者直接到机场接客人,其所表现出来的规格各不相同。

第三,迎送人员的多少不体现迎宾规格。

第四,礼宾官的安排。在重要的外事活动当中,一般应安排一人负责礼宾接待,尤其是唱名和引导事宜。这个礼宾官不是主人,但却负责礼宾引导、联络,保证迎送活动的顺畅进行。

(七)致意礼节

在迎送活动当中,最关键的一步就是致意的方式,也就是致意的礼节。目前国际上通行的致意礼节最基本的包括握手礼、拥抱礼、握手贴面亲吻礼、鼓掌礼、鞠躬礼、合十礼等。

1. 握手礼

握手礼是当今运用最广泛、最频繁的一种致意礼仪。行握手礼时,一般职务、年龄、性别等决定谁先提议握手。

行握手礼要做到以下几点:

第一,身体向前微倾;

第二,虎口相接握手;

第三,目光注视对方;

第四,面带表情;

第五,适当用力;

第六,上下轻摇;

第七,握手禁忌:除了女士戴有长袖手套和天气异常寒冷外,一般情况下,应摘下手套握手;在大多数伊斯兰教国家,异性之间往往不握手;应避免用湿手、汗手、脏手与人握手;刚出卫生间也不宜与人立刻握手;有些国家的人比较忌讳交叉握手,认为这与耶稣受难的十字架形状相似。

握手礼从形式上可以分为英法式握手、美式握手、北非式握手、南非式握手、中亚式握手、苏丹式握手等很多种。

2. 握手贴面亲吻礼

握手贴面亲吻礼是一种介于握手、拥抱和亲吻礼之间的礼节。往往是西方人异性之间或女性之间见面或送别时行的礼节。东方人在行此礼时,一般应等对方先动作,然后再立刻回应,否则可能会陷入尴尬境地。具体的做法是：

第一,先握手；

第二,将自己右脸伸出去贴对方右脸；

第三,贴面同时做出飞吻动作和声响；

这一动作按先右脸、再左脸,重复二至三次,即右—左或右—左—右。

行此礼时,要大方热情,不必扭捏作态。但也切记不要热吻、真吻。

3. 拥抱礼

拥抱礼是外事活动中常见的一种致意礼节。一般是老友重逢或送别,或者新结识一个朋友,在一起一段时间快分离时,为了表示喜悦、感激或不舍之意而行这种拥抱礼。

正确的行礼方法是:双臂伸开,右臂在上,左臂在下,与对方搂抱。热烈的拥抱还伴有轻拍对方后肩动作。女士之间拥抱也可以贴面代替。一般持续三五秒钟。

拥抱礼分为大陆式、俄式和阿拉伯式几种。

行拥抱礼时最大的忌讳是尖叫躲避,或者男女之间拥抱过紧、过久。

4. 鞠躬礼

行鞠躬礼,在日本有一定的讲究,初次见面或者相互问好,一般要鞠躬弯腰 15 度左右；分别时则达到 30 度；感谢时,鞠躬的角度到 45 度,道歉或者致哀,一般接近 90 度。

行鞠躬礼时要注意双脚并拢,双手或紧贴裤线或相握垂放于身前,自然弯腰鞠躬。目光要随着头部向下移动。同时要说感谢或者问候的话。

5. 鼓掌礼

行鼓掌礼时,需要注意四点：

第一,动作正确。双手拇指自然伸张,其余四指并拢。其中右手手掌平伸,左手手掌微曲,然后用右手的指掌部分拍打左手掌心部分。要避免双手手指分开鼓掌,或者只用一二根手指鼓掌,甚至鼓倒掌的现象。

第二,掌声适度。一般鼓掌应有一定的响度,要比较清脆。当然越热烈,表达的情感越强烈。要避免掌声时断时续,或者软绵无力。

第三,注意协调。鼓掌应集体行动,不可一意孤行,不合时宜地独自鼓掌。一般要注意配合主人或主宾鼓掌。

第四,正确还礼。一般鼓掌礼应用点头、挥手或者鞠躬、抚胸的方式还礼,要避免以鼓掌的方式还礼。

6. 合十礼

合十礼是在东南亚信奉佛教的国家运用的一种致意礼节。合十礼也叫合掌礼。

行合十礼时,应双手合十,指尖朝上,举于胸前。同时,伴有双腿轻微下蹲姿势。根据对方身份,指尖的位置不同。一般对方身份越高,指尖就举得越高,下蹲的姿势越明显。最高时可与眉心相齐。当无法双手合十时,用右手单掌代替,表达相同的敬意。

行合十礼时,如果对方的职务、资历比自己低,将回礼的指尖位置可以偏下。

除了这些常见的致意礼节外,在不同国家还有包括拱手礼(作揖礼)、拂胸礼、吻脚礼、碰鼻礼,以及点头、举手、欠身、起身、注目等各种不同的致意礼节。

致意礼节是表达情感的一种方式,是迎送礼仪当中一个非常重要的环节。

三、外事活动中的仪容礼仪

从事外事工作的人员,其仪容礼仪修养不但反映个人的礼仪素养,在一定程度上也反映一个民族的整体礼仪水平。随着国际交往的日益频繁,对于什么是可以接受,并被认为是一个良好仪容形象的标准,有一个大致认可的条件。这个标准要求:总体上要干净整洁;要适度化妆;气味要清香健康;态度要亲和友善。

要做到干净整洁,首先,要注意重视最简单、最日常的洗漱过程。在洗漱中,要使用必要的洗漱用品,比如洗面奶,洗发香波,沐浴露等。尤其是头皮屑很重的人士,更是要注意经常洗头,避免在外事活动中出现满肩的头皮屑。同时,还要注意正确的洁容手法。之所以要强调这一环节,是因为这是仪容礼仪的基础。

除了洗漱,还要对仪容各部位进行养护。所谓的养护就是对头发、指甲等进行修剪和保养。毛发的修剪对男性、女性有不同要求。

男性的体毛生长总体而言要比女性浓密。其中,长胡须更是男性的一个生理特征。外事活动中,男性一般不留长须,耳、鼻毛不露出腔体,胸毛一般不外露。男士修面时的一个要领是:一定要修出耳侧的鬓角,两边鬓角的长短要相当,鬓角底端要整齐。眉毛要适当修整。发型要适合自己的脸型。

女性的体毛比男性而言要淡薄一些,但要注意三点:一是眉毛要修出眉型。但不可有太浓的画痕,不能有墨迹和纹痕。二是不能留腋毛。三是手、腿上如果有厚重体毛要经常剃、褪,不可让其外露。

(一)仪容礼仪的重点:化妆

爱美之心人皆有之。对美的追求和喜爱是人类社会一个通性。化妆实际就是对自身仪容的一种美化。目的是为了让自身的形象能获得他人的认可、接受和欢迎。这种美化的过程往往是通过用适当的色彩和线条来改变人们的视察感受,从而弥补形象的缺陷,突出优点。

外事活动中有一条不成文的规则,即所有参加活动的女性都需要进行适度的化妆。不化妆参加活动被视为是一种缺乏礼仪修养的表现。在现实的世界中,进行适度的化妆实际也能为营造一个良好的交流与沟通氛围提供条件。化妆要适度,不可夸张。这种适度也要求根据不同的场合进行适当的化妆。比如参加晚上的庆典、宴会等活动,要适当增加化妆的浓度,以便适应晚间灯光照射的效果;而在白天的日常政务工作及交往中,要注意化淡妆,而不可浓妆艳抹。

脸部化妆要注意脸上有三个重要的部位,即唇、眉、眼。这三个部分是否适度化妆直接影响脸部的整体效果。唇部要用唇线勾出唇型,然后涂抹唇膏或口红,口红颜色要适当、自然。眉毛要有眉型,眉线要不留明显痕迹,粗细适当,不可太粗,也不宜只留一条细线。眼部要适当勾出浅淡的眼线,打上适量的眼影,这样才会显出一双明亮的眼睛。

手指部分的化妆也是一个重要的部位。手指部分的化妆主要是集中在指甲部分。指甲上涂抹指甲油是最主要的化妆方式。参加外事活动,一般只应在指甲上涂抹同一色彩的指甲油,而且颜色以偏红或无色为主,而不应以其他色调装饰。

头发的化妆目前主要是颜色的渲染,即染发。外事活动中,不适宜染上非常显眼和鲜亮的颜色。对于发质本身为黑色的东方人,如果想染发参加外事活动,比较适合的颜色是红褐色。

除了直接在皮肤上进行化妆以外,世界各地的人们一直喜欢以佩戴各种装饰品来强化化妆的效果。这其中,尤其以耳环、戒指、项链为主。在出席外事活动时,应注意这些饰品的佩戴也以适度、简明为原则,不可太多、太杂。

除了女士需要在参加外事活动时进行适度化妆以外,男士在必要时也可以化妆。但切记,男士化妆要淡、要自然,不可一眼就看出化妆的痕迹。

(二)仪容礼仪中的香水

人身上也存在着体味,而且这种体味因每个人条件的不同而各不相同。有的人有浓烈的狐臭,有的人则因口腔疾病而有口臭,不良的体味有时在很大程度上影响人与人之间的交往。因此,香水越来越成为一种国际交往过程中每个人的随身必备品。是否使用香水也成为礼仪素养的一种标志。在恰当的时间,通过恰当的手法,使用恰当的香水是一个人具备高超的礼仪修养的表现之一,也是拉近人与人交往距离的技巧之一。

香水,根据结构和香气散发的时间又分为香精(Perfume)、香水(Eau de Parfum 简称 E. D. P)、淡香水(盥用香水 Eau de Toilette 简称 E. D. T)和古龙水(Eau de Cologne 简称 Cologne 或 E. D. C.)。

香水是由蒸馏水、酒精及香料组成的。其中酒精成分一般在75%—80%之间,不超过80%。蒸馏水最多占18%。香料含量是区分不同层次香水的最主要标准:其中香精中所含香料的浓度15%—25%,持续最长,约5—7个小时;香水:10%—15%,持续3—4小时;淡香水5%—10%,可持续1—3小时,古龙水:2%—5%,持续时间1小时。一般而言,每一款香水的香料都是由不同的种类混合而成的。

根据香型,可分为植物香型和动物香型。其中植物香型又可以分为花香型、木香型、果香型,这些香水大多比较清淡,而动物香型又分为皮革香型、麝香型,这些香水大多比较浓郁。从香水使用的部位可以分为腋下香(Deodorant)、口洁素、手帕香水等。大多数情况下,我们所指的香水是指手帕香水,即日常使用的液体香水。

香水的香味在不同的时段有不同的味道,根据持续时间可分为三段。其中香水喷洒之后,前半小时到四十分钟左右的时段称为香水的头香或称前味段(head note or top note),这段时间的香水味道浓烈、具有较强的刺激性,粗糙的香水还能闻出明显的酒精味道。半小时以后,香水的味道开始变得柔和,进入香水的香体或称中味段(Body Note, Middle Note)。香体部分是香水师所希望创造的香水本味。中味过后进入香水的后味部分,又称"尾香"、"残香"、"底香"或"香迹"段(Basic Note),这一段香水的本味开始消失,但余香还在。越是好的香水,尾香部分持续的时间就越长,最好的香精香水甚至可以在一周以后,还能闻出丝丝幽香。

由于香水具有前味、中味及后味三个不同时段,在使用香水时一般应注意提前半小时到四十分钟涂抹,避免前味的刺激性香味引起其他人的不适。同时要注意参加日常的外事活动时,一般不宜抹浓香型香水,但在出席正式晚宴或其他夜间娱乐活动时,可以视情况涂抹浓香型香水。另外,在东方人多的地方,以涂抹淡香型香水为宜。

香水的使用基本有两种方法,即喷洒和涂抹两种。

在使用时,如果使用涂抹的方式,一般应将香水涂抹在耳后、脖颈、手腕等有脉搏跳动之处,这样可以用脉搏的微热帮助香水持续地散发。有时,为了让香水的余香更持久,可以涂抹在腰部、髋关节等人体表皮处。将香水抹在脚踝则可以让香水的香味飘散出来时更自然。

如果使用喷洒的方法,应将香水喷在外衣服的腋下、衣服内衬部位、裙摆里侧、裤管底口内侧等处。这样,一可以防止香水一下子就挥发消失,保证香水可以持续散发。二可以让香味的飘散更自然,迷人。

以上两种方式中,之所以将香水涂抹喷洒在暗处,除了防止香水过快挥发以外,另一种考虑也是避免阳光紫外线作用而留下色素沉淀。

尽管香水本身并没有只能供男士或女士专用的特性,但在实践中,男士大多喜欢用古龙水。烟草香型、皮革香型、麝香型和木香型的香水也很适合男性使用。而女士则喜欢用花香型、果香型的香水。现在有很多品牌也分出男用和女用香水。

香水不但给人以感官的体验,而且也可以给人以意念上的联想。香味浓烈的香水给人以火热、躁动的感觉,而清淡的香水,则给人以清新、宁静而平和的感觉。香味适中的香水,给人以动感。所以在不同的场合涂抹不同香型的香水可以更好地配合和调动现场的交流气氛,使政务交往更加融洽。

香水有很多名牌。目前比较有名的有:古驰(Gucci)、伊丽莎白·雅顿(Elizabeth Arden)、伊丽莎白·泰勒(Elizabeth Taylor)、CD

(Christian Dior)、香奈尔(Channel)、伊夫·圣·洛朗(Yves Saint Laurent)、纪梵希(Givenchy)、CK(Calvin Klein)、雨果(Hugo Boss)、范思哲(Versace)、雅诗兰黛(Estee Lauder)、兰蔻(Lancome)等。这些品牌香水几乎都有男用和女用两种系列产品。

除了一般香水以外，目前最常用的芳香品还有腋下香和口洁素。腋下香又称除臭剂，英文称为"Deodorant"，主要用来去除狐臭，直接涂抹在腋下。一般是在洗完澡之后涂用。腋下香又分为具有阻汗功能的腋下香和去汗功能的腋下香两种。阻汗功能的腋下香很多人认为都有诸如铝等原素，可能会有副作用，一般不使用。口洁素主要用于喷射在口腔里，改变口中异味。

如同选用护肤品时一样，选择香水应参考自己的性格、身份及其出席活动的场合，选择适当的香水。

(三) 外事活动中的仪容要求

外事活动是一种正式的公务活动，具有一定的严肃性。良好的仪容礼仪是为了配合政务交往中的其他方面，达到政务目的，而不是外事活动的目的本身。因此，仪容礼仪不能转移外事活动参与者的视线。要求在仪容形象方面要相对保守，不能过分张扬显眼。另一方面，人们对非常前卫、时尚和开放的仪容形象会有不同的看法，并不是所有人都欣赏前卫和时尚的做法，因此，保持相对的保守可以避免引起非议，影响人们之间的政务交往。

在实践中，男士发型设计方面，尽可能避免长过脖领的发型，不留光头或奇异发型，不把头发染成过分鲜艳显眼的颜色。不留长须和络腮胡，尽可能每日剃鬓角。平日如若化妆要非常浅淡，不可露出画痕。

女士在平日的外事活动中，应注意化妆要淡，各种化妆色彩要传统一些，比如唇膏、指甲油均应以红色为主基调，不可染绿色、蓝色等非传统性的颜色，眼影不能太重，眼线不宜太深。

保持仪容礼仪的相对保守是一种国际政务交往当中的保险原则，可以保证外事活动本身成为整个活动的主流、主题，从而为达到交往的目的奠定基础。这种相对保守的原则体现在国际政务仪容礼仪的各个方面，需要仔细的品味和把握。

(四)仪容礼仪中的表情礼仪

人与动物最大的一个区别是人有感情和思维,有喜怒哀乐。人与人之间的交往也是一种情感的交流。只有在友善、亲切、宽松、舒适和受欢迎的环境中,人们之间才能进行充分、自由的交流。而在大部分情况下,特别是人与人之间现实的交往中,人们的面部表情和眼神是情感交流的最重要途径。因此,应该十分重视具有一个良好的面部表情和眼神。通俗地讲,就是要适时地面带微笑,在与人交谈时,注意目光的稳定交流。

四、外事礼仪中的餐饮礼仪

西方的外交界里流行一句话,即外事的工作是在两张桌子上完成的,一张桌子是谈判桌,一张桌子是宴会桌。事实上,在外事活动中,确实有很多的餐饮宴请活动。从事涉外工作,必须了解和掌握最起码的餐饮礼仪知识,必须了解如何做好主人,如何做好客人。

首先,必须了解从外事礼仪的角度,餐饮形式有哪些,都有什么样的规格、要求。

(一)餐饮形式分类

1. 宴会

宴会(Banquet)是外事餐饮活动中最常见的一种餐饮方式。举行宴会的目的一般是为了欢迎、告别、答谢、庆祝或者联谊。宴会与其它形式的餐饮活动最大的区别是安排座席、分道上菜,并且有明确的时间要求。西方国家宴会一般邀请夫妇共同参加。宴会一般分为国宴、正式宴会和便宴。

国宴(State Banquet)是由一个国家中央政府或者国家元首、政府首脑出面组织的庆典性的宴会。这种宴会规格很高,规模也较大。宴会时可能会组织现场乐队奏乐、悬挂国旗,主宾双方可能致辞或者祝酒。

国宴的组织非常严密,会提前发放请柬、汽车通行证,提前确认出席情况,会要求客人穿着礼服或者正装出席,客人通常被要求准时出席宴会。另外在座席位置、汽车停置、安全检查等都有严格的规定和指示。

正式宴会(Formal Banquet)是相对于便宴而言的,它与便宴的主要区别是更正式,各方面的要求更规范。在外事活动中,正式的宴会都会事先安排。请柬会提前三至四周发出。会编排位次,布置座签。大型宴会可能还需要画出座位和桌位图。正式宴会应先确定菜肴,印制菜单。着装方面的要求也会很明确。正式宴会一般都会由主人或者主宾致辞祝酒。西方国家,正式宴会还分餐前交谈和入席就餐两个阶段。

正式宴会又可以分为晚宴、午宴和早餐,但最正式的是晚宴,其次是午宴,正式宴会很少定在早餐。晚宴西方国家多定在晚七点钟左右,阿拉伯国家及南美一些国家多定在晚上九点以后,而午宴则定在中午一点左右。

便宴(Informal Banquet)是相对于正式宴会而言,其宴请的正式程度要低一些。可以电话邀请,座位排序相对自由随便。可以事先安排,也可以临时提议。出席便宴时的服装要求可以更宽松一些,有时穿着便装也可出席。便宴也可安排即兴致辞、祝酒。

很多驻外或者驻华使节和外交官经常在家中也举行宴请活动。这种活动,尽管是在家中举行,但其正式程度并不降低。相反,要求涉外工作人员更要在家宴中注意餐桌的礼仪和规范。

2. 招待会(自助餐、冷餐会)

从礼仪规范和要求上比宴会低一个层次的应该被认为是招待会(Reception)。招待会,也称自助餐(Buffet)或者冷餐会。招待会上,一般是将菜肴、酒水事先安排陈列,就餐者根据自己的口味、喜好和食量自助取食的餐饮形式。

招待会也会提前发出请柬,但是一般只要求"Regrets Only",也就是如果不能参加的话,才需与主方确认。一般参加招待会可以晚来早走,中途离席,招待会不特别强调安排足够坐席,有时甚至没有座席,这样便于就餐者可以随时与不同的人共同进餐和交谈。招待会可以安排专门的讲话、致辞和祝酒,也可以不安排。

在我国有时招待会被称为冷餐会,但这称谓并不意味着整个招待会只有凉菜。实际上,它应还包括一些热菜、热汤和热主食。

招待会对着装也有很多要求。也需要留意最基本的就餐礼仪。取食时一般要按顺序取食,礼让女士,可以多次取食,但不能一次多取,更不可暴饮暴食。

招待会的另外一种形式是户外烧烤,英文称为"Barbeque"。其食品陈列由就餐者自取。如果户外烧烤是由机构组织,带有一定的公务或者庆典性质时,着装要求就比较严格,至少也要穿公务休闲装出席。但如果是家庭或以朋友名义举行的,就可以穿社交休闲装出席。

3. 酒会(鸡尾酒会)(Cocktail, Drinks)

宴会和招待会均是以食品为主,而酒会的主角是各种饮品,其中以酒精饮品为主。酒会一般是在下午两点至晚上六七点以前举办,有时也会安排在晚上九点以后。

之所以要把酒会单独列成一种餐饮形式,是因为参加酒会有其一定的礼仪规范:第一,着装方面,如果是在办公时间举办,也就是在晚七点以前举办的,一般只要求穿着正装,但如果是在晚上九点以后举办,一般要求穿着礼服或者公务休闲装;第二,女士应该事先化一些妆再出现;第三,参加酒会可以晚到早走,但一般离开前与主人打招呼;第四,拿取酒水,一定要注意礼让女士。每次取酒应尽量把杯中的酒喝完后,再换杯、换酒,空杯最好置放在服务生的托盘中;第五,喝鸡尾酒,还要注意不能随意调配酒水,最好点要一些传统经典的鸡尾酒;第六,酒会上一般会提供一些佐酒食品,但这些食品并不是作为正餐提供的,所以拿取时要少量拿取更不能当成主食来吃;第七,酒会饮酒要适度,不能酩酊大醉;第八,参加个人举办的酒会,最好能携带酒水或者佐酒食品参加。

4. 茶会(Tea Party)

在外事活动中,茶会是女性外交官和外交官夫人们经常举办的一种交谊活动。其饮品主要是茶水,还会略备饼干、小点心。茶会分为早茶(上午茶)、下午茶两种。茶会的目的一般是交谈,而非喝茶或者欣赏茶道。

与前几类餐饮活动不同的是,茶会一般不需发出书面邀请,电话邀请即可。时间安排也较灵活,可长可短。

5. 工作餐

除了以上的餐饮形式以外,外事活动中经常碰到的另一类形式是工作餐。工作餐最大的特点是简单快捷,以谈话为主,就餐为辅。一般不邀请家人参加。工作餐一般各自付款,但有时邀请方负责安排和付款的现象也很正常。工作餐可以分为早、中、晚餐。

（二）就餐方式分类

当前，国际通行的就餐方式主要有两种：一种是中式，另一种是西式。这两种就餐方式的区别体现在很多方面，包括礼仪原则、餐具的使用、菜肴的烹饪方法、菜肴的口味特色、上菜的方法等。在我国，为了便于中外交流，兼顾中式及西式的特点，进餐的方式还加入了中餐西吃的方式。

1. 中式

中式就餐方式从餐具上讲，主要的特征是使用筷子、碗和瓷质的汤勺；从上菜的方式来讲，主要是合餐制，或者叫共食制，即一道菜摆放在餐桌中央，供就餐者全体享用。

中式就餐方式可以细分为中式、日式等。其中中式就餐方式的最大特点之一是将筷子竖放，而日式是将筷子横放。

中餐摆台相对于西餐摆台要简单一些。餐桌上先铺桌布，有时需要围桌围。然后在上面摆转台，以方便就餐。转台放好之后，将餐盘（三寸碟）、筷架、筷子、酒杯、水杯、汤碗、汤勺、茶碟、茶杯、口布等餐具用品按就餐人数摆放。口布（也就是西方人使用的餐巾）一般是就餐者入座后，由服务员帮着打开，并铺垫在每个人餐盘下面，并沿桌边垂放。

2. 西式

西式就餐方式从餐具上讲，主要是使用刀、叉、勺和盘；从上菜的方式来讲，主要是分餐制，即每一道菜分放在每个人的餐盘中。

西式就餐方式除了使用刀叉以外，有时还可使用手直接抓取食品，并称其为"Finger Food"（手抓食品）。

与中餐一样，西餐摆台也是先铺桌布，围桌围，然后摆餐具和酒具。餐具一般包括一个垫盘、一张花纸，然后再在上面放一张餐盘。垫盘右侧放餐刀、餐勺和汤勺，左侧摆放正餐叉和沙拉叉。垫盘正前方，从中线往右，按高低顺序摆放酒具，一般应摆水杯、香槟杯和葡萄酒杯，酒具外侧可以放咖啡杯。餐盘左侧靠上的位置摆面包盘，面包盘上可以放黄油刀，餐盘正前方放甜品刀。餐巾，一般有三个位置：餐盘中、餐盘左侧或者最靠中间位置的酒具中。传统的西餐摆台里还会放烟灰缸、火柴，餐盘正上方可以放置调味瓶。

3. 中西混合

随着国际交往的不断发展，就餐形式也在不断发生变化。中西混合的就餐方式成为一种最新的方式，也叫中餐西吃。中西混合的特点是餐具的摆放和上菜的方式都是一种混合体。餐具不但有筷子，也放刀叉，上菜既有合餐的部分，也有分餐的部分。冷拼一般都合餐，而其余部分则分餐。

中西餐混合式摆台与西餐摆台基本相似，只是餐具的摆放稍有差别。中西混合摆台只放一把餐刀、餐叉和汤勺，然后在餐刀一侧放筷架和筷子。

(三) 餐具使用礼仪和规范

1. 中餐具使用礼仪

中餐具与西餐具最大的不同体现在两点：一是碗，二是筷。

传统的礼仪中，饭碗是不能捧在手上就餐的。但是随着时间的推移，现在人们已经能够容忍捧碗吃饭，可是仅限于主食。

筷子则应及时放回筷架，或者放在餐盘上。筷子使用，不能"滴筷、跨筷、叉筷、抖筷、插筷、舔筷、玩筷、指筷、截筷"。如果汤是单独由带垫盘的汤盅盛放的，汤匙用完后，应取出放在垫盘上。

2. 西餐具使用礼仪

在外事场合中，有时西餐的规格会按照餐具的质地，主要分三种：金质、银质和钢质餐具。一般规格越高，其质地也就越好。据说，英国王室在接待外国君主国事访问时，会用金餐具宴请客人。西餐餐具在英文中统一被称为"银器"(Silverware)。

(1) 餐刀：西餐中餐刀有好多种，最常用的有四种：牛扒刀；正餐刀；鱼刀；黄油刀。

(2) 餐叉：最常见、常用的有四种：沙拉叉、正餐叉、鱼叉和水果叉。

(3) 勺：最常见的有三种：正餐勺；汤勺；甜品勺，一般平放在正餐盘的上方。

西餐餐具用法中，基本的使用方法是"从外到里"，从最外侧的刀、叉开始，逐步到最内侧的刀、叉。在具体的操作方法上分为欧洲大陆式和美国式两种。

欧洲大陆式的刀叉用法，又称英式用法。其最主要的特征是右手拿刀,左手拿叉,叉齿向下。宴会过程中,这个位置基本不变,左手的叉负责将食品送入口中。右手的餐刀负责将菜切开,或者将菜推到叉背。而且是每吃完一口再切一次,或者说切一块吃一块。

美国式的刀叉用法是比较复杂的。其使用方法分两个阶段:切菜和入口两个部分。切菜阶段右手拿刀,左手拿叉,叉齿向下。这与欧洲大陆式相同。但是切完全菜之后,美国式就把右手中的刀平放到餐盘顶端,然后把叉子倒手从左放到右手,叉齿向上,如同铲子,将切好的食品送入口中。每吃完一口,然后又将右手中的叉倒回左手,用右手将刀从盘中拿起。再周而复始地重复一遍。

西餐刀叉在使用的过程中,根据摆放的位置不同,可以表示两个寓义:稍息和停止。其中,稍息位置是按"叉压刀"的方式,将刀、叉交叉摆放在餐盘上,此时表示就餐者暂时休息,过一会儿还会继续进餐。而停止位置是将刀、叉合拢摆放在餐盘上。这样表示,就餐者不准备继续食用该菜,服务生可以将盘撤走。

西餐喝汤的方法有两种。一种是从内往外舀汤,并在最外沿汤盘上刮一下,再送入口中的喝法;另一种是从外往里舀汤,然后直接送入口中的喝法。这两种喝法都可以,但要求后一种喝法需要用餐巾把胸前部分盖住,以防汤溅到身上。

餐巾是西餐中不可或缺的一部分。其最主要的用途有两个:一是避免食品溅落在衣服上,另一个是擦拭嘴角的菜汁、油迹等。餐巾绝对不是用来擦汗或者擦鼻涕的,也不是用来做抹布擦拭餐具或杯盘的。因此,在就餐过程中,应注意餐巾的使用方法,尽量只用餐巾轻轻抹擦唇角。如果需要擦汗等,应使用卫生间或者餐巾纸等。一般而言,餐巾摆放在餐盘的中央或左侧,或者叠出花形插放在口杯中。宴会开始前,一般由主人先把餐巾铺在腿上,其他客人陆续效仿。除了小孩以外,餐巾一般不围在脖子上。

就餐过程中,将餐巾叠好放在座位上或者座位椅背上,表示是暂时离开席位,还会回到餐桌。而将餐巾放在餐盘的右侧或者餐盘上,则表示进餐完毕。值得大家注意的是,宴会结束时都应把餐巾稍加叠放,而不能皱成一团胡乱放在桌上。

现代的中餐,除了摆放口布以外,还有小的湿毛巾。湿巾的用途主要是净手和擦脸,一般应放在就餐者左侧。

（四）经典酒水的选点之法与品酒之道

外事宴请活动中，不可避免地需要用到酒水。了解相关的知识，以及一些具体的饮用礼仪，有助于从事涉外工作的人员进一步做好外事管理工作。要了解酒水，就必须知道餐饮宴请中，酒水分两大类，一是非酒精的饮料，又称软饮；另一种是含酒精的饮料。软饮又分加气软饮和不加气软饮。矿泉水、茶水等属于不加气软饮，可乐、雪碧等属于加气软饮。含酒精的饮料，现在世界上比较有名的分以下几类：

1. 汽酒

实际就是含有二氧化碳气泡的葡萄酒，其酒精度相对较低。汽酒中最有名的是法国的香槟酒。由于有很强的观赏性，汽酒历来被认为是一种最好的礼仪酒，经常出现在签字和欢庆等仪式上。汽酒也可作为餐前酒和伴餐酒。汽酒在饮用时，可以握住杯身，倒入杯中的汽酒应尽快喝完。服务生在续杯时应注意就餐者在饮完之后，再予续杯。

2. 啤酒（Beer）

啤酒含有丰富的二氧化碳，是理想的餐前酒。作餐前酒时，可以用带把儿的专用啤酒杯饮用。一般饮净之后，再续酒。

正式的宴会中，啤酒也可以伴餐。伴餐时，应使用类似香槟酒杯之类比较精美的酒具。

啤酒杯分为两种。一种是酒会和酒吧当中用的扎啤杯。这种杯，一般体大、壁厚、带把儿。喝啤酒时，用手握把儿。另一种是餐桌上伴餐喝啤酒用的啤酒杯。这种杯与水杯基本相同。喝啤酒时，一般喝干一杯，再斟酒。

3. 葡萄酒（Wine）

葡萄酒是非常理想的宴会酒。根据葡萄酒中所含甜度分为四种：全甜葡萄酒、半甜葡萄酒、半干葡萄酒、全干葡萄酒。其中全干葡萄酒是最理想的伴餐酒。

根据葡萄酒颜色又分为红葡萄酒、桃红葡萄酒和白葡萄酒。其中红、白葡萄酒配餐的基本原则是：红酒配红肉，白酒配白肉。干红葡萄酒应该与肉质鲜红的荤菜相配，特别是牛、羊、猪肉。干白葡萄酒应该与肉质浅淡的荤菜相配，主要是指海鲜和鱼肉。在实际配菜时，要以菜肴口味烧制的浓淡为主要依据。味浓、汁重的菜肴应以干红葡萄酒为佐餐酒,而味淡汁轻的菜肴应以干白葡萄酒为佐餐酒。

干红葡萄酒的饮用温度相对于干白葡萄酒要高,可以在室温下饮用,不用冰镇。在饮用时,可以用手握住杯肚。干红葡萄酒在饮用前最好先打开酒盖醒酒,或者将酒倒入醒酒瓶中,让其氧化一段时间,这样饮用时,酒味更加纯正和柔和。

干白葡萄酒饮用前,应先将干白葡萄酒放在冰箱的冷藏室中。饮用时,将酒瓶置于冰桶中。干白葡萄酒倒入酒杯后,应注意用手握杯柱或者杯托,而不直接握杯肚,以免手指和手掌温度传导到酒中,从而破坏酒味。

按常规,如果是在酒店、餐厅点葡萄酒时,应由主人先尝第一口,认可后,再依次按从主宾到主人的顺序顺时针方向斟酒。品酒时,一般都是啜饮,而不能一饮而尽,喝"干杯"酒。

斟酒时,服务生应注意右手持杯,左手拿一块白方巾护瓶口。斟酒抬瓶时,应注意稍稍旋转瓶身,这样可以避免遗酒。

侍酒时,干红葡萄酒应在客人快饮到杯底前,续酒。而干白则应等客人饮净后,再续酒。

红葡萄酒杯有很多种杯形,但以椭圆形杯肚的高脚杯见多;红葡萄酒在斟酒时,最多斟可以至七成。喝酒时,正确的持杯姿势应是用拇指、食指和中指夹住高脚杯杯柱。

白葡萄酒杯是球形杯肚的高脚杯,杯柱较长。斟酒时,一般只斟三成。饮酒时,应该握住杯柱或者杯托来喝。

4. 雪利酒(Sherry)

雪利酒首先是将葡萄发酵之后,再用白兰地酒进行强化之后制成的一种酒精饮品。从严格意义上讲,雪利酒是一种葡萄酒,它是一种很好的餐前开胃酒。雪利酒可以用葡萄酒杯饮用,也有专门的雪利酒杯。

5. 威士忌(Whisky)

威士忌酒是典型的蒸馏酒。目前世界各地都在生产威士忌,其中英国苏格兰威士忌被认为是历史最悠久的威士忌。在烈性酒中,威士忌被认为是最佳的餐前酒。

威士忌有多种饮法。一种是净饮,一种是加冰和柠檬,还有一种是与其它饮料混合后再喝,亦即鸡尾酒喝法。威士忌酒杯一般都是平底宽口的酒杯,往酒杯中倒威士忌时,一般只倒薄薄一层,也叫三寸威士忌。

威士忌酒杯一般是平底、瓶口和瓶底面积基本相等的杯子,适于放冰块。威士忌酒加冰喝时,一般都会带一张餐巾纸,这是因为加冰的酒容易结水雾,并形成露水,垫上餐巾是为了不湿手。一般要小口啜饮,而不能一仰而尽。

6. 白兰地(Brandy)

白兰地也是一种蒸馏酒。它的原料最初是比较粗糙的葡萄酒,后来也用其它发酵的果汁,经过蒸馏以后,放在橡木桶中陈化。白兰地酒陈化的时间越久,其酒质就被认为越好。因此,其酒标上,经常出现一些表示陈化年份的字母。其中,VS 或者三颗星表示勾兑该酒用的白兰地中,最年轻的酒也都在橡木桶中陈化了三年;VO、VSOP 或者 réserve 表示勾兑用的白兰地中,最年轻的酒也都陈化五年;Extra、Napoléon、XO 或者 vieille réserve 表示勾兑用的酒至少陈化六年;Hors d'Age 则表示勾兑用的酒已经陈化十年。

如同威士忌一样,白兰地酒有很多的品牌,世界很多国家都产白兰地。其中最有名的是法国的干邑白兰地(Cognac)和雅文邑(Armagnac)。

白兰地酒杯是口小肚大的高脚杯,又称嗅杯,适于聚集白兰地的酒香。喝白兰地时,应先嗅一下杯中的酒香,再小口啜饮。

7. 伏特加(Vodka)

伏特加酒主要以发酵谷物为原料蒸馏而成,一般不经过陈化过程。因此其酒标很少会有陈酿年限标注。伏特加酒的另一个特点是其容器或者容器盖物一般很少有木质材料,多为玻璃、不锈钢或瓷器。

伏特加酒的酒精度都较高,一般很少作伴餐酒。伏特加酒是主要的鸡尾酒基酒之一,可以与其它饮料配制很多不同的鸡尾酒,同时也可净饮。

8. 杜松子酒(Gin)

杜松子酒汉语中又称金酒或者琴酒。杜松子酒实际就是带有杜松子味道的蒸馏酒。其发酵原料一般是谷物,蒸馏时加入杜松子或者杜松子酒料以便蒸馏出杜松子的味道。杜松子酒一般毋需经过陈化,因此其酒标上没有陈酿年限。

杜松子酒分为很多不同的口味,其酒香一般都非常浓郁,主要用作鸡尾酒的基酒。

9. 朗姆酒（Rum）

朗姆酒是一种主要由甘蔗作为原料的蒸馏酒。有的朗姆酒会经过陈化过程，因此，其酒标上往往有陈酿的年限。

朗姆酒是鸡尾酒的主要基酒之一。但是，陈酿很久的朗姆酒可以像白兰地酒一样净饮。

10. 龙舌兰酒（Tequila）

龙舌兰是一种盛产于墨西哥的一种植物，龙舌兰酒就是用这种植物发酵后酿成的酒精饮品。龙舌兰酒是鸡尾酒的主要基酒之一。

（五）祝酒之道

祝酒是宴会中不可或缺的一项内容，往往也是就餐者相互传达各种信息的一种方式。祝酒的方式很多，可以是一对一的祝酒，也可以是对全体就餐者的祝酒。祝酒时，主人往往会说明举办宴会的主要目的，而客人则会表达一种祝贺、祝愿和支持之类的话。从这个意义上讲，祝酒实际也是在致辞。

祝酒之道，最难以掌握的有两点：一是祝酒的时机，二是祝酒的用辞。

祝酒的时机在中餐和西餐中有所不同。

中餐中，祝酒一般放在就餐之前，或者至少在热菜之前。祝酒时，往往主人先祝酒，然后由客人回应。

而西餐中，一般是在热菜之后，甜品之前。祝酒之前，为了引起大家的注意一般还会轻轻敲击酒杯。在大型的宴会上，主人祝酒完毕后，有时还会有主人方的人引见客人，再由客人祝酒。

在祝酒辞方面，不管是中餐还是西餐，一般都应遵循少而精的原则，不能长篇大论。特别是中餐，因为大多是在餐前发表，祝辞就更应该少一些。在用辞方面，中餐祝酒一般更直截了当，而西餐祝酒往往强调幽默风趣和文学色彩。

（六）进餐礼仪（餐桌礼仪）

1. 中餐进餐礼仪

中餐进餐的礼仪体现一个"让"的精神。这种"让"的精神体现在整个进餐的过程中。筵席开始时,所有的人都会等待主人让餐。只有当主人请大家用餐时,才表示宴会开始。而主人一般会先给主宾夹菜,请其先用,以示让餐。在就餐过程中,新菜上台一般也让主人主宾或者年长者先用,而主人、主宾和年长者则可以视情况给其他人夹菜。给其他人夹菜,在中餐中是表示关爱、尊敬的意思,受礼人还应表示感谢。为了卫生,现在中餐一般都会预备专门用来给人夹菜的公用筷子,叫公筷。传统点的做法是在给人夹菜时将筷子两端调头,用未使用过的一端给他人夹菜。

正式宴会中,菜台一般都可以旋转,这样方便就餐。但不管菜台是否旋转,要求就餐者就近夹菜,而不横越整个餐桌去夹取远端的菜品。在夹菜时,不能在菜盘中左挑右选,不能一次夹取很多。要注意不能让菜汤、菜汁随菜遗洒桌面。必要时,可以用汤勺协助接汁,以免遗洒。如果有筷架,筷子应及时放回筷架,而不能插放在公用的菜盘中,或者自己的餐盘上。

进食时,要注意细嚼慢咽,闭口嚼食。吃菜喝汤时,要避免发出太大的声响。吃剩的鱼骨、菜根等要吐放在餐盘的一角,而不能到处乱吐。喝汤吃主食时,可以端碗就食。

在海边或者打渔为业的地区,吃鱼时不能翻动鱼身,因为这被认为不吉利,会引起翻船。因此,如果一定要翻动鱼身,则应称其为"调头""转舵"。而在另外一些地区,餐桌上的茶壶嘴不能对人,而应朝外。

进餐时,坐姿要端庄,衣着要整齐,不能随意宽衣解带。进餐过程中,要与客人主动攀谈,要避免冷场。在祝酒、致辞时要停止进食,聆听讲话。

2. 西餐进餐礼仪

西餐进餐礼仪传达的是一种"美"的精神。这种"美"的精神要求整个的进餐过程不但要美味,更要悦目、悦耳。

首先,西餐进餐的整个过程,不但要衣着整齐,往往还要求着礼服;不但要求坐姿要端庄,而且动作要规范、放松、自然。传统的做法,甚至不能将肘部放在餐桌上,两臂要尽量收紧。吃面包时,要注意不能用叉子将面包叉起来,然后送入嘴中,而应将面包撕成小块,涂上黄油或者果酱再放入口中。喝酒喝咖啡时,要注意握杯、端杯的方法。而品菜、吃主食时,则不能将菜盘或者饭碗放到嘴边然后将饭菜送入口中。饭菜残渣要放在餐盘,而不能吐在餐桌上,污染餐布。在入席时还要帮助身边的客人和女宾入座。所有这一切,都是为了达到一个悦目的结果。

其次,西餐进餐过程中,不能发出不悦耳的声音。进食要闭口嚼食、吞咽。喝汤不能呼噜吸汤。吃面条,要用叉子卷着送入口中,避免吸食面条。餐具要避免大力磕碰发声。进餐过程中不能打喷嚏、饱嗝。相互之间交谈要轻言、细语,不能高声喧哗。这一切都是为了达到悦耳的目的。

因此,出席西餐宴请一定要注意避免不悦目、不悦耳的动作、行为、语言和着装。

如前所述,餐饮活动在外事活动当中往往扮演重要角色,是增进双方关系的重要手段。但是是否能够很好地遵循餐饮礼仪规范,是否能把一场外事宴请工作做好、做到位,就要看对餐饮礼仪知识的掌握程度和运用能力。外事工作人员应注重这一部分礼仪知识的学习、理解。

第三节 涉外交往的礼仪禁忌

礼仪始终是与禁忌联系在一起的。所谓礼仪禁忌,是指各个国家、各个民族习惯、风俗中禁止的事务和犯忌讳的言行。世界上不同国家、不同民族由于受各自文化传统和宗教信仰的影响,产生了各种礼仪禁忌。在对外交往中,外事人员需要做到"入境而问禁,入国而问俗,入门而问讳",注意不触犯他们的忌讳,才能获得相互间的尊重和信任。

一、礼仪禁忌的普遍原则

一般说来,各国、各民族礼仪禁忌都各有差异,但在对外交往中,还是有一些普遍适用的原则。

(一)尊重隐私

隐私就是私人信息。在涉外交往中,在与对方交谈的时候,要尽量避免涉及个人隐私,做到"八不问":不问履历出身,不问收入支出,不问家庭财产,不问年龄婚否,不问健康问题,不问家庭住址,不问政见信仰,不问私人情感。此外,到外国人的住宅做客,不经主人允许和邀请,不能要求参观主人的卧房,即使双方很熟悉,也不能去触动书籍、花草以外的个人物品以及室内陈设的其他物品。

外事人员在涉外交往时既要回避涉及他人隐私话题,也要避免与人谈及自己的隐私话题。自觉遵守涉外交往的有关规章制度,婉拒外国人提出的不合理要求,不做有辱国格、人格的事,不说有辱国格、人格的话。

(二)守时守约

在对外交往中,外事人员一定要做到言必信、行必果,积极兑现承诺。对于因难以抗拒的因素而无法履行的承诺,尽早向有关各方通报,如实解释,郑重致歉,主动承担损失。参加各种涉外活动,在接受邀请之后,不要随意改动,而应按约定时间到达。因故迟到,要向主人和其他客人表示歉意。万一遇到不得已的特殊情况不能出席,要有礼貌地尽早通知主人,并以适当方式表示歉意。

(三)举止得体

谈话时,不要唾沫四溅;可适当做些手势,但动作不要过大,更不要手舞足蹈,不要用手指指人;用餐时,应保证吃相文雅。嘴内有食物时,闭嘴咀嚼勿说话。喝汤忌啜,吃东西不发出声音。剔牙时,用手或餐巾遮口。嘴内的鱼刺、骨头不可直接外吐,用餐巾掩嘴取出,或轻轻吐在叉上,放在菜盘内。吃剩的菜、用过的餐具、牙签,都应放在盘内,勿置放在桌面上。忌喝酒过量、失言失态。对外宾可以敬酒,不宜劝酒;女士在需要化妆或补妆时,应该遵循"修饰避人"的原则,选择无人的地方,如化妆间、洗手间等,切忌在他人面前肆无忌惮地化妆或补妆。

(四)谨慎赠礼

根据经验,共有如下九类物品在外事活动中不宜充当礼品,统称为"对外交往九不送"。

(1)一定数额的现金、有价证券。不接受现金、有价证券或实际价值超过一定金额的物品,是一项常规的职业禁忌。

(2)天然珠宝、贵金属饰物及其制成品。原因与第一类相同。

(3)药品、补品、保健品。在国外,个人的健康状况属于"绝对隐私",将与健康状况直接挂钩的药品、补品、保健品送给外方人士,往往不会受欢迎。

(4)广告性、宣传性物品。若将带有明显广告性、宣传性或本单位标志的物品送与对方,会被误解为有意利用对方,或借机进行政治性、商业性宣传。

(5)冒犯受赠对象的物品。若礼品本身的品种、形状、色彩、图案、数目或其寓意,冒犯了受赠者的个人、职业、民族或宗教禁忌,会使馈赠行为功亏一篑。

(6)易于引起异性误会的物品。向异性赠礼时,务必要三思而后行,切勿弄巧成拙,勿向对方赠送示爱之物或含有色情的礼品。

(7)以珍稀动物或宠物为原材料制作的物品。出于维护生态环境、保护珍稀动物的考虑,在国际社会中不要赠送此类物品。

(8)有悖现行社会规范的礼品。现行社会规范不仅指我国现行的社会规范,还包括交往对象所在国家现行的社会规范,以免跨越法律、道德的界限。

(9)涉及国家机密、行业秘密的物品。在外事活动中,我方人员要有高度的国家安全意识与保密意识。对于外方人士,既要讲究待人以诚,又要注意防范。不可将内部文件、统计数据、情况汇总、技术图纸、生产专利等有关国家、行业的核心秘密随意送出。

（五）尊重女性

"女士优先"原则是国际社会公认的"第一礼俗"。在对外交往中,对女性的尊重也显得尤为重要。在称呼女性时,不宜妄自揣测对方婚姻状况,如不确定可统一以"女士"称呼之。男子一般不参与妇女圈的交谈,也不要无休止地与异性谈话,不宜与刚结识不久的异性开过分的玩笑,避免与女士发生肢体接触。一般来讲,男士要主动为女士让座,此时,女士不要过于谦让,更不能把座位再让给其他男士,避免尴尬。

二、涉外交往中的宗教禁忌

目前世界上有很多种宗教,佛教、伊斯兰教和基督教是公认的三大宗教。此外,还有犹太教、印度教等,它们也很有影响。据不完全统计,在世界60多亿人口中,信教的有48亿,也就是说,差不多80%左右的人都是信教的。外事人员在与不同宗教信仰的人打交道时,要注意尊重对方的宗教信仰,避开对方的宗教禁忌。

(一) 基督教禁忌

基督教是当今世界上传播最广、信徒最多的宗教。基督教实际上是一个统称,包括三大派系:天主教、东正教、新教。这三个派系存在一定的区别,外交人员在与基督教信徒进行接触时,应当根据其具体的派系区别对待,不可混为一谈。

在饮食方面,基督徒不食用蛇、鳝等无鳞无鳍的水生动物,不把动物的血液作为食物,因为血象征着生命。就餐之前,基督徒多先进行祈祷,要待教徒祈祷完毕后,方可拿起餐具用餐。

与基督教徒打交道时,不宜对其所尊敬的上帝、圣母、基督以及他的圣徒、圣事妄加评论;不宜任意使用圣像与宗教标志;不宜对神职人员表示不敬之意。基督徒忌讳崇拜上帝之外的偶像,向他们赠送礼品时,要避免上面有其他宗教的神像或者其他民族所崇拜的图腾。

教堂是基督教的重要活动场所,它允许非基督教徒进入参观。但进入后应保持庄重肃穆,在基督徒唱诗时,非基督徒可以不出声,但同样应起立,而不可闲坐无所事事。

数字"666"在基督徒眼中代表魔鬼撒旦,星期五与数字"13"也被视为不祥的象征,因此不要在星期五、13日邀请基督徒参加私人的喜庆活动。

(二) 伊斯兰教禁忌

伊斯兰教于7世纪创立于阿拉伯半岛,它的复兴人是穆罕默德。伊斯兰教以安拉为真主,以穆罕默德为真主的"使者"。所有信仰伊斯兰教者均为穆斯林,意即安拉旨意的"顺从者"。穆斯林之间,一般互称"兄弟"。穆斯林进行礼拜的地方称为清真寺。

伊斯兰教在饮食方面的禁忌较多。接待穆斯林客人一定要安排清真席,特别要注意不要出现他们禁食的食物。穆斯林禁食自死物、血液、猪肉以及诵非真主之名而宰的动物。此外,还禁食生性凶猛的肉食动物,如:狮、虎、豺、狼、豹等;穴居的肉食动物,如:狐、獾、狸等;猛禽,如鹰、隼、鹞、鹫、猫头鹰等;污浊不洁的动物,如鼠、蜥蜴、穿山甲等;两栖动物,如蛇、蛤蟆、鳄鱼等;以及豢养而不能吃的动物,如:马、驴、骡、狗、猫等。伊斯兰教严禁饮酒,也禁止饮用一切含有酒精的饮料。

伊斯兰教禁止偶像崇拜,所以,在对外交往中,不要将雕塑、画像、照片以及玩具娃娃赠给穆斯林。在穆斯林面前,绝对不可以对安拉、穆罕默德信口评论。

清真寺是伊斯兰教的礼拜场所,进入清真寺,不要衣着暴露,不要追逐嬉戏,也不要大声喧哗。一般情况下,非穆斯林不许进入礼拜大殿。殿内一律不许拍照;亦不得抽烟。伊斯兰国家规定星期五为休息日(聚礼日),穆斯林晌午要到清真寺集体做礼拜,即聚礼。如果遇星期五,要注意安排时间让虔诚的穆斯林做礼拜。

伊斯兰教禁止妇女外出参加社交活动,在外人面前,不允许妇女暴露躯体。与穆斯林打交道时,一般不宜问候女主人,也不宜向她赠送礼物。此外,大多数穆斯林认为左手是不洁的,因而穆斯林忌讳用左手给人传递物品,尤其是食物。

(三)佛教禁忌

佛教是公元前6至5世纪由古印度的迦毗罗卫国王子释迦牟尼所创立的,后来广泛流传于亚洲的许多国家。目前佛教有三个主要派别,即南传佛教(又称小乘佛教)、北传佛教(又称大乘佛教)以及藏传佛教(又称密乘佛教)。

佛教不用握手的礼节,因此,不要主动伸手与僧人握手,尤其注意不要与出家的女尼握手。非佛教徒对寺院里的僧尼或在家的居士行礼,以合十礼为宜。佛教徒把寺庙视为清静圣地,所以非佛教徒进入山门时,不能使用任何交通工具,服饰要整洁,态度要诚恳。当寺内举行宗教仪式时,切勿高声喧哗。中国汉族地区的佛教主张素食,因此,严禁将一切荤腥及其制品带入寺内。

在信奉佛教的国家里,如缅甸、泰国等东南亚国家,人们非常敬重僧侣,僧侣和虔诚的佛教徒一般都是素食者。他们非常注重头部,忌讳别人提着物品从头上掠过;长辈在座,晚辈不能高于他们的头部;小孩子头部也不能随便抚摸,他们认为只有佛和僧长或是父母能摸小孩的头,意为祝福,除此就是不吉利,会生病。当着僧人的面不能杀生、吃肉、喝酒等,男女也不能做过分亲昵的举动。在与僧人有直接面对的场合,女士穿着要端庄,不要穿迷你裙等过于暴露的衣着。

(四)印度教禁忌

目前世界上大约有7亿人信奉印度教,绝大部分信徒集中在印度次大陆。印度教主要信奉三个神灵：创生之神"梵天"、毁灭和重建之神"湿婆"和宇宙保护神"毗湿奴"。

信仰印度教(比如印度、尼泊尔等国)的教徒奉牛为神,认为牛的奶汁哺育了幼小的生命,牛耕地种出的粮食养育了人类,牛就像人类的母亲一样。他们不吃牛肉,也忌讳用牛皮制成的皮鞋、皮带,而且印度教寺庙不许带有牛皮制作的东西入内。印度教徒一般不喝酒,锡克教徒绝对禁酒。

(五) 犹太教禁忌

犹太教是犹太民族独有的一神宗教,尽管教徒人数不多,却对世界文化发展有着重大的影响。

犹太教是一神教,除耶和华以外不崇拜其他神；禁止偶像崇拜；禁止与外族通婚,实行严格的民族内婚制,如与外族通婚,则对方必首先皈依犹太教。

在饮食方面,犹太教将食物分为洁净与不洁净的两类,洁净的食物可以食用,不洁净的食物不可食用。概略地说,兽类中反刍分蹄者如牛、羊、鹿、獐等,可以食用；猪、兔、马、骆驼等不可食用；水生动物中有鳍有鳞者可以食用,虾、蟹、贝、鳗鱼、海参、海蜇等不可食用；禽类中鸡、鸭、鹅等可以食用,鹰、乌鸦、鸵鸟等不可食用；凡在空中、陆地或水中靠食腐为生的动物都被认为是不洁净、不可食用的。犹太教认为血是"生命的液体"而严禁食用。水果和蔬菜没有禁忌。

三、各国礼仪禁忌

如前所述,各国由于历史传统、文化背景等的差异,形成了各种各样的礼仪禁忌,不胜枚举。这里对各国的礼仪禁忌作个简单的分类归纳,择其主要作一介绍。

(一) 数字禁忌

在西方绝大多数国家,"13"被认为是一个不吉利的数字,在日常生活中人们总是尽量避开它。例如：在开会或进餐时,不能让十三个人同坐在一桌,也不能上十三道菜；门牌、楼层以及其他各种编号都不宜用"13"这个数字。并且人们还认为星期五也是不吉利的,在涉外活动中要避开与"13"、"星期五"有关的一些事情,尤其是逢到13日又是星期五时,不要在这一天安排重要的政务、公务、商务及社交活动。"4"在日文中的发音与"死"相近,所以日本人将它视为不吉利的数字,意味着倒霉和不幸。所以与日本友人互赠礼品时切记不送数字为 4、谐音为 4 的礼品;不要安排日本人入住 4 号、14 号、44 号等房间。另外,在日语中"9"发音与"苦"相近似,因而也属忌讳之列。

(二)颜色禁忌

日本人认为绿色是不吉利的象征,所以忌用绿色;墨西哥人认为紫色是不吉利的棺材色,所以避免使用;在沙特阿拉伯,国王身着土黄色长袍,象征神圣和尊贵,一般人不能穿这种颜色的衣服;欧美许多国家以黑色为丧礼的颜色,表示对死者的悼念和尊敬;巴西人以棕黄色为凶丧之色;埃塞俄比亚人则是以穿淡黄色的服装表示对死者的深切哀悼;叙利亚人也将黄色视为死亡之色;而巴基斯坦忌黄色,因为那是僧侣的专用服色;蓝色在埃及人眼里是恶魔的象征;比利时人也最忌蓝色,如遇有不吉利的事,都穿蓝色衣服;土耳其人则认为花色是凶兆,因此在布置房间、客厅时绝对禁用花色,好用素色;法国、比利时忌用墨绿色,因为这是纳粹军服色,这两个国家在第二次世界大战中被希特勒军队占领过,故人们一看到墨绿色,就感到厌恶。

(三)餐饮禁忌

伊斯兰国家和地区的居民禁食自死物、血液、猪肉以及诵非真主之名而宰的动物,在有些国家还严格禁酒精饮料;日本人很少吃羊肉。

(四)花卉禁忌

在国际交际场合,忌用菊花、杜鹃花、石竹花、黄色的花献给客人,已成为惯例。此外,德国人认为郁金香是没有感情的花;日本人认为荷花是不吉祥之物,意味着祭奠;菊花在意大利和南美洲各国被认为是"妖花",只能用于墓地与灵前;在法国,黄色的花被认为是不忠诚的表示;绛紫色的花在巴西一般用于葬礼;在欧美,被邀请到朋友家去做客,献花给夫人是件愉快的事,但在阿拉伯国家,则是违反了礼仪。

(五)肢体禁忌

在澳大利亚,竖大拇指则是一个粗野的动作,向下伸大拇指表示讥笑和嘲讽；在中东，用食指指东西是不礼貌的；单独伸出中指的手势在世界绝大多数国家都不意味着好事情，普遍用来表示"不赞同"、"不满"或"诅咒"之意。在美国、澳大利亚、突尼斯，使用这种手势表示侮辱。在法国，表示行为下流龌龊。在沙特阿拉伯，表示恶劣行为。在新加坡，表示侮辱性行为。在菲律宾，表示诅咒、愤怒、憎恨和轻蔑；在印度尼西亚，伸出弯曲的食指表示"心肠坏"、"吝啬"，在泰国、新加坡、马来西亚，这个手势则表示"死亡"；将大拇指和食指搭成一个圆圈，再伸直中指、无名指和小指的手势在美国和英国经常使用，相当于英语中的"OK"，但在希腊、独联体，这个手势被认为是很不礼貌的举止；在欧洲绝大多数国家，人们在日常交往中常常伸出右手的食指和中指，比划作"V"形表示"胜利"，"V"是英语单词"Victory"（胜利）的第一个字母。不过，做这一手势时务必记住把手心朝外、手背朝内。在英国尤其要注意这点，因为在欧洲大多数国家，做手背朝外、手心朝内的"V"形手势是表示让人"走开"，在英国则指伤风败俗的事；在欧洲大多数国家，人们向前平伸胳膊，再伸出食指和小指做成牛角状，用来表示要保护自己不受妖魔鬼怪的侵害。而在非洲一些国家，这种手势若指向某人，则意味着要让那人倒霉；东南亚国家认为"左手"是不清洁的，因此用左手与人交往是不礼貌的。

（六）礼品禁忌

俄罗斯人忌讳把礼物送到办公室或会议室里。如把金钱做礼物送俄罗斯人，会被认为是对受礼人的施舍、侮辱；伊斯兰教徒严禁偶像崇拜，因为偶像崇拜与伊斯兰教教义是背道而驰的。所以，在穆斯林国家，诸如洋娃娃、儿童玩具、工艺品中的人物雕像等外形类似于人的东西，是绝对不能作为礼品赠送给他们的。否则，会被认为不尊重他们的宗教信仰；在阿拉伯国家，初次相见送礼有行贿之嫌。不能直接把礼品送给阿拉伯人的妻子，而是要经过她们的丈夫或父亲；在阿拉伯人家中做客，不要送食品礼物，因为这会让对方认为，你在批评或讽刺他们的待客之道；巴西、秘鲁忌讳刀剑之类的礼品，认为有断绝来往之嫌；巴西人还忌讳手绢礼品，认为它会引起吵嘴、不愉快；阿根廷人忌讳以贴身物品作为礼物送人。在佛教盛行的缅甸、泰国等东南亚国家，人们不能直接送现金给和尚，因为和尚不能捉持银钱是佛教的戒律之一。

（七）图案禁忌

法国人视核桃花为不祥之物；伊斯兰教民忌讳用猪作为某种图案；瑞士人视猫头鹰为死人的象征；美国人认为蝙蝠是凶神的象征；日本人厌恶有狐狸和獾的图案；英国人忌用大象和孔雀图案；法国人忌仙鹤图案；匈牙利人认为黑猫是不祥之物；捷克人认为红三角形是有毒的标志；德国人忌讳在商业广告和商标中使用纳粹符号及其他宗教性标志。

（八）其他禁忌

在使用筷子进食的国家，不可用筷子垂直插在米饭中；在日本不能穿白色鞋子进房间，这些均被认为是不吉利之举；在佛教国家不能随便摸小孩的头，尤其在泰国，认为人的头是神圣不可侵犯的，头部被人触摸是一种极大的侮辱；住宅门口上也忌悬挂衣物，特别是内衣裤；脚被认为是低下的，忌用脚示意东西给人看，或把脚伸到别人跟前，更不能把东西踢给别人，这些均是失礼的行为；还有些西方人将打破镜子视作运气变坏的预兆；在匈牙利，打破玻璃器皿，就会被认为是厄运的预兆；中东人不用左手递东西给别人，认为这是不礼貌的；英美两国人认为在大庭广众中节哀是知礼，而印度人则相反，丧礼中如不大哭，就是有悖礼仪。

第六章　外事文书

请取有才用者,参造国书。

——《魏书·高祐传》

使用统一和通用的文书形式和格式,便于同各国交往。不同形式的文书各有自己的特殊用途,它们各司其职,可以用来处理各种复杂的外交事务。外交文书的形式和格式不仅仅是形式和格式的问题,它还反映国家间的关系。

——黄金祺

外事文书是在外事工作中使用的各类文书,它实际上是用书面文字形式进行的对外交往。尽管在网络时代,各种新的通信方式不断出现,但外事文书在对外交往中仍然具有不可替代的重要作用。

第一节　外事文书概述

一、外事文书的概念和特点

外事文书,亦称对外文书或涉外文书,是国家政府、国家领导人、外交机关、外交代表及地方机关、军队、团体、企事业单位及法人在国际政治、外交、军事、经济贸易、科学文化、法律、宗教等实践活动中用于发布、贯彻和执行国家的对外政策,执行法律,证明身份,叙述事实,申述立场、观点,表示态度,交涉问题,传递信息,建立友谊与合作,通知事务,通告情况,订立协议,礼仪往来等的一种重要工具。

众所周知,外事工作是根据本国的对外方针政策实施的,所以作为涉外活动中使用的文书,其本质上是为本国外事政策服务的。外事工作,特别是国家政府间的外交工作都具有高度的政治性、统一性、政策的策略性、组织的纪律性等。因此,从性质上来说,指导和记录外事工作的文书,首先反映的是统治阶级的意志,是为本国外交政策服务的一种工具。

外事文书一般具有以下几个特点[①]:

(1)外事文书的受文对象主要是外国政府及其外交代表机关和外交代表、国际组织和国际法人。其所涉及的事实都是国家之间、国家与国际组织之间、一国法人与另一国法人之间的事务。因此,处理外事文书的原则是准确、谨慎、安全。如两国之间订立条约、协议等,双方必须在协商一致的基础上严格遵守相关法律程序。如若修改,就需重新公开协商、谈判。

(2)外事文书的内容主要包括国际政治斗争与交涉、经贸往来,军事、科学、文化的交流,礼仪和友好活动等。从总体上说,由于涉及的内容比较重大,通常关系到国家、民族的重大利益甚至根本利益。因此,对于我国来说,外事文书的撰写和使用必须在体现国家的对外方针政策和有关法律法规的前提下,依据国家关系和国际准则,目的在于发展与世界各国的友好关系,进行国家之间的经贸、文化交流,为国家和世界人民谋福利。

(3)外事文书的法律关系是以不与国内法相抵触为基础,同时以国际公法、国际私法为准则。任何国家的统治者都要求其各机关在处理对外事务中,首先必须符合国内的基本法律,如宪法等。同时,还必须考虑国际公法、国际私法和相关国家的民族习惯等。

(4)外事文书的文体形式、撰写格式、用语和制成材料都有较严格的规定。特别是官方的外交文书,要求最为严格,格式最为庄重,文本也最美观,因为其体现了一个国家、民族的习惯和风格,并且办理外事文书也体现了一个国家、民族的文明程度、办事效率和质量。外事文书一般要求格式规范,文体正确,用语稳妥、简练,印制精良,式样美观、庄重、大方。

(5)外事文书的外形特点表现为:它的各种名称的文种都有自己专

---

① 参阅潘新明编著:《外事实用文书大全》,辽宁人民出版社、世界知识出版社1994年版,第20—23页。

用的撰写格式,体型规格一般都大于行政公文,纸质优良、庄严、正规。不同的外事文书,其形状、规格都有不同的规定。如国书的规格为42cm×29cm对折,照会外文函件的规格为29cm×20.5cm。不同外事文书的专用纸张也有专门的分类,如照会专用纸、国书专用纸、函件专用纸等。

(6)外事文书是代表国家政府及法人在国际上的行文,其文本一般有两种:发文国语言文本和接受国语言文本。一个国家向别的国家发一份照会,除首先要有一种本国语言文本外,为了使对方方便阅读或是出于礼貌还要向对方提供一份接受国语言文本或通用语言文本。另有一些例如多边条约、合同,为避免发生解释上的误解等,通常也需要提供多种语言文本。此外,有些文书在使用正本的同时,还要使用副本。

从以上特点中可以看出,外事文书与是国家及法人外事实践活动的专业文书,是为国家外交政策、外交路线及政治、经济建设服务的一种工具,也是外事工作的历史记录。因此,了解和熟悉外事文书的性质、特点、作用和撰写格式、使用方法等是所有外事工作者的基本业务之一,也是进行对外交往的必要手段。

二、外事文书的分类和使用对象

依据国际惯例,外事文书由于性质、形式和使用规律的不同,通常划分为官方政府间的外交文书和民间组织及法人使用的对外文书两大类。

在我国,外事文书一般可以分为中央政府及外交机关适用的外交文书和其他官方、民间组织及法人涉外的对外文书两大类。从文书涉及的内容和专业看,大致可分为政治类,经济类,司法类,科教、文、卫、体及国际旅行类,通用类等五大类。

(一)外交文书

外交文书是国际法主体(主要是国家)、政府、国家领导人、国家特使、外交主管机关和派出的外交代表机构、外交代表在国际外交实践活动中使用的一种工具。各国的外交文书都体现了本国的对外方针政策和相关法规。其内容通常涉及国家之间、国家与国际组织之间的政治、经济、军事、科学文化等各种关系,因此,它是一种国家间政治性、政策性很强的文书,其严肃性、郑重性也不言而喻。对于我国来说,外交文书是国家之间、国家与国际组织之间相互往来的平行文书。外交文书的使用一般只限于国家政府、领导人和外交部及其派出的驻外使馆、代表团处、外交人员与外国相应的外交机关和外交人员之间。领馆从前一般被视为商业机构，然而根据现代惯例，领馆也开始承担一部分外交工作，从而也被视为外交机构。我国各省、市外事办公室一般也和按领区划分的外国领馆直接行文，属于地方政府的外事机关。除此之外，中央党的机关、国务院各部委及其他组织和法人一般都不直接使用照会等外交文书。通过外交途径办理有关涉外事务，需要经由外交部及其派出的外交机关。

外交文书的主要文种有：国书、颂词和答词；照会、外交函件、外交电报、备忘录、说帖、节略；外交公报、外交声明、外交宣言、外交公告；国际条约、缔结国际条约的批准书及其证明书、核准书、法律证明书、加入书、条约确认书；全权证书；外交授权证书、外交委任书、外交委托书、领事任命书、领事证书、信使证明书、代办通知书；外交场合祝酒辞、讲话稿；外交护照、外交活动请柬等。

（二）对外文书

对外文书，在我国主要是指依据国家法律成立的各级地方政府、机关、军队、人民团体及其领导人、官员在与外国人的交往中使用的文书。如各军兵种，国务院除外交部以外的其他各部委，各省、市、地、县人民政府及有关机关、团体，在与外国人建立和发展友好关系，进行经贸、文化等各个领域的往来时直接形成的涉外文书。我国地方各级人民政府及有关单位虽然不是国家的外交机关，不能直接使用外交文书与外国外交机关交往，但可以直接使用对外函件等文书与外交和非外交机关进行往来。此外，国务院各部委、省、自治区、直辖市人民政府经受中央政府的委托，代表中央政府与外国政府缔结各种经济贸易、文化、科技等方面的业务性条约，这些条约在实施上构成了国家间文书的一部分。

此外，对外文书还包括民间组织及法人使用的文书，其主要指民间友好团体、企事业单位和法人在与外国人的交往中使用的文书。民间外事活动的内容十分广泛，如民间代表团的出访来访，出席双边或多边的国际会议，参加重大庆典，签订友好合作计划，举办各种民间外事活动，介绍和引进外资和外国专家的来华投资、中外合资经营各种企业等。对外文书是这些活动中不可缺少的工具之一，也是进行民间外事活动的重要手段。

对外文书文种范围十分广泛，常用的有照会、对外函件、电报、电传、传真、声明、授权书、交接证书、委托书、协议书、检查报告书、确认书、合同书、办理合同的核准书和批准书、公证书、缔约书、调解书、仲裁书、通知、通告、备忘录、说帖、祝酒辞、讲话稿、会谈纪要、护照等。

三、外事文书的作用

从总体上来说，外事文书在世界各国之间起着联络作用，它是处理各类问题的纽带和桥梁，通过外事文书把国家之间和国家与国际组织之间、国际法人之间紧密地连接起来，使整个国际社会成为一个有机整体。

从外事实践上看，它的作用具体表现为以下几点：

(1)通知、联系、交涉办理事务。国际上各行为主体之间的联系都需要外事文书进行通知、通告事务。无论是关于庆祝活动的贺电，还是关于不愉快事件提出的抗议交涉，都需要有一定的途径和方式进行表达以及通知对方。

(2)凭证和依据。外事文书是国家、政府和法人等在外事实践活动中的真实反映和历史记录，特别是经过谈判缔结的国际条约、契约，正本一般都由签字国家进行保存，作为相互办理规定问题的历史凭证。国书等各种证明文书都赋予了持有者应有的权利和应尽的义务。国家间解决边界等问题的各种文书，记录着国家边界历史及边界划分方式、地域范围、边界走向等。外事文书的凭证和依据的作用表现在国家之间和国家与国际组织之间，关系到整个国家和民族的根本利益。例如我国南沙群岛的外交历史文献是证明中国对此拥有主权的有力历史凭证。

(3)申述意见、表示主张、声明观点。在国际交往中，一个国家对于国际问题要表示国家立场、观点、态度和主张等也需要用外事文书的方式进行。如国家间发表的外交声明与联合声明、外交公报与联合公报、外交宣言与联合宣言、在各种外交场合的讲话稿、演讲稿、祝酒辞等。每年我国代表在联合国大会的发言稿，就是一种代表国家在国际舞台上严肃地表明我国政府对某些国际问题的严正立场和主张。

(4)传递外事信息，进行经贸、科技等合作与交流。外事文书在国家外交机关、外交代表之间，在国际经济、商业、科学文化合作与交流中起着传递情报、信息的作用。例如针对某些问题相互传递机密文件,互通情况等。二战期间,苏、美、英三国政府首脑就使用亲笔信的方式相互交流、互通有关情报。特别是在科学发展的今天,使用外事文书进行军事、经济、贸易、科技等信息的传递的情况更加普遍。

总之,外事文书具有广泛而重要的作用,为了更加及时有效地展开外事工作,提高工作质量,更好贯彻本国外交政策;维护国际和平;与各国展开经贸、科技、文化等友好合作,就需要深入研究和正确使用外事文书。

第二节 外事文书的基本要求

由于外事文书在国际交往中种类繁多,使用频繁,在什么样的情况下使用什么文种,一般都有较严格的国际习惯或国际私法、国际公法及有关法律的规定。作为为本国外事工作服务的规范性文书,其内容一般都涉及国家、民族、一定的组织及法人的利益,所以,此类文书的文体格式、使用方式、撰制要求等都有一定的严肃性和国际通用的规范性。从外事文书的特点中,不难看出其严格的要求与重要地位。在此,将外事文书的基本要求从以下几个方面来介绍:

一、外事文书的语言

自外交起源开始,外事文书中的语言也在不断的演变发展。在国际社会上,特别是在欧洲,人们最早在外交文书中应用的是拉丁文。15世纪之后,法文、西班牙文、意大利文也逐渐发展成文学形式,对外使节便更多使用本国的文字拟定文书,特别是在法国自路易十四时代政治上处于优越地位之后,法文在外交文书的应用变得更加广泛。16世纪以后,英文在国际外事文书的应用逐渐多起来,直至今天,英文也仍是外事文书中一种主要的语言。

我国最早的外事文书起源于殷商时期,宋代造纸术进一步推动了外事文书的发展。虽然在我国,辽、金、元、清等朝的国书都用本民族语言写成,但是汉语是用得最早、时间最长、地区最广的语言,并广泛影响着各国语言。新中国成立以来,随着我国国际地位的日益提高,汉语的影响力也越来越大。关于汉语在外事文书中的使用问题,1951年7月

24 日我国政务院有明确的规定:"我国各级政府在职权范围以内如以书面形式与外国政府、外交代表或其机构及外国侨民洽办事务时,一律使用中文,唯有中文为唯一合法之文字。"现在正式的外交文件中除有中文本外,一般还提供对方国语文本或国际上通用语言的文本。

在近代,国际法上并未对外交文书语言的使用做出统一规定,按照外交惯例,各国的外事文书可以使用本国语言,同时也有必要通过他国语言传达自己的意思。在双边关系中,双方都可以使用本国的语文,同时应向对方提供该国使用的语文文本或对方愿意接受的其它常用的语文文本。

联合国成立之后,联合国宪章是用中、英、法、俄和西班牙五种语文写成的,并且五种文本全部为正式文本。其中,英文、法文是联合国使用的工作语文。同时,联合国规定:(1)用一种工作语文所做的演说,必须译成另一种工作语文;(2)用其他三种正式语文之一所做的演说,必须译成两种工作语文;(3)任何一位代表都可使用上述五种正式语文发表演说,但是必须自己提供两种工作语文之一的译本;(4)会议逐字记录应用两种工作语文记录;(5)摘要记录,一切决议以及其他重要文件必须备有五种正式语文文本。

二、外事文书中的首、尾用语

(一)称呼

称呼是指发信人对收信人头衔的称谓。在国际交往中,由于各国社会制度的不同,各国民族用语、风俗习惯的不同,称呼的表达方式也有很大差别。在外交活动和外交文书中,对于不同社会制度国家的人,应根据其不同身份,遵照对方的习惯给予恰当的称呼。

在国际交往中,一般对男子称先生,对女子称夫人、女士、小姐。具体来说,已婚女子称夫人,未婚或不了解婚姻状况的女子统称小姐。这些称呼均可冠以姓名、职称、衔称等。如"布莱尔先生"、"上校先生"、"大使先生"、"市长先生"、"安妮小姐"、"秘书小姐"、"怀特夫人"等。

对于地位较高的官方人士,一般为部长以上的高级官员,按国家情况称"阁下"、职衔或先生。如"部长阁下"、"总理阁下"、"主席先生阁下"、"总统阁下"等。对较有地位的女士可称夫人,对有高级官衔的女士也可称"阁下"。

在君主制国家，按照习惯称国王、皇后为"陛下"，称王子、公主、亲王等为"殿下"。对于有公、侯、伯、子、男等爵位的人士既可称爵位，也可称"阁下"或先生。

对医生、教授、法官、律师以及有博士等学位的人士，均可单独称其职称，可加其姓氏或"先生"。如"亚当斯教授"、"法官先生"、"律师先生"、"马丁博士先生"等。

对军人一般称其军衔，或军衔加先生，也可冠以姓名。如"中尉先生"、"蒙哥马利将军"等。有的国家对将军、元帅等高级军官称"阁下"。

对教会中的神职人员，一般可称教会职称，或加上先生。如"福特神父"、"牧师先生"等。有时主教以上的神职人员也可称"阁下"。

另外，有些国家还可称"同志"或姓名加"同志"。在日本，对妇女一般不称女士、小姐而称先生，如"小野美子先生"。

称呼在文书开头可单成一行，与正文分开。在外文中有些称呼和正文开始在一行内，先写称呼，紧接着就写正文；有些也把称呼放在"行内"，一般在信件开头的几个字之后。

（二）尊称

尊称是指写信人对收信人在信件开始称呼时用他的尊敬的称号来称呼他。尊称往往和称呼同时使用，例如"尊敬的总统阁下"、"敬爱的主席同志"等。尊称一般多用来称呼国家领导人，如国家元首、总理、部长等，对一般人员只有称呼。为了表示某种友好或者亲热的感情，也可使用尊称。常用的尊称一般有：对教皇称"宗座"，对国王称"陛下"，此外还有"王殿下"、"殿下"、"勋爵阁下"等。

（三）致敬语

致敬语通常也称客套语。表示向对方客气、谦虚、尊敬、祝愿之意。恰当地选用致敬语，和正文的内容相呼应，会使文书内容在表达上收到更好的效果。

致敬语一般分为照会正文前的致意语和照会、函件等文书正文结束后、落款之前的敬意语。照会，主要是普通照会在正文开始之前一般总有"×××（发文单位）向×××（收文单位）致意"一语，然后才写正文。这也是外交机关与另一国外交机关或国际组织相互发送照会的习惯用法。

正文结尾的致敬语,一般用"顺致敬意"、"顺致崇高的敬意"等,这是对受文者表示一种亲切友好的敬意,和我国常用的在信件结尾处使用的"此致敬礼"意义近似,表示一种礼节。

(四)落款

落款是指在外事文书尾部要写明制发或签署文书人员的职务、姓名;以机关单位名义发出者,需要盖上发文单位的印章,并注明准确的发文时间与地点。

签署或盖印是文书落款的主要内容,是文书发生效力的重要标记。

外事文书中的签署是指正本文书递交对方之前,由法律规定的国家领导人或由领导人授予全权代表身份的人在文书上的签署。外事文书在未签署前,一般不具备法律效力。只有双方签署后,法律效用才得以生效,才具有国际法所规定承担的权利和应尽的义务,对方国家才会给予认可。由此可见,外事文书的签署是代表国家或政府或组织行使权利和承担义务的庄重行动。在实践中,重要的国际条约的签署通常要举行一定的签字仪式。一般正式照会、国书、国际条约、全权证书等文书都要由法律规定的签署人亲笔签名,一般不能代签。签署人的职衔或爵位都提前在文书落款处印制好;只有便函、条约的草签等才可不写职衔或爵位。

签署外事文书作为一种郑重的外事行动,要求签署人必须按照一定的程序和方式签字,字迹必须清楚美观,签署要一笔落成,不得修改。

外事文书中的盖印是指以国家组织机构名义向外国发出的文书在落款处的盖印。不同国家对印章的形状、式样、大小、使用方法等都有严格的法律规定。印章又称印信,是表示制发文机关对文件生效负责的凭证。外事文书中使用的印章和国内使用的印章基本一样,其规格、形状、大小、印文、色素等都由国家统一规定,由上级机关颁发。以中国为例,1950年,我国政务院颁发了国家机关《印信条例》,1955年颁发了《国务院关于国家机关印章的规定》,1970年颁发了《国务院办公室关于各部委下属机构的印章式样问题的通知》,1993年颁布了《国务院关于国家行政机关和企业、事业单位印章的规定》等,都对印章的规格、使用要求、规则等做出了详尽的规定。外事文书中的用印各国也不尽相同,我国的外事文书中一般有国印、外交部机关印、驻外使领馆印以及有关单位印等。

第三节　几种主要的外事文书

一、政治类

政治类主要介绍包括外交文书、领事礼宾类文书以及宣告、声明、号召、演讲等类的政治性文书。这类文书多由代表国家的机构撰制,是国家对外交往的重要工具。

（一）外交文书

外交类文书主要是中央政府、国家领导人、国家特使、外交部及其派驻他国和国际组织的外交代表机关以及外交使节、外交代表、外交人员在国际外交活动中形成和使用的专业文书。作为一种在国际上代表两国政府的外交机关之间的行文,外交类文书在各国之间都有很强的参照性、影响性。根据其不同形式与作用,外交类文书主要包括以下几种：

1. 国书

国书是建立了外交关系的国家之间,在派遣或召回外交使节时,由一国元首亲自签署,并由外交部长副署,致接受国元首的书函。派遣使节,签署国书或接受外国使节递交国书是国家元首特有的权利之一。

国书主要可以分为以下几种：派遣国书,包括大使的就任国书；召回国书。虽然各国国书的结构和写法有所差别,但基本都包括开头、正文和落款三部分。

2. 颂词和答词

颂词是建立外交关系的国家之间互派使节时,派遣国的大使向接受国元首及政府的友好祝愿辞。它是新任大使到达驻在国觐见元首,递交国书时面向元首诵读的辞稿。

答词是和颂词相对应使用的一种外交文书体式。它是建立外交关系的国家之间,派遣国的大使向驻在国元首递交国书时致颂词之后,驻在国元首根据颂词的内容当即面向大使的友好回答词。

3. 建交、复交联合公报与声明

建交联合公报是一国政府与另一个国家的政府通过其外交代表经

过洽商、谈判,在双方自愿的原则下,决定相互承认对方的主权,同意对方提出的必要条件,建立两国之间外交关系时共同发表的联合公报。这种联合公报发表之日,就是两国外交关系建立之时。由此可见,建交联合公报是两国建立外交关系的历史凭证。其一般都是公开发表,向本国人民和全世界宣告两国建立外交关系的事实,同时公开声明两国在建立外交关系中遵循的原则,承担的义务和享有的权利。例如:

**中华人民共和国和库克群岛关于建立外交关系
的联合公报**

中华人民共和国政府和库克群岛政府根据两国人民的利益和愿望,决定自一九九七年七月二十五日起建立大使级外交关系。

两国政府同意,在相互尊重国家主权和领土完整、互不侵犯、互不干涉内政、平等互利、和平共处的原则基础上,发展两国之间的友好合作关系。

中华人民共和国政府重申,世界上只有一个中国,台湾是中华人民共和国领土不可分割的一部分。

库克群岛政府承认中国政府的这一立场。库克群岛政府承认中华人民共和国为中国的唯一合法政府并重申其不与台湾发生任何形式的官方关系的一贯政策。

中华人民共和国政府支持库克群岛人民为全面实现其社会、经济和文化发展目标所作的努力。

中华人民共和国政府和库克群岛政府同意根据实际可能尽早互派大使,并在平等互利、友好协商的基础上根据国际惯例和对等原则相互为对方的外交代表履行职务提供必要的协助。

  中华人民共和国政府   库克群岛政府
   代 表   代 表
   黄桂芳   雅维塔·肖特(Iaveta Short)

一九九七年七月二十五日于惠灵顿

4. 照会

在国际惯例中,照会是指仅限外交部及其派出的外交代表机关、外交代表与另一国相对应的外交机关、外交代表之间所直接使用的一种公文,是外交活动中使用最广泛的日常通信形式的文书形式,用来进行交涉时表明立场、态度或通知事项等。一般的照会大体包括"照会抬头"、"正文"、"照会尾语"三部分。一般分为正式照会和普通照会。

正式照会是外交通信中最正式的形式,用第一人称起草,一般用于国家领导人、外交部长、使馆馆长等高级领导人和高级外交官的通信来往。这种照会需由发文人本人签字,但不需盖公章。例如①:

(××)××字第××号

××国外交部长×××阁下

阁下:

  在中华人民共和国驻××国特命全权大使赴任之前,我委派中华人民共和国驻××国大使馆参赞×××先生为临时代办,办理建馆事宜。

  我现在向你介绍×××先生,请予接待,并对他执行任务给予一切便利。

  顺致最崇高的敬意。

    中华人民共和国外交部长 (签署)
     一九××年×月×日于北京

普通照会与正式照会不同,它是用第三人称起草的,一般是外交部与外交部、使馆与使馆、使馆与外交部长之间的通信。普通照会行文中不称你我,而只称某某外交部、某某大使馆,最后不需有关人员签字而只盖发文机构的公章。例如:

(××)××字第××号

××国驻华大使馆:

  中华人民共和国外交部向××国驻华大使馆致意,并谨就××问题申述如下:

  ××××××××××××××××××××
××××××××。

  顺致最崇高的敬意。

       盖外交部带国徽铜印
      二○××年×月×日于北京

---

① 有关外事文书的例子,参见李斌:《国际礼仪与交际礼节》,世界知识出版社 1985 年版,第 64—72 页。

5. 外交函电

外交函电是以国家领导人和外交人员名义致外国领导人和外交人员(包括致联合国等国际组织领导人)的文书。根据不同的传递方式,外交函电主要包括外交信函、外交电报、外交电传件、外交传真件等。其性质仅次于照会,使用方式更加灵活。例如:

×××(首都名称)
×××国政府总理×××阁下
阁下:

　　××大使×××先生阁下已经在×月×日转交了阁下的来信。阁下建议我去××访问的时间可以定在×月×日左右。这个时间对我来说是完全适合的,我完全同意。如果对贵国政府方便的话,我准备从×月×日起到×月×日,在××进行×天访问。

　　我热烈地期待着同阁下会晤和访问贵国。

　　顺致最崇高的敬意。

中华人民共和国国务院总理×××(签署)
二○××年×月×日于北京

6. 备忘录、节略、说帖等

备忘录、节略、说帖等都是外交活动中使用灵活的非正式的文书,只有经签字、盖章的才具有承担权利和义务的法律效用。并且备忘录在现代并不只限于外交活动中使用,任何团体、企事业单位和法人、自然人都可以使用。例如:

备忘录

　　根据××国政府关于签订××××协定的建议,中国政府表示同意进行签订该项协定的谈判。

　　中国政府的意见,在××××协定中应包括下列条款:
　　××××××……
　　………………

　　当然上述各款可按双方愿望补充或变更。

　　请将上述事宜转达贵国政府。

二○××年×月×日于××

(二)礼宾与领事文书

礼宾与领事文书的使用十分广泛。官方的外交礼宾文书最为庄重和正规,非外交机关和企事业单位在与外国人交往中使用的礼宾文书,要从外事活动的实际出发,依据双方的习惯适当参照外交礼宾文书的文体特点撰制和使用。具体来说主要包括以下几种文书:

(1)领事文书。领事文书主要是领事条约、缔结领事条约的全权证书和批准书、互换领事条约批准书的证书、领事任命书以及领事证书的总称。现代领事机构已经成为外交机关的重要组成部分,因此领事文书的撰制要求也较为严格和规范。

(2)外事礼宾文书。外事礼宾文书是国家机关、团体、企事业单位及法人在进行国际礼仪和交际礼节活动中使用的一种工具,是安排各种礼宾活动的文字依据。根据用途和性质的差异,主要包括政策性、指导性、惯例性、程序性、服务性的礼宾文书。

(3)礼仪函电。外交活动中礼仪的表达常常含有一定政治因素,常常行使一种对等原则,主要包括祝贺函电、慰问函电、感谢函电等种类的礼仪函电。例如:

1. 贺电

×××(日本×县首府名称)

×××县知事×××阁下:

　　欣闻阁下连任贵县知事之际,我谨向阁下表示祝贺。祝贵县在阁下的领导下繁荣昌盛,人民幸福。

中国××省人民政府省长×××(签署)
一九××年×月×日于××

2. 慰问电

×××(首都名称)

××共和国总统××阁下:

　　惊悉阁下因车祸负伤,谨向阁下表示诚挚的慰问。

中华人民共和国国务院总理×××(签署)
二○××年×月×日于北京

(4)外事治丧文书。外事治丧文书的主要作用在于将人逝世的消

息迅速告诉给与死者相亲、友好、同事等相关单位和个人,以及对于逝世消息表示遗憾和吊唁,主要包括治丧文书和吊唁函电。例如:

×××(首都名称)
×××国代总理×××阁下:

惊悉×××国总理×××阁下不幸逝世。×××总理曾为中×关系的发展做出了有益的贡献。我代表中国政府和中国人民向×××国政府和人民表示深切的哀悼,并对×××总理的家属表示诚挚的慰问。

中华人民共和国国务院总理×××(签署)
二〇××年×月×日于北京

(三)宣告、声明、号召、演讲、新闻类

本类所述外事应用文体主要是政府、团体、单位用于公开宣布重大事件、重要消息、申述立场观点、表示态度或宣传、号召、动员群众的文书。其涉及的内容具有鲜明的政治性。具体来说主要包括以下几个方面:

(1)外事公告、外事公报。外事公告和外事公报是政府及其授权部门向国内外宣布重大事件、发布重要消息的文告或正式报道,主要用于政府、外交机关宣布国家成立、国家领导人出访、来访等,联合公告用于缔结协议等。一般都分为单发和联合两种形式。

(2)声明、宣言。声明与宣言是政府、政党、团体或其领导人对某些问题或时间表明立场、观点、态度或主张的文件,或宣布其在某些问题上所采取的方针、政策、原则与立场、观点、态度等。同样有单发和联合之分。

(3)号召书、呼吁书。号召书是政府、党派、团体及特定的个人及国际会议就某件事向一定的组织或人民发出希望响应的文书。呼吁书更强调在紧急情况下要求救助或声援。另外,"告×××书"也有类似作用,以表示对某些问题向国内人民或全世界人民发出的公告事实真相,提出某种主张,要求响应与召唤行动。

(4)白皮书、蓝皮书、红皮书、黄皮书、绿皮书等以及外事场合演讲稿。白皮书、蓝皮书、红皮书、黄皮书、绿皮书是国际上有些国家的政府、外交部、议会或其他有关部门就国家的政治、经济、外交、法律和法令或国际问题以书籍的形式公开发表的官方文件或报告书,主要以书皮的颜色得名。而外事场合的演讲稿则是现场就某些问题公开阐述的讲话文稿。二者都属于综合性较强的外事文书,差别仅在于表现形式。

(5)外事情报、信息、新闻稿等。情报、信息、新闻稿三者是既有区别又有联系的概念。而落实到文字,都具有报道的功能,因此三者是写作格式大体相同的文书形式,其写作框架也是大同小异。根据不同的公开程度以及效用划分,总体上可分为公开报道稿和内部报道稿两种。

二、经济类

经济是国家对外政策的支柱和基础,因此经济方面的对外经济文书也逐渐成为外事文书的重要组成部分之一。本类主要包括对外经济合作类文书与对外进出口贸易文书。

(一)对外经济合作类文书

对外经济合作文书是国家、政府、团体、企事业单位和法人在与外国政府、法人、自然人或某些国际组织进行经济合作中使用的一种文书。在物质文明不断发展的今天,国际经济合作不断深化,经济类文书也自然成为对外经济业务的重要组成部分。

对外经济合作文书主要具有涉外性、广泛性、政策性等特点。主要包括以下几类文书:

1. 中外合资经营企业文书

中外合资经营企业文书是指外国政府、企业、团体、法人和自然人在自愿、平等互利等原则下贷款、投资在中国境内建立合资经营企业过程中使用的文书。

开展国际经济技术合作,利用外资建立国际合营企业是当今世界各国普遍采用的一种经营方式,每个国家都会根据自身利益与国情投资建立合营企业。对于我国,主要有中外合资经营、中外合作经营以及外国投资者自负盈亏的直接单独经营三种方式。主要使用的文种有:立项文书、谈判文书、协议文书和批准、法律、注册、开业手续等方面的文书等。具体来说,主要包括投资指南、立项文书、中外合资经营协议文书、中外合资经营企业法律手续文书、产品认定书和推荐书、产品出口企业申请书和确认证书、海关对进口料件加工复出口登记手册。

附模拟出资证明书一例：

出资证明书

中国××公司与法国××公司合资经营××企业。中国××公司于二〇××年×月×日缴出经营资金××万元，法国××公司于二〇××年×月×日缴出经营投资××万美元（合人民币××万元）。

特此证明

中法合资经营××企业
二〇××年×月×日

2．涉外承包文书

涉外承包文书是国际市场中常用于大宗贸易和承包工程建设项目等业务中的专业文书。主要是招标与投标文书，有关协议文书、保证完成承包任务以及工程竣工文书等。根据以往实践来看，招标主要有以下几种方式：公开招标；邀请招标；谈判招标；协议招标；两段招标；赠送标。此外，涉外承包文书还包括招标通告、资格预审通告、标书、保函、交接证书、协议书、确认书以及在国外设立机构许可证。通过这一系列文书的签订与生效，完成大宗贸易和承包工程建设等业务的全过程。

附模拟许可证一例：

许可证

编号：×××　　二〇××年（×××合许字）第××号

经研究，同意×××公司在×××共和国×××地设立××××××办事处，从事对外承包工程，进行劳务合作和举办合营企业等×××业务。机构负责人的任命书已报我部备案。请×××部、国家工商行政管理总局、北京市公证处予以办理有关证件和手续。

××部
二〇××年×月×日

3．国际贷款文书

国际贷款文书是指国际间进行银行信贷、银行贷款、国际金融市场、投资银行、投资信托公司、政府间贷款、出口信贷等多渠道吸收外资的过程中使用的贷款合同、申请书、还款书、意见书、证明书、传票等。

国际贷款文书是国际经济技术合作实践的结果，同时也是更好开展国际经济技术合作的有力工具。具有多样性、复杂性、信用性与政策性等特征。

国际贷款文书主要包括：贷款申请书、工贸贷款协议、出口工业品生产专项贷款合同、国际标准贷款合同、本票、借款人证明书、借款人律师意见书、传票接受书、接受联合国援助项目申请书和计划表等。这些文书代表了贷款的凭据，保证了贷款程序的顺利进行。

从我国的角度出发，中国银行向企业的贷款程序是：(1)企业向银行提出借款申请书，并提出与借款有关的证明和资料；(2)中国银行对企业的借款申请书和所提供的有关证明和资料进行审查和评估，经审核同意后，借贷双方协商签订借款合同。企业向中国银行申请贷款，中国银行认为需要担保的，必须提供经中国银行认可的担保，担保的方式通常为信用担保和抵押担保。

4. 国际劳务文书

国际劳务文书是指办理劳务进出口和劳务使用管理方面的书面文件。同时，有关外国专家的申请、证明、工作分配等方面的文书也属于此类。如今国际市场上的竞争已经不仅仅限制在对商品、资金等方面的竞争，对掌握知识、技术的人才和劳动者的体力竞争也变得异常激烈。因此，正确使用国际劳务文书，是保证劳动力迅速走向国际市场的重要工具。

国际劳务文书的范畴十分广泛，主要可以归类为：国际劳务合同及其纲要、外事聘书、外国专家工作申请表、外国专家证明书以及聘请外国文教专家合同书。在此需要注意的是，劳务的流动不仅仅是体力劳动者的流动，在技术不断进步的今天，对掌握知识能力的专家以及劳动者的需求也不断上升，因此，关于专家的聘请等方面的文书也是劳务文书中十分重要的组成部分。

(二) 对外进出口贸易文书

对外进出口贸易文书是国家商业部门、企事业单位、有关公司和法人在国际贸易活动中用以执行外贸政策、传递经贸信息、联系业务、成交买卖等的一种工具。商业活动的目的在于获取利益，因此，对于产品的宣传、销售等都需要这方面文书的使用。其对政策性与策略性的要求较高,力求获得最大化利益。同时时效性也十分必要,需要抓住机会开展进出口业务。

对外商业文书主要有以下四类:交易磋商、确认成交买卖的书信、电报、电传、传真件等,统称"函电";成交买卖的协议文件,如合同、合约、确认书等;办理进出口业务的证件和申请书等;国际商业单据。此外,部分报告、请示、谈判文书等也都属于此类文书。更具体地说,对外商业文书可以划分为以下几种具体形式:

(1)国际商业函电。国际商业函电在国际贸易活动中主要是用于传递信息、商洽业务、询问和答复问题,特点在于要求迅速、准确与安全。其主要包括国际商业信函与国际商业电报、电传、传真。

(2)商情调研报告。商情调研报告是进出口贸易部门和国际商业人员为了一定的目的,对世界的或国家和地域性的市场行情、商品进出口买卖渠道、价格涨落、客户资信、竞争状况、发展趋势等进行调查研究,系统分析后写成的书面材料。其作用在于为领导机关和有关部门分析研究国际商业形势、进出口贸易决策和未来商贸的预测等提供可靠依据。

根据调研报告的用途、对象以及性质的区别,商情调研报告主要可以归为以下五种:国别(或地区)调研报告;客户调研报告;市场调研报告;商品调研报告;价格调研报告。撰写人需要精通政策,在大量资料的基础上进行有力分析以便突出主题,达到目的。

(3)国际商业协议书。国际商业协议书是政府、企事业单位和法人与外国政府和法人、自然人之间缔结的进出口业务以及商品加工、运输、保险等协议文书的总称。

政府之间的商业协议称为国际商业条约;企事业单位和法人、自然人之间的商业协议通常被称为国际商业合同。无论以何种方式缔结,国际商业协议书必须是书面协议。具体来说,可以分为:双边或多边商业条约;国际双边或多边贸易协定;国际买卖条约或买卖合同。无论何种商业协定书,"条约"与"合同"的称谓必须明确,因为这代表着缔结协议书的主体的差异。

(4)进出口证书、申请书。国际贸易进出口许可证和有关证明是在国际贸易关系中,一国对进出口商品的品种、数量、价格、依据输出国别等实施管制采取措施时使用的一种证件文书。根据国际惯例,商品在进出口时必须事先领取由国家有关机关签发的许可证,再凭此办理相关手续。在实践中,许可证和有关证明一般分为进口、出口和过境三大类。具体来说包括:进、出口许可证,进出口证明书,出口产品证明,检验证明书,品质证明书,动植物检疫证书,出口卖方信贷申请书,出口产品退(免)税申请表以及准予申请普惠制签证通知书。

(5)国际贸易单据。国际贸易商业单据是在国际贸易中用于订货、装货、保险、提货、账目结算等的凭证文书。这类单据一经双方确认,就成为当事者之间的一种类似合同性质的契约,对买卖双方都具有一定的约束力。具体来说,国际贸易单据主要指:订单、提单、保险单、产品成本明细单、提货单以及票据。这一系列单据是国际贸易正常往来的基本保障之一。

此外,一部分涉外财会文书,如开具信用证申请书以及信用证、信用卡、银行担保书、委托购买证、购买汇票指示书等,也属于对外进出口贸易文书,要根据具体情况正确使用贸易文书,保证贸易的顺利进行。

三、司法类

本部分主要介绍涉外公证认证、涉外仲裁和司法诉讼文书和驱逐令。

公证、认证制度是国家司法制度的组成部分,是预防纠纷、维护法律秩序的一种司法手段。涉外仲裁和司法诉讼是解决国际民事纠纷的法律手段。根据国际惯例与实践,和平解决国际官方或民事纠纷主要包括协商解决、仲裁解决、通过法院司法解决以及通过外交谈判解决四种途径。公证、认证是在发生民事争议之前,对法律行为和有法律意义的文书、事实的真实性和合法性给予认可,借以防止纠纷,减少诉讼;而仲裁和司法诉讼,则是在发生民事权益纠纷并由当事人起诉之后进行的,其目的是作出裁判,解决纠纷。

(一)涉外公证、认证文书

我国2005年颁布,2006年3月1日起施行的《中华人民共和国公证法》规定了公证的定义:公证是公证机构根据自然人、法人或者其他组织的申请,依照法定程序对民事法律行为、有法律意义的事实和文书的真实性、合法性予以证明的活动,以保护公共财产,保护公民身份上、财产上的合法权益。而涉外公证则是指公证机关对当事人所申请公证的有法律意义的文书和事实，为使其产生域外的效用而依法证明其真实性、合法性的行为。在公证过程中必须始终坚持真实性、合法性和管辖原则。

认证是对公证而言。涉外认证又称领事认证，是指一国的外交、领事及其授权机构在涉外文书上确认公证机关、认证机关或者某些"相应机关"的最后一个签字或者印章属实。领事认证制度是世界各国为了相互便利文书往来而在外交领事实践中逐渐形成的国际惯例。国际交往的发展伴随着各类文书在世界各国间的大量流动，但各国关于出具公证书、商业证明等的形式和要求却不尽相同。领事认证制度通过一环扣一环的连锁认证方式，由一国驻外外交或领事机构确认最后环节的印章和签字属实，使相关文书能为该国国内有关部门和机构接受，不致因有关机构怀疑文书本身的真实性而影响其在当地的使用，从而涉外文书能够在各国间顺利流转和使用，即通常说的使文书发生域外效力。按国际惯例，凡涉外公证文书一般都应办理领事认证。

在我国，一般县级以上行政区域都设有公证处，专门受理机关或个人申请公证的业务。在国外，大使馆或总领事馆主要受理旅居国外并具有中国国籍的当事人的公证申请。为出国的中国公民办理公证限于在境外处理死亡案件等紧急事项。外国人（含外籍华人）一般应当在当地有合法资格的公证机构办理公证。

中国国内出具的涉外公证书或者商业文书在送往国外使用前，应当先办理中国外交部领事司或被授权地方外办的领事认证，再根据文书使用国和其驻华使领馆要求，办理该国驻华使领馆的领事认证（也叫"双认证"）；或者也可能无需办理该国驻华使领馆的领事认证，文书使用国即可接受该文书（也叫"单认证"）。例如：

1. 公证书

（××）×证字第××号

兹证明王××（女）于一九××年×月×日在××省××市出生。王××的父亲是王××，王××的母亲是张××。

中华人名共和国××省××市公证处
公证员：××（签署）
二〇××年×月×日

2. 中国领事官员提供的认证书

认字第××号

　　兹证明前面文件上××省公证处的印章和公证员×××的签字印章属实。

外交部
领事司处长×××（签署）
二〇××年×月×日

（二）涉外仲裁文书

作为一种涉外案件的审理方式，仲裁文书包括以下几类程序性的文书：仲裁申请文书、仲裁答辩文书、仲裁调解文书与裁决书。由此可见，涉外仲裁文书是相关仲裁程序文书的总称。

仲裁申请书是在国际经济贸易等活动中一方与另一方发生争端后，一方的当事人根据仲裁协议，将争端提交仲裁机关审理的书面申请，其目的在于维护自身权利，要求对方自觉履行义务，赔偿损失。

仲裁答辩文书是根据合同中仲裁条款的规定，一方对合同执行中发生的纠纷向所选择的仲裁委员会提出仲裁申请之后，被告一方对原告所指控的理由和要求进行为自己利益辩护的文书。

仲裁调解书是国家法院、仲裁委员会、调解委员会等机构解决一般民事纠纷的一种文书。

裁决书是国家外事仲裁机构、仲裁人员和平解决涉外民事争端的一种法律文书。

（三）涉外司法诉讼文书

涉外诉讼文书是人民法院审理涉外经济、民事案件中形成和使用的司法公文。根据国际惯例和我国的实践，解决国际经济合作、国际贸易、投资等方面的争议的方式有协商、调解、仲裁和诉讼。这四种方式的程度和法律效用是不断递增的。

涉外诉讼文书同样是程序性文书的总称，和仲裁文书相似，主要包括涉外起诉书、送达司法文书请求书、涉外诉讼答辩书、法院涉外调解书、涉外判决书及法院涉外委托书。

（四）驱逐令

在外交活动中,外交人员和领事有关利用其合法身份违反驻在国法律,例如在驻在国进行特务、颠覆、搜集情报、破坏活动和影响本国民风的丑恶活动被揭发时,驻在国常根据国际惯例及其情节轻重提出警告、抗议、宣布××为不受欢迎的人时,常使用驱逐令。例如,对苏联间谍的驱逐令:

驱 逐 令

苏联驻华大使馆一等秘书维·伊·马尔琴柯夫妇、三等秘书尤·阿·谢苗诺夫妇和武官处翻译阿·阿·科洛索夫在中国进行间谍活动。一九七四年一月十五日晚,他们在北京市郊区与苏联派遣特务李洪枢等秘密接头,交接情报、反革命文件和电台、联络时间表、密写工具、伪造的边界通行证等间谍用品以及活动经费等,被我公安人员和民兵当场捉获。人赃俱在、罪证确凿。维·伊·马尔琴柯等五人利用大使馆人员的合法身份,滥用外交特权,进行间谍罪恶活动,严重危害了我国的安全,本局依据我国政府法令,现宣布将苏联间谍分子维·伊·马尔琴柯夫妇、尤·阿·谢苗诺夫妇和阿·阿·科洛索夫驱逐出境,立即执行。

北京市公安局
一九七四年一月十九日

四、科、教、文、卫、体及国际旅行类

本类主要包括国际科、教、文、卫、体等方面的文书以及国际旅行等相关方面的文书。其所包含的范围与用途都十分广泛,是外事文书中不可或缺的重要组成部分。

（一）国际科、教、文、卫、体等类

科学技术、教育、文化、体育、医疗卫生、交通运输等领域在涉外工作中使用的文书格式十分广泛,涉及内容也十分庞杂。例如涉外科技报告、科技合作协定、谅解备忘录、学术交流备忘录、专利申请文书、文化合作交流计划等。但是从总体上来说,主要可以分为以下三类:第一

类,凡是政府和外国政府之间进行的交往与合作,无论双边或多边,通常由承办单位和有关单位具体办理,如起草各种文件等,但文本的审查、传递都要通过外交途径,一致对外,使用外交文书的格式。各类协定、签字备忘录、换文、会谈纪要、合作交流计划等通常都视为国际专业条约;第二类,凡是单位或法人与外国相应的单位、法人、自然人之间联系工作主要用函件、电报、电传、传真。缔结的协议文书,主要用契约、合同、协议、意向书等经过各方共同签字,承担权利和义务的文书,无论内容或文体如何,通常都是国际专业契约;第三类,凡是在办理出国、国际旅行和在涉外工作中使用的各种法律证件文书、表格等,应按照政府及有关部门的规定和要求办理。而这几类文书都可结合单位业务实际参照其他文书体例使用。

1. 涉外科技报告

涉外科技报告是主管科学技术的单位和科技人员在从事国际科学技术领域的交流与合作中,向本国主管上级部门或国际科技组织报告工作情况和科研成果的书面材料,其属于科技原始材料的范畴,具有较高的资料价值和学术研究价值。既可以根据时间顺序,也可以根据保密级别来划分科技报告的种类。

撰写涉外科技报告的框架主要有以下几点:

(1)标题。作为涉外科技报告的题名,一般应标出作者、国名或地区名、主题和名称。如《驻××国科技部门关于×××的研究报告》;(2)前言、概述或总署,主要在于综合的写明本报告的主题、内容,作为下文的提示与总领;(3)主要细节。分析报告的主要细节是其主体,需要用大量数据和较长的文字来进行解释和汇报;(4)评估、展望、存在的问题和需要上级作出指示或指导性问题;(5)落款。需要写明报告的单位或个人,依据情况盖章或签名,并附上报告的时间和地点。

2. 涉外科技考察报告

科技的发展已经打破国界的限制,科技考察的范围也随之扩大。涉外科技考察即是人们为了科技的进步,追求高科技水平,在自然科学领域里对事务认识的重要方法,而考察人员写成的报告即是涉外科技考察报告。其不仅能为我国科技水平奠定一定基础,也为科技工作者提供国际上最新的科技情报,有助于全面了解本学科在国际上的发展水平与动向。总体可分为综合性科技情况考察报告和专题性科技考察报告两类。

科技考察报告与涉外科技报告的撰写格式大体相同,只是内容上存在一定差异。具体撰写格式参照涉外科技报告。

3. 科学技术合作协定及其谅解备忘录

科学技术合作协定是两国政府之间在科学技术领域进行友好合作,用以规定双方权利和义务的国际协议文书,其性质属于仅次于以"条约"命名的一种国际科技条约。而科学技术合作谅解备忘录是双方就科技合作的意向,或某些细节达成谅解之后,以签订备忘录的形式缔结的协议文书。

科学技术合作协定包含的范围十分广泛。其撰写的基本格式如下:

中华人民共和国和×××××政府
科学技术合作协定

中华人民共和国政府和×××××政府(简称缔约双方)愿为加强两国的友好关系和科学技术合作,达成协议如下:

第一条

一、缔约双方在平等、互利和互惠的基础上,鼓励和发展两国的科学技术合作。

二、本协定的合作范围应根据缔约双方的能力和兴趣,包括共同能接受的关于基础科学和应用科学与技术的领域。

第二条

缔约双方应力求促进下列各项的实施:

一、互派专业代表团、科学家、学者、研究人员、专家和技术人员进行访问和考察;

二、互派留学生、研究生、进修学者和实习生;

三、组织双方感兴趣的科学技术会议和研讨会;

四、就双方感兴趣的研究与发展项目进行合作;

五、交换科学技术情报和资料;

六、双方可能共同安排的科学技术合作的其他形式。

第三条

一、缔约双方应在本协定的范围内鼓励和支持两国的机构、高等学校、研究组织、公司和企业(简称执行组织)之间建立直接的联系。并在释放的情况下,分别议定安排或合同。

二、缔约双方或由缔约双方制定的协调机构(简称协调机构)遵循各自的法律和规章,负责商定本协定范围内的具体合作领域,并在缔约任何一方的要求下,为检查本协定的执行情况时而进行磋商,各协调机构可邀请本国的执行组织参加由其可能安排的会议。

第四条

一、涉及执行本协定的财产安排应由双方的协调机构就每一个合作的项目作出的安排中解决,或由双方执行组织议定的安排或合同中解决。

二、缔约双方或协调机构可共同决定执行本协定所必需的其他安排。

第五条

一、本协定自签字之日起生效,有效期为×年,如缔约任何一方至少在期满×个月前未以书面形式通知缔约另一方要求终止本协定,则本协定应自动延长×年,并依此法顺延。

二、本协定经缔约双方同意,可进行修改和补充。

三、本协定终止,在执行本协定中所产生的一切未完成的义务应根据本协定条款予以完成。

本协定于二〇××年×月×日在××签订,一式两份,具有同等法律效力。

中华人民共和国政府　　　　　　××××× 政府
代　表　　　　　　　　　　　　代　表
（签字）　　　　　　　　　　　（签字）

而谅解备忘录则是在此类协定的基础上,对其进行补充或说明。通常是在合作协定执行过程中,双方对出现的一些问题或细节,或在新的条件下需要重视某些条款,经过进一步的磋商各自对对方的观点和条件,达成谅解后,缔结一个谅解备忘录的协议,其性质次于原协定。

4. 科学技术合作会谈纪要与学术交流备忘录

科学技术合作会谈纪要是两国政府或主管科技的领导人的关于双方科学技术合作的意愿、项目、领域等会谈的扼要记录。学术交流备忘录则是两国政府、团体进行学术友好活动的备忘性文件。某种程度上说,二者均属于双方缔结的记录性文件。

会谈纪要可以是本次会谈的终结性文件,也可以是为以后进一步磋商缔结科技合作协定的文书做准备。根据国际惯例,如果双方发表会谈签字纪要,则认为是一种会谈成果的表示,但涉及的内容往往是意向性的,如果有进一步的实质性内容,多采用正式的协议文书形式。同理,学术交流备忘录中双方交流的项目也通常要经过正式磋商、谈判达成共同意见后,写成正式文件,并经过双方的主要代表签字,也属于一种正式协议的文书形式。

5. 专利申请文书

专利文书是发明创造、实用新型产品和外观新工艺的设计者在申请专利过程中形成和使用的文字材料。常用的专利申请文书有:专利请求书、代理人委托书、专利说明书、权利要求书、说明书摘要、补正书等。

6. 国际技术转让文书

国际技术转让文书是一系列囊括技术转让全过程的文书的总称,其主要由技术转让合同、技术引进合同批准书、技术引进合同报批申请书、技术和转让合同中的银行保函以及技术引进项目建议书等。

7. 国际文化合作交流计划

国际文化合作交流计划是两国政府及文化、学术等部门、团体在友好洽商的基础上缔结的文化合作交流的方案性协议文书,其包含内容十分广泛,例如文化艺术、教育、出版、体育、科学、戏剧、音乐、歌舞等。与一般工作计划不同的是,国际文化合作交流计划是双方协商的结果而非单方的安排。

国际文化合作交流计划的撰写格式首先需要分类,如"艺术"类、"体育"类、"科学"类等。其中,有一类比较特殊的格式是体育队访问邀请和应邀照会格式。例如:

1. 邀请体育队来访照会

(××)××字第××号

××国外交部:

××国驻××国大使向××国外交部致意,并谨转达如下邀请:

为了发展×·×文化交流,增进两国和两国人民之间的友谊,××全国体育总会邀请××国篮球队(××名成员)在今年×月×日至×月×日期间到×国进行友好访问。

　　大使馆恳切地希望××篮球队接受这一邀请,并希望尽早得到访×日期的通知。

　　顺致最崇高的敬意。

(盖使馆印)

一九××年×月×日于××

2.体育队应邀照会

(××)××字第××号

××国驻××国大使馆:

　　××国外交部向××国大使馆致意。并谨就××大使馆×月×日第××号来照转达答复如下:

　　××全国体育总会接受××国驻×大使馆转达的关于××篮球队访问×国的日期通知如下:

　　×××××××××××××××××××××××。

　　顺致最崇高的敬意。

(盖外交部印)

一九××年×月×日

8. 申办国际奥林匹克运动会文书

　　国际奥林匹克运动会是体育界最高盛事,其申办过程也极其严格谨慎。根据申办程序,这类特殊的文书主要有以下五份主要文书。

　　(1)申办城市向本国奥委会提交的申请书。根据奥林匹克运动会的申办程序,先要由申办城市在具备了举办奥林匹克运动会的条件以后向本国的奥委会提出申请书。同时,批准还需所在国政府的认可,保证奥林匹克运动会在该国的顺利举行,不受到政治干预。

　　(2)国际奥林匹克委员会的报名表。申办国的奥委会要在该国有关部门的协助下,如实填写国际奥委会的报名表。该表的填写表示了申办奥林匹克运动会的意愿。

　　(3)申办国奥委会正式向国际奥委提出申办奥林匹克运动会的申请书。

(4)国际奥委会向各个申办城市下发的调查表。这份调查表要求回答 20 个问题,如交通、场地、政治、经济、社会安全、环境、人民支持、体育发展等情况,即所谓的申办报告。

(5)国际奥委会调查报告。根据上述申办报告,国际奥委会和国际单项体育组织派官员到申办各城市检查条件是否具备,然后写出调查报告,这是是否在该城市举办奥运会的关键性文件。

(二)国际旅行、旅游类

国际旅行旅游文书是出国人员在办理出入世界各国国境、参观游览名胜古迹、了解世界各民族风土人情等活动中使用的各种文体。例如护照、签证、信使证明书、旅行申请书、国际旅行健康证明书(黄皮书)、出入境证明、申报单、担保书等都属于国际旅行必不可少的文书,是能够顺利出入国境的凭证。同时,也是一国政府管理国家、维护国家主权和有利国民在世界上旅行、办理各种涉外业务、宣传和执行国家外事政策的一种手段。正确地使用这些文书,不仅能够使旅行顺利进行,而且会带来可观的经济、社会效益。

1. 国际旅行文书

国际旅行文书主要包括护照及其申请书、签证及其申请表、申办签证的函电或来往照会、信使证明书、旅行申请书、出国证明及一系列健康检查记录证明书、机票和办理机票文书、申报单、入境卡、国际旅行信用证或信用卡、担保书。可见其主要是针对个人出入国境的一系列手续和证明的过程文书的总称。

2. 国际旅游文书

不同于国际旅行文书,国际旅游文书主要包括旅游函电、旅游意向书、旅游合同书、旅游委托书、旅游接待计划和旅游保险和索赔文书。可见,其主要是关于境外旅游这一专门目的所形成的一系列相关文书的总称。

五、通用类

通用类外事文书是指政府、各机关、党派、团体、企事业单位和法人在办理涉外业务中使用的文体。这些文体基本上都属于国内文书,用在外事工作中,是传达贯彻党和国家外事方针、政策,发布涉外法律、规章,请示和答复问题,指导和商洽工作、报告情况,交流经验,进行国际谈判准备材料和记录会谈、谈判内容等的一种工具。

根据我国《国家行政机关公文处理办法》的规定,其包括公文、通用函电、谈判文书、外事大事记等。但是由于内外的不可分割性,一些直接的专用外事文书也是产生于国家内政常用的文书中。

(一) 国内行政公文在外事工作中的应用

2000年8月24日,国务院发布了《国家行政机关公文处理办法》,其中规定了命令、决定、公告、通告;通知;通报;议案、报告、请示;批复;意见、函、会议纪要这十三种公文的名称。在外事工作中则常使用以下文体:

(1)命令。命令常用于发布重要涉外法规,采取重大强制性行政措施,任免、奖惩、授勋外事人员,撤销所属单位不适当的决定等。例如上文所述的公安机关所使用的"驱逐令"。

(2)决定。决定是国家或一定组织对重要事项或重大行动做出安排,或经会议讨论通过并要求贯彻执行的事项的文书。

(3)公告、通告。公告、通告是国家、单位或团体等向国内外宣布重要事项的文告。同上文所述"宣告、声明、演讲、新闻类"。

(4)通知。通知是最常用的公文形式之一,是用于发布行政法规和规章,转发上级机关、同级机关和不相隶属机关的公文,批转下级机关的公文,要求下级机关办理和需要周知或共同执行的事项的文书。主要分为外事通知、会议通知、布置工作通知、专题通知、外交官任免和外交官到离任通知等。

(5)通报。通报是用以表彰先进,批评错误,传达重要情况和需要各有关方面知道的事项的文书。在外事业务中,常用于有关外事部门通报外事活动情况,起着业务交流、传递信息、周知政策的作用。

(6)报告、请示。是指下级外事机关和个人向上级机关或领导请求指示和批准事项或报告情况使用的文体。特点在于必须在采取措施和进行工作之前上交到上级领导的手中。

(7)批复。批复是上级部门或领导答复下级请示事项的文书或批示。专文批复,则更常使用函的形式。需要编号并且落款处也需盖批复部门的印章。

(8)意见、函、会议纪要主要用于相互之间传达信息的文书。其中,意见适用于对重要问题提出见解和处理办法；函适用于不相隶属机关之间商洽工作，询问和答复问题，请求批准和答复审批事项；会议纪要适用于记载、传达会议情况和议定事项。

(二)通用对外函电

对外函电是对外信函和电报的总称，是指除政府、领导人、外交机关及其外交人员等在外交活动中使用外交函件以外的国家机关、地方政府、人民团体、企事业单位及其领导人同外国相应的机关、人员和外国驻华外交机构、官员之间相互洽商工作，询问和答复问题，办理各种业务及利益往来常用的一种工具。在此主要简述对外正式函件、对外普通函件、便函和民间外事函件。

(1)对外正式函件。对外正式函件是用第一人称写成的内容重要、形式庄重、格式完整的函件。由单位领导人发信，需亲笔签名而不需盖章或编号；抬头要写收信人职称、全名、称呼或尊称，必要时还要先写国名或首都名；致敬语用"顺致最崇高的敬意"，或"顺致最亲切的问候"等；落款署名前，一般应有正式职衔，附加发信日期与地点。其与外交函件格式基本相同，不同点在于使用中可有适当的灵活性。需要注意的是，如若国务委员兼任机关的首长或机关首长作为政府代表时，需要使用外交函件而不是对外函件。例如：

中华人民共和国××部(印红头衔)

×××(首都名称)

××国××部长×××阁下

阁下：

我十分高兴地会见了贵国由××先生率领的××代表团，并收到了阁下×月×日给我的信，我衷心感谢阁下对我本人所表达的友好情谊。为了发展两国的友好合作关系，中华人民共和国××部愉快地接受贵部邀请，决定由×××副部长率领代表团于二〇××年×月×日访问贵国。

顺致最崇高的敬意。

中华人民共和国××部部长(签署)

二〇××年×月×日于北京

(2)对外普通函件。对外普通函件一般是用第三人称写成，以机关单位名义发出的函件。其与国内公函类似,抬头需写明受文机关单位的名称。落款只盖发文机关印,无需签署,发文日期和地点必须注明。例如:

中华人民共和国××部

××国驻华大使馆:

  为了发展中华人民共和国××部与××国××部的友好合作关系,我部××部长高兴地邀请××国××部部长阁下于二○××年×月×日率代表团访问中国。谨请大使馆转达这一邀请。

  顺致最崇高的敬意。

中华人民共和国××部
(盖带国徽的部印)
二○××年×月×日于北京

(3)便函。对外便函用第一人称写成,一般用于较具体的事务,如邀请参观展览、观看节目、共同进餐等。便函与简单的写信格式相同,一般无需太过华丽的辞藻。叙事简洁明了、谦恭有礼即可。例如:

亲爱的××先生(称呼视情况而定),

  我荣幸地(承蒙、我谨、……中心内容)××××××××××××××××××。

  祝您身体健康。

×××(本人签名)
二○××年×月×日于××

(4)民间外事函件。民间外事函件是民间组织、企事业单位、群众团体及法人、自然人与外国人之间的通信,是进行洽商、推荐、介绍工作,交流思想,提出申请、建议,反映情况等的一种工具,其格式与对外函件基本相同,只需注意内容需要更加翔实准确即可。

(三)外事谈判(会谈)文书

  谈判(会谈)是进行外事活动的重要环节,其内容是多方面的,例如一般性的政治、业务会谈,或者解决重要问题的谈判。它是参与谈判的双方或多方为了调解或解决重大国际问题,或进行国际经济、科技、贸易等合作，以便达到各自的目的，就某项涉及各自利益的相关问题在一起进行争论或洽商，通过不断调整各自提出的条件，最后达到一项双方或多方都满意的协议。在此谈判过程中形成的文书即是"谈判文书"。其产生于谈判实践，又服务于谈判过程，因此具有十分重要的作用。

谈判文书主要包括：谈判资料、谈判计划、谈判方案、谈判备忘录、谈判记录、谈判纪要、谈判达成的协议、谈判总结等。虽然使用层次差距较大，但是文体格式却大同小异，都要求语言的翔实准确、简明严谨，一般都包括开头、正文与署名三部分。

外事签字谈判记录的简要格式如下：

中××××谈判第××次全体会议记录

时间：二〇××年×月×日×时
地点：×××××
出席人员：中方：×××
　　　　　×方：×××
译员：中方：×××
　　　×方：×××
记录：中方：×××
　　　×方：×××
（中方）×××团长（以下简称×）：××××××××
（△方）△△△团长（以下简称△）：××××××××
×：××××××××
△：××××××××

中方代表团团长　　　　　　×方代表团团长
　（签字）　　　　　　　　　（签字）
二〇××年×月×日　　　　二〇××年×月×日

第四节　外事文书的办理

一、处理程序

外事文书的办理过程基本都在政府和外事机关内部进行，其处理程序和国内行政公文程序基本一致，也分为收文处理程序和发文处理程序。收文处理程序是指对外国送来的各种文书的签收、登记、分送、拆封、批办、承办、注办、归档等;发文处理程序是指本国送给外国的文书的撰稿、核稿、会签、送批、缮印、校对、签署或盖印、登记、封发、注发、递送、底稿和副本的归档等程序。这些程序都是环环相扣的有机联系的整体。

二、处理要求

各国对外事文书的处理要求不尽相同。1981年2月18日,我国国务院办公厅发布的《国家行政机关公文处理暂行办法》的总则规定:"公文处理必须做到及时、准确、安全","必须实行严格的保密制度,确保国家机密。"根据这一规定的精神,综合外事工作实际,对外事文书的处理要求主要有以下几个方面:

(1)及时准确,把握良机。外事实践活动中往来的文书,其内容都涉及两个或两个以上的国家、国家与国际组织之间的事务,任何一份文件的处理情况都可能涉及或影响到国家之间的关系。因此,外事文书必须做到及时准确,不失良机,分清轻重缓急。

(2)安全周密,保证质量。安全周密包括保守国家机密,文书不丢失,不错漏损坏以及无故拖压。在办理文书的各环节中,安全是第一要素,是前提,周密是对文书工作质量的要求,而保证质量就是处理文书的关键。处理每一份文件,每一次对外表态都体现了国家的外交举动。要求处理外事文书必须慎重;草拟文书之前,必须实事求是,思虑周全。

(3)严肃细致,环节紧扣。严肃、细致是对处理文书的工作作风重要的要求。由于处理外事文书是政治性、政策性和法规性很强的工作,要求工作人员从思想意识形态、工作能力到工作态度和方法都要达到一定的标准。同时,处理文书各个环节都有各自分工,由于都是为了同一目标,因此任何一个环节在认真办理的同时也需要环环紧扣,保证连续性和完整性。

(4)庄重大方,实用美观。外事文书的内容、文体、文本形式等往往体现着一个国家的民族特色。世界各国都很重视外事文书的规格、格式和文书的外表形状。根据国际惯例,各种不同文体有着不同的规格和外表形状的文本。对文本要求庄重、大方、实用、美观。具体来说,庄重要求纸质质量高,印制精良,色泽和谐,字句准确严密,带国徽或衔;大方要求款式考究,规格稍大于国内文本;实用要求方便实用,有利于传递与保管;美观要求具有本民族特色的同时也要尊重国际惯例。

三、撰写

撰写外事文书是办理外事案件、进行外事工作的重要内容，是外事业务的重要组成部分，是处理外事文书的重要环节。世界上任何国家的外事文书都体现着本国的外交思想和外交政策，体现着本国的法规和政策。具体来说，其基本要求有以下几个方面：

(1) 必须贯彻国家的基本国策和外交政策。撰写外事文书必须在国家宪法和有关法规的指导下，贯彻执行国家的外交政策、方针、战略和策略思想，要全面熟悉和了解国内政策和国际上的法规、制度。要求外事文书的稿件具有高度的政策性、思想性、准确性、及时性和严格的组织纪律性。撰写外事文书必须在符合国际关系准则的基础上，体现国家的基本国策和外交政策，为建设具有中国特色的社会主义服务。

(2) 实事求是，不卑不亢，立场坚定，面向世界。处理国家关系要遵循国际关系准则。作为世界上人口最多的大国，主张大小国家一律平等。因此对待任何国家都要不卑不亢，礼尚往来。同时，内容涉及重大国际问题的外事文书除根据当时的具体问题面对具体国家的政府和其领导人之外，有些内容还要面向世界人民，例如声明、宣言、国家领导人对外演讲稿等，在注意策略性的同时保持坚定的立场。

(3) 重视调研，掌握问题详情。撰写外事文书前，对要解决的问题必须进行周密的调查研究；对重大的国际问题，要清楚背景和事态发展的过程，掌握真实可靠的材料，明确双方论据以及各方态度、做法。但凡涉及原则性较强的问题必须及时请示，不可擅做主张，随意撰文。

(4) 既要坚持原则，又要灵活执行外交政策。对国际问题的对外表态，要坚持国家的既定方针政策。涉及对外经济的文书，要坚持平等互利的原则。撰写文书既要结合过去案例以保持政策连贯性，也要结合当前国际形势灵活使用外交策略。由此使撰写的外事文书成为对外交往的有力工具。

(5) 技术性要求。这些具体要求包括以下几个方面：正确选用外事文书格式；正确使用语言文字；名称，例如国名、地名、人名和职务要使用准确；数字、引文、时间要准确、得体；引文需要注明来历；撰写外事文书要一事一文，避免一文数事。

四、缮印和用纸

缮印外事文书具有较高的政治性和技术性,其要求文本具有印制精良、整洁、庄重、美观、大方、格式规范、色彩和谐等特点。

世界各国的外事文书规格、造型、用纸并无统一规定,但差别并不明显。主要遵循方便使用、有利保管的原则。

五、传递方式

世界各国之间一般没有直接书信往来,外事文书都要经过各自的外交机关、派出机构和代表进行传递,外事文书主要有以下几种传递方式:

(1)面交。面交即指由外交代表直接觐见驻在国的外交部官员或国家元首、总理等当面递交外事文书的形式。由于其具有及时、可靠、保密的特点,在外交活动中,重要性较强的外事文书都需要用面交的形式。此外,面交时可以作一些口头补充说明,有利于提高文书表达的效果。

(2)信传。即指用书信的方式把外事文书传递给对方。这种方式的传递内容多属于一些事务性的通知、通告和文字较长的文件等。信件传递具有表述内容具体详细,有利保密,节省费用的特点,但不足是传递速度较慢。

(3)电传。电传是指用拍发电报的方式传递外事文书,有直接和间接之分。具体来说,直接电传是一国把文书内容利用明码电报直接拍发给对方,速度较快,内容多属于不需保密的贺电、唁电等;间接电传则是国内把文书内容利用密码或明码先发给它的驻外机构、代表,再由其送交。在国际交往中,电传是最方便,传递外事文书最常用的方式之一。

(4)传真。传真使用时间较短,也是较新颖的一种现代化传递信息的方式。其具有信函和电传的共同优点,迅速便利,但是加密问题一直得不到解决。

(5)代转。代转是指通过第三方代替转交外事文书的方式。两国之间如没有外交关系,一般重要文书都要经过第三国代转。由于两国没有外交关系,这种代转文书一般不属于外交文书。本书中的代转文书是指在两国有外交关系的前提下,由于交通不便或出于某种原因的考虑等,而需要第三国代转的外事文书。代转的文书如若没有发文国的许可,不可拆封,应原封照转。

后　记

　　当代世界全球化的进程不断加快,国与国之间的相互依存度日益紧密,世界各国之间的交流与合作日益增多,外事工作的重要性受到各国政府的高度重视。全球化导致的另一个结果就是国际行为主体多元化,电子通讯等技术的发达使信息传播、跨国联系变得迅捷而高效,非国家行为体增多,并且在国际舞台上发挥着越来越重要的作用。随着中国改革开放的不断深化,中国的国际地位和国际影响力日益提高,中国同各国之间的交往日益频繁,中国与世界上 172 个国家建立了外交关系(截至 2011 年 7 月 31 日),与世界五大洲 129 个国家的 414 个省(州、县、大区、道等)和 1270 个城市建立了 1817 对友好城市(省州)关系(截至 2011 年 11 月 23 日),每年有上亿人次的外国人来华访问、旅游等,中国公民出入境人数亦逐年增加,2011 年中国公民出境旅游人数超过了七千万。在这种背景下,外事工作的重要性凸显,正如中央外事工作会议所指出:"外事工作是党和国家的一项重要工作,在促进国家现代化建设,维护国家主权、安全、发展利益方面具有十分重要的作用。"

　　改革开放三十年来,中国的对外交往形成了一个全方位、多渠道、宽领域、深层次的新格局。涉外事务和外事管理已渗透到社会生活的方方面面,除了传统的外交部代表国家进行对外交往外,政党、军队、地方政府、企业甚至公民个人都在一定层面上进行对外交往。如何与世界交往?如何与外国人交流?如何对涉外事务和机构进行管理?外事人员应具备什么样的素质和技能?外事管理伴随这些问题应运而生。中国改革开放毕竟只有三十多年,我们对世界的了解还远远不能适应一个崛起的大国对外交往的需要,我们外事管理的水平还有待进一步提高,我们外事干部的素质还有待进一步提升。而随着中国开放程度的加大,了解一定的外事知识,具备必要的对外交往能力,应该是现代化人才的必备素养。可见,人人有必要学点外事知识,外事管理工作者更应提高自己的素质和管理水平。因此,我们编写了这本《外事管理知识读本》,希望普及外事管理的基础知识,为外事人员提供工作上的参考,以不断提高外事工作的质量和水平,为国家的现代化建设服务。

本书是外交学院、北京市卫生局、交通部党校、北京第二外国语学院、厦门大学等单位的领导、老师和博士们集体劳动的成果:于鲁明、鲍华、王春英负责本书的策划,确定整体思路和撰写框架。内容各章撰写分工如下:第一章:肖洋,第二章:陈炜,第三章:李靖,第四章:隋斌斌,第五章:文泉、张沐玥,第六章:任远喆。陈涛参加了校对和统稿工作,外交部礼宾司倪惠圭参赞提出了很好的修改意见,本书最后由于鲁明、鲍华、王春英统改、定稿。

本书在编写过程中,借鉴了大量学界同仁、外交外事工作者的研究成果,他们的研究成果和实践经验对本书具有重要的支持作用,在此一并表示感谢。

特别感谢前外长、现全国人大外事委员会主任委员李肇星大使,他在百忙之中欣然为本书写序,并提出了许多重要的修改意见,让我们感受到一个资深外交家的功力与严谨。感谢北京大学出版社的耿协峰博士,本书的出版离不开他的支持和鼓励,他的视野和品位使本书增色不少。感谢北大出版社的徐少燕、谢佳丽编辑,她们对书稿做了细致的校对和润色工作,她们的专业精神和敬业态度令我们油然而生敬意。

外事管理的研究是一个相对新的领域,有待于从理论和实践等多角度进行深入研究和探讨。由于我们的水平和经验有限,编写时间仓促,书中难免存在纰漏,恳请专家和读者批评指正,以期不断丰富和完善。

编者

2012 年 5 月 1 日